Adolescência

m desafio para
ais e educadores

EDITORA
ALTA DE SOUZA

Adolescência um desafio para pais educadores

2006
Brasília
Editora Auta de Souza

Copyright © 2006
Sociedade de Divulgação Espírita Auta de Souza
Editora Auta de Souza
(61) 3352 3018
editora@editoraautadesouza.com.br
www.editoraautadesouza.com.br

1ª Edição
Fevereiro de 2006

Capa: Comissão da Mocidade
Revisão: Comissão da Mocidade
Revisão Metodológica: Comissão da Mocidade

Adolescência - Um desafio para pais e educadores / [editor] Sociedade de Divulgação Espírita Auta de Souza. — Editora Auta de Souza, 2006.
344 p. : il. ; 23 cm.

ISBN: 85-86104-38-8

1. Mocidade. 2. Formação de instrutores de jovens. 3. Espiritismo. 4. Educação juvenil. 5. Adolescência. I. Sociedade de Divulgação Espírita Auta de Souza. II Título.
CDD 130
CDU 130

Todo o produto desta obra é destinado à manutenção dos serviços assistenciais e de divulgação da Sociedade de Divulgação Espírita Auta de Souza
Setor D Sul Área Especial n. 17, Taguatinga
Distrito Federal - CEP: 72.020-000
Telefone: (61) 3352 3018

Impresso no Brasil

Índice

O ADOLESCENTE E O MILÊNIO DA REGENERAÇÃO...................13
PÁGINA DO MOÇO ESPÍRITA CRISTÃO..14
O MUNDO DE EXPIAÇÕES E PROVAS - CARACTERÍSTICAS DOS ESPÍRITOS QUE O HABITAM...15
A LEI DO PROGRESSO...16
COMO SERÁ A TERRA REGENERADA?...17
A GERAÇÃO NOVA - COMO SURGIRÁ?..19
A GERAÇÃO ATUAL E A GERAÇÃO NOVA.......................................20
O ADOLESCENTE DO TERCEIRO MILÊNIO:....................................22
O HOMEM DE BEM..22
AS GERAÇÕES FUTURAS E A EDUCAÇÃO......................................24
MISSÃO DOS EDUCADORES DA ADOLESCÊNCIA.........................26
ADOLESCÊNCIA - SUBLIME ESPERANÇA DO CRISTO..................28

CONVIVÊNCIA ENTRE PAIS E FILHOS NA ADOLESCÊNCIA.......31
LAR - MELHOR ESCOLA PARA O ADOLESCENTE...........................32
A PARENTELA CORPORAL E A PARENTELA ESPIRITUAL..............32
A FAMÍLIA...33
A CONSTITUIÇÃO DA FAMÍLIA..34
FORMAÇÃO DA FAMÍLIA..35
QUEM SÃO OS ESPÍRITOS QUE COMPÕEM A FAMÍLIA?.............35
FUNÇÕES HISTÓRICAS DA FAMÍLIA E A EDUCAÇÃO DOMÉSTICA...........36
INFLUÊNCIA DOS PAIS SOBRE OS FILHOS.....................................36
IMPORTÂNCIA DO LAR PARA A FORMAÇÃO DE UMA ADOLESCÊNCIA SAUDÁVEL..37
A ADOLESCÊNCIA E A INTER-RELAÇÃO FAMILIAR.......................38
ATITUDE DOS PAIS PERANTE O FILHO ADOLESCENTE...............41
AOS PAIS E EDUCADORES..41
CASOS..42

RELACIONAMENTO ENTRE PAIS, FILHOS E AS DROGAS..........49
O MAIOR DE TODOS OS VÍCIOS..50
DROGAS - GRAVE PROBLEMA DA ATUALIDADE...........................50
O PROBLEMA DAS DROGAS...51
O RESGATE DOS VALORES ÉTICO-MORAIS..................................52
JUVENTUDE E TOXICOMANIA..53
COMO IDENTIFICAR SE O ADOLESCENTE ESTÁ USANDO DROGAS?......54
O ADOLESCENTE E A DEPENDÊNCIA..55
OS MEIOS DE COMUNICAÇÃO E O INCENTIVO AO USO DE ENTORPECENTES...55
CONSEQUÊNCIAS DO USO DAS DROGAS......................................56

TERAPÊUTICAS...59
AOS PAIS E EDUCADORES - COMO AUXILIAR O ADOLESCENTE
TOXICÔMANO?...60
COMO PREVENIR O USO DAS DROGAS?..63
ORIENTAÇÃO PARA PAIS E EDUCADORES..65
O CENTRO ESPÍRITA PERANTE O PROBLEMA DAS DROGAS..................66
CASOS...67

ALCOOLISMO E TABAGISMO NA ADOLESCÊNCIA.........................73
OS VÍCIOS..74
VICIAÇÃO ALCOÓLICA...74
TABAGISMO...83
CASOS...91

O ADOLESCENTE E A VIDA SOCIAL..97
O ADOLESCENTE, UM SER SOCIAL...98
O QUE O ADOLESCENTE ESPERA DA SOCIEDADE.................................99
O QUE A SOCIEDADE ESPERA DO ADOLESCENTE................................100
O ADOLESCENTE NA SOCIEDADE...101
O JOVEM INTEGRADO À SOCIEDADE ATRAVÉS DO ESPIRITISMO........103
PARTICIPAÇÃO CONSTRUTIVA DO ADOLESCENTE NA VIDA SOCIAL....107
CASOS...109

O ADOLESCENTE, O AMOR, A SENSUALIDADE E O NAMORO..117
PRINCÍPIO DA VIDA UNIVERSAL..118
SEXO À LUZ DO ESPIRITISMO..120
O AMOR E A PAIXÃO NA ADOLESCÊNCIA..121
IGNORÂNCIA DA HUMANIDADE QUANTO...123
À CONDUTA SEXUAL..123
INQUIETAÇÕES NO CAMPO SEXUAL...125
O ADOLESCENTE, A SEXUALIDADE E O PRETÉRITO ESPIRITUAL.........127
NAMORO..130
CONDUTA NO RELACIONAMENTO AFETIVO..132
EDUCAÇÃO DA SEXUALIDADE..132
CONDUTA PERANTE O SEXO...135
NECESSIDADE DE ORIENTAÇÃO ESPIRITUAL..136
AOS JOVENS. O DIÁLOGO EVANGELIZADO ENTRE PAIS E FILHOS.......136
CASOS...137

ADOLESCÊNCIA E HOMOSSEXUALIDADE....................................149
SEXO NOS ESPÍRITOS...150
HOMOSSEXUALIDADE...152
O PROBLEMA DA HOMOSSEXUALIDADE...154

TENDÊNCIAS HOMOSSEXUAIS E REENCARNAÇÃO...155
A LEI DE CAUSA E EFEITO E A HOMOSSEXUALIDADE..............................156
HOMOSSEXUALIDADE E EDUCAÇÃO...156
COMO AUXILIAR O ADOLESCENTE COM PROBLEMAS NO CAMPO
SEXUAL?...158
O INSTRUTOR DE JOVENS E O PROBLEMA DA HOMOSSEXUALIDADE.159
TERAPÊUTICA PARA A HOMOSSEXUALIDADE...160
CASO..161

O ADOLESCENTE E A MÍDIA..173
PALAVRAS DE JESUS..174
A INFLUÊNCIA DA MÍDIA DESDE A INFÂNCIA..174
A INFLUÊNCIA DA MÍDIA NO PERÍODO JUVENIL...175
A ADOLESCÊNCIA...176
INSPIRAÇÃO PARA PROGRAMAS DE TELEVISÃO E PROPAGANDA.........177
ORIENTAÇÕES PARA OS PAIS E EDUCADORES...178
A MÍDIA...179
OUTROS MEIOS DE COMUNICAÇÃO..181
CASO..183

O ADOLESCENTE E OS TORMENTOS OBSESSIVOS...................187
O JOVEM LUNÁTICO...188
TORMENTOS DA OBSESSÃO..188
OBSESSÃO E MEDIUNIDADE...191
O PROCESSO OBSESSIVO...191
ADOLESCÊNCIA E MEDIUNIDADE..192
BRINCADEIRAS PERIGOSAS...194
OBSESSÃO NA ADOLESCÊNCIA..195
CONSEQÜÊNCIAS DA OBSESSÃO..196
TERAPIA DESOBSESSIVA..197
ORIENTAÇÃO AOS PAIS E EDUCADORES...199
CASOS..200

O ADOLESCENTE, A DEPRESSÃO...219
E O SUICÍDIO..220
A MELANCOLIA..220
A DEPRESSÃO...220
O SUICÍDIO..227
ORIENTAÇÃO PARA PAIS E EDUCADORES..236
CASOS..236

O ADOLESCENTE E A CASA ESPÍRITA..243
A MOCIDADE..244

AOS JOVENS ESPÍRITAS..244
O ADOLESCENTE NA CASA ESPÍRITA - A MOCIDADE............................248
IMPORTÂNCIA DA RELIGIÃO PARA O ADOLESCENTE..........................249
ESPIRITISMO: DOUTRINA ESCLARECEDORA E EMPOLGANTE PARA OS ADOLESCENTES..250
ALERTA! É PRECISO INTEGRAR O ADOLESCENTE À CASA ESPÍRITA..250
MÉTODOS DE INTEGRAÇÃO DO JOVEM NA CASA ESPÍRITA................251
MELHOR FORMA DE INTEGRAÇÃO DO JOVEM NO CENTRO ESPÍRITA.252
ESBOÇO HISTÓRICO DO MOVIMENTO DE MOCIDADES ESPÍRITAS........253
A MOCIDADE ESPÍRITA...255
EDUCANDO ADOLESCENTES À LUZ DO ESPIRITISMO..........................256
ADAPTAÇÃO DOS CONTEÚDOS AOS ADOLESCENTES..........................257

O ADOLESCENTE E A ARTE ESPÍRITA..265
A ARTE..266
A ARTE ESPÍRITA..266
OBJETIVO DA ARTE NA TERRA..267
JUVENTUDE E ARTE...268
ARTE E ABUSO...270
ARTE NO CAMPO DA EVANGELIZAÇÃO..271
ARTE NA MOCIDADE ESPÍRITA..273
SUGESTÕES DE MODALIDADES ARTÍSTICAS A SEREM DESENVOLVIDAS NA MOCIDADE..274
TÉCNICAS E ATIVIDADES LÚDICAS DE EXPRESSSÃO..........................276
CONDUTA PERANTE A ARTE..282
CASO...283

O ADOLESCENTE E A LITERATURA ESPÍRITA..............................289
IMPORTÂNCIA DA LITERATURA ESPÍRITA..290
PARA A ADOLESCÊNCIA..290
IMPORTÂNCIA DO LIVRO ESPÍRITA..291
DIFICULDADES DO ADOLESCENTE EM LER..292
BENEFÍCIOS DE LEITURA EDIFICANTE...292
PARA O ADOLESCENTE...292
COMO UTILIZAR A LEITURA EDIFICANTE COM OS ADOLESCENTES......292
CONDUTA PERANTE O LIVRO ESPÍRITA..292
IMPORTÂNCIA DO ROMANCE MEDIÚNICO PARA A ADOLESCÊNCIA COMO RELATOS DA VIDA REAL...293
ROMANCES ESPÍRITAS - FATOS DA VIDA REAL................................294
INSPIRAÇÃO PARA OS ROMANCES..295
COMO ADQUIRIR OS LIVROS...297
COMO INCENTIVAR A LEITURA..297
COMO DINAMIZAR A LEITURA NA MOCIDADE...................................297

O ADOLESCENTE E O TRABALHO ASSISTENCIAL......................301
JUVENTUDE E TRABALHO..302
CARIDADE E AMOR AO PRÓXIMO...303
CONVITE À CARIDADE...305
O ASSISTIDO..306
EDUCAÇÃO DO ADOLESCENTE PARA O TRABALHO....................307
IMPORTÂNCIA DA PRÁTICA DO BEM...309
DÁ DE TI MESMO..312
PARÁBOLA DO BOM SAMARITANO..313
ORIENTAÇÃO AOS PAIS, E EDUCADORES.....................................314
A TERAPIA DA CARIDADE..314
NECESSIDADE DO TRABALHO...315
CARAVANA DE CULTOS...318
VISITAS FRATERNAS..319
CASO..319

MANUAL DE APLICAÇÃO...327
INSTITUTO DO JOVEM...328
OBJETIVOS ESPECÍFICOS DO INSTITUTO DO JOVEM..................329
ESCOLA PARA FORMAÇÃO DE INSTRUTORES DE MOCIDADE....329
ESTRUTURA PEDAGÓGICA...330
ORGANOGRAMA GERAL DOS CURSOS DO GRAU BÁSICO..........331
NORMAS DA ESCOLA PARA FORMAÇÃO DE INSTRUTORES
DE JOVENS...331
METODOLOGIA E FUNCIONAMENTO...332
ADOLESCÊNCIA - UM DESAFIO PARA PAIS E EDUCADORES......333
SUGESTÕES DE EXERCÍCIOS..334

REFERÊNCIAS BIBLIOGRÁFICAS......................................337

Adolescência – um desafio para pais e educadores

Apresentação

"Que é o que motiva a mudança que se opera no caráter do indivíduo em certa idade, especialmente ao sair da adolescência? É que o Espírito se modifica?
É que o Espírito retoma a natureza que lhe é própria e se mostra qual era." O Espírito da verdade (Allan Kardec, *O livro dos espíritos*, 83. ed., perg. 385).

Desde o nascimento o espírito enfrenta desafios para respirar, alimentar e se socializar. Cresce tendo que alcançar metas, como aquisição de valores e hábitos, sucesso na vida escolar, decidir sua vida profissional, manter-se reto para com o sentimento do próximo, estabelecer-se como bom cidadão, enfim, aproveitar as oportunidades em prol de sua evolução.

A adolescência sempre foi vista como um desafio para pais e educadores, não por trazer intrinsecamente qualquer dificuldade que, por vezes e até mesmo de forma preconceituante, é a ela atribuída, mas por ausência de esclarecimento e segura orientação dos lidadores quanto a esta importante faixa etária.

Allan Kardec, exímio educador e insigne Codificador da Doutrina Espírita, através da pergunta 385 de 'O Livro dos Espíritos', destacou uma questão muito importante sobre a adolescência, que, respondida pelo Espírito da Verdade, revelou à Humanidade uma nova e consistente visão sobre esta fase da vida corpórea onde 'o Espírito retoma a natureza que lhe é própria e se mostra qual era'. Posteriormente e de forma reiterada, os Espíritos Superiores trazem diversas informações orientando, não somente quanto à melhor compreensão da adolescência, mas principalmente quanto a necessidade de colocar seu potencial realizador a serviço do Bem, fato este que está intimamente ligado ao seu equilíbrio íntimo e conseqüente auto-afirmação.

A presente obra, produzida pela Editora Auta de Souza, contempla uma coletânea de informações e orientações selecionadas em aproximadamente cem livros, anelando enriquecer as reflexões de pais, educadores e demais interessados por este palpitante tema: 'adolescência'. O último capítulo é dedicado aos que pretendem utilizar do livro como recurso didático em forma de curso, auxiliando na formação de instrutores para Mocidade, pois, como nos assevera Emmanuel:

"Recebamos os jovens de qualquer procedência por nossos próprios filhos, estimulando neles o amor ao trabalho e a iniciativa da educação.

Diante de todos os que começam a luta, a senha será sempre- <<velar e compreender>>, a fim de que saibamos semear e construir, porque, em todos os tempos, onde a juventude é desamparada, a vida perece". (Emmanuel, *Religião dos Espíritos* 7. ed., P. 137-139).

Que Jesus o ilumine, caro leitor, e que este singelo livro possa atender as suas expectativas, mas acima de tudo, suas necessidades, para que nos conscientizemos da responsabilidade que temos frente ao amparo à adolescência.

Comissão de Mocidade

Adolescência - Um desafio para pais e educadores

Capítulo I

O adolescente e o milênio da regeneração

O ADOLESCENTE E O MILÊNIO DA REGENERAÇÃO

PÁGINA DO MOÇO ESPÍRITA CRISTÃO

" 'Ninguém despreze a tua mocidade; mas sê o exemplo dos fiéis na palavra, no trato, na caridade, no espírito, na fé e na pureza .'- Paulo
I TIMÓTEO, 4:12.

Meu amigo da cristandade juvenil, que ninguém te despreze a mocidade.

Este conselho não é nosso. Foi lançado por Paulo de Tarso, o grande convertido, há dezenove séculos.

O apóstolo da gentilidade conhecia o teu soberano potencial de grandeza. A sua última carta, escrita com as lágrimas quentes do coração angustiado, foi também endereçada a Timóteo, o jovem discípulo que permaneceria no círculo dos testemunhos de sacrifício pessoal, por herdeiro de seus padecimentos e renunciações.

Paulo sabia que o moço é o depositário e realizador do futuro.

Em razão disso, confiava ao aprendiz a coroa da luta edificante.

Que ninguém, portanto, te menoscabe a juventude, mas não te esqueças de que o direito sem o dever é vocábulo vazio.

Ninguém exija sem dar ajudando e sem ensinar aprendendo sempre.

Sê, pois, em tua escalada do porvir, o exemplo dos mais jovens e dos mais velhos que procuram no Cristo o alvo de suas aspirações, ideais e sofrimentos.

Consagra-te à palavra elevada e consoladora.

Guarda a bondade e a compreensão no trato como todos os companheiros e situações que te cercam.

Atende à caridade que te pede estímulo e paz, harmonia e auxílio para todos.

Sublima o teu espírito na glória de servir.

Santifica a fé viva, confiando no Senhor e em ti mesmo, na lavoura do bem que deve ser cultivada todos os dias.

Conserva a pureza dos teus sentimentos, a fim de que o teu amor seja invariavelmente puro, na verdadeira comunhão com a Humanidade.

Abre as portas de tua alma a tudo o que seja útil, nobre, belo e santificante, e, de braços devotados ao serviço da Boa-Nova, pela Terra regenerada e feliz, sigamos com a vanguarda dos nossos benfeitores ao encontro do Divino Amanhã." Emmanuel. (Diversos Espíritos, *Correio fraterno*, 2. ed., p. 43-44).

O MUNDO DE EXPIAÇÕES E PROVAS – CARACTERÍSTICAS DOS ESPÍRITOS QUE O HABITAM

"Que vos direi dos mundos de expiações que já não saibais, pois basta observeis o em que habitais? A superioridade da inteligência, em grande número dos seus habitantes, indica que a Terra não é um mundo primitivo, destinado à encarnação dos Espíritos que acabaram de sair das mãos do Criador. As qualidades inatas que eles trazem consigo constituem a prova de que já viveram e realizaram certo progresso. Mas, também, os numerosos vícios a que se mostram propensos constituem o índice de grande imperfeição moral. Por isso os colocou Deus num mundo ingrato, para expiarem aí suas faltas, mediante penoso trabalho e misérias da vida, até que hajam merecido ascender a um planeta mais ditoso.

Entretanto, nem todos os Espíritos que encarnam na Terra vão para aí em expiação. As raças a que chamais selvagens são formadas de Espíritos que apenas saíram da infância e que na Terra se acham, por assim dizer, em curso de educação, para se desenvolverem pelo contacto com Espíritos mais adiantados. Vêm depois as raças semicivilizadas, constituídas desses mesmos Espíritos em via de progresso. São elas, de certo modo, raças indígenas da Terra, que aí se elevaram pouco a pouco em longos períodos seculares, algumas das quais hão podido chegar ao aperfeiçoamento intelectual dos povos mais esclarecidos.

Os Espíritos em expiação, se nos podemos exprimir dessa forma, são exóticos, na Terra; já viveram noutros mundos, donde foram excluídos em conseqüência da sua obstinação no mal e por se haverem constituído, em tais mundos, causa de

Adolescência - Um desafio para pais e educadores

perturbação para os bons. Tiveram de ser degredados, por algum tempo, para o meio de Espíritos mais atrasados, com a missão de fazer que estes últimos avançassem, pois que levam consigo inteligências desenvolvidas e o gérmen dos conhecimentos que adquiriram. Daí vem que os Espíritos em punição se encontram no seio das raças mais inteligentes. Por isso mesmo, para essas raças é que de mais amargor se revestem os infortúnios da vida. É que há nelas mais sensibilidade, sendo, portanto, mais provadas pelas contrariedades e desgostos do que as raças primitivas, cujo senso moral se acha mais embotado.

A Terra, conseguintemente, oferece um dos tipos de mundos expiatórios, cuja variedade é infinita, mas revelando todos, como caráter comum, o servirem de lugar de exílio para Espíritos rebeldes à lei de Deus. Esses Espíritos têm aí de lutar, ao mesmo tempo, com a perversidade dos homens e com a inclemência da Natureza, duplo e árduo trabalho que simultaneamente desenvolve as qualidades do coração e as da inteligência. É assim que Deus, em sua bondade, faz que o próprio castigo redunde em proveito do progresso do Espírito." (Allan Kardec, *O Evangelho segundo o Espiritismo*, 105. ed., p. 77-79).

A LEI DO PROGRESSO

"O progresso é lei da Natureza. A essa lei todos os seres da Criação, animados e inanimados, foram submetidos pela bondade de Deus, que quer que tudo se engrandeça e prospere. A própria destruição, que aos homens parece o termo final de todas as coisas, é apenas um meio de se chegar, pela transformação, a um estado mais perfeito, visto que tudo morre para renascer e nada sofre o aniquilamento.

Ao mesmo tempo que todos os seres vivos progridem moralmente, progridem materialmente os mundos em que eles habitam. Quem pudesse acompanhar um mundo em suas diferentes fases, desde o instante em que se aglomeraram os primeiros átomos destinados e constituí-lo, vê-lo-ia a percorrer uma escala incessantemente progressiva, mas de degraus imperceptíveis para cada geração, e a oferecer aos seus habitantes uma morada cada vez mais agradável, à medida que eles próprios avançam na senda do progresso. Marcham assim, paralelamente, o progresso do homem, o dos animais, seus auxiliares, o dos vegetais e o da habitação, porquanto nada em a Natureza permanece estacionário. Quão grandiosa é essa idéia e digna da majestade do Criador! Quanto, ao contrário, é mesquinha e indigna do seu poder a que concentra a sua solicitude e a sua providência no imperceptível grão de areia, que é a Terra, e restringe a Humanidade aos poucos homens que a habitam!

Segundo aquela lei, este mundo esteve material e moralmente num estado inferior ao que hoje se acha e alçará sob esse duplo aspecto a um grau mais elevado. Ele há chegado a um dos seus períodos de transformação, em que, de orbe expiatório, mudar-se-á em planeta de regeneração, onde os homens serão ditosos, porque nele imperará a lei de Deus." (Allan Kardec, *O Evangelho segundo o Espiritismo*, 105. ed., p. 84-85).

COMO SERÁ A TERRA REGENERADA?

"Os mundos regeneradores servem de transição entre os mundos de expiação e os mundos felizes. A alma penitente encontra neles a calma e o repouso e acaba por depurar-se. Sem dúvida, em tais mundos o homem ainda se acha sujeito às leis que regem a matéria; a Humanidade experimenta as vossas sensações e desejos, mas liberta das paixões desordenadas de que sois escravos, isenta do orgulho que impõe silêncio ao coração, da inveja que a tortura, do ódio que a sufoca. Em todas as frontes, vê-se escrita a palavra amor; perfeita equidade preside às relações sociais, todos reconhecem Deus e tentam caminhar para Ele, cumprindo-lhe as leis.

Nesses mundos, todavia, ainda não existe a felicidade perfeita, mas a aurora da felicidade. O homem lá é ainda de carne e, por isso, sujeito às vicissitudes de que libertos só se acham os seres completamente desmaterializados. Ainda tem de suportar provas, porém, sem as pungentes angústias da expiação. Comparados à Terra, esses mundos são bastante ditosos e muitos dentre vós se alegrariam de habitá-los, pois que eles representam a calma após a tempestade, a convalescença após a moléstia cruel. Contudo, menos absorvido pelas coisas materiais, o homem divisa, melhor do que vós, o futuro; compreende a existência de outros gozos prometidos pelo Senhor aos que deles se mostrem dignos, quando a morte lhes houver de novo ceifado os corpos, a fim de lhes outorgar a verdadeira vida. Então, liberta, a alma pairará acima de todos os horizontes. Não mais sentidos materiais e grosseiros; somente os sentidos de um perispírito puro e celeste, a aspirar as emanações do próprio Deus, nos aromas de amor e de caridade que do seu seio emanam.

Mas, ah! nesses mundos, ainda falível é o homem e o Espírito do mal não há perdido completamente o seu império. Não avançar é recuar, e, se o homem não se houver firmado bastante na senda do bem, pode recair nos mundos de expiação, onde, então, novas e mais terríveis provas o aguardam.

Contemplai, pois, à noite, à hora do repouso e da prece, a abóboda azulada e, das inúmeras esferas que brilham sobre vossas cabeças, indagai de vós mesmos quais as que conduzem a Deus e pedi-lhe que um mundo regenerador vos abra seu seio, após a expiação na Terra." (Allan Kardec, *O Evangelho segundo o Espiritismo*, 105. ed., p. 84-85).

NO PORVIR

"Mesmo depois que passar a grande tempestade, o coração augusto do Cristo sangrará de dor, porque não será sem uma profunda e divina melancolia que verá partir, para rudes degredos reeducativos, os afilhados ingratos e rebeldes que não lhe quiseram aceitar a doce proteção...

Os filhos da iniqüidade, empedernidos no crime e cristalizados no orgulho, deixarão as fronteiras fisiomagnéticas da Terra, em demanda das novas experiências a que fizeram jus; mas aqui, no orbe aliviado e repleto de escombros, um nova idade de trabalho e de esperança nascerá, ao Sol da Regeneração e da Graça.

Nesse mundo renovado, a paz inalterável instituirá um progresso sem temores e uma civilização sem maldade. Os habitantes do planeta estarão muito longe da angelitude, mas serão operosos e sinceros, um tanto sofredores e endividados para com a Eterna Justiça, mas fraternos e dóceis à inspiração superior.

A subsistência exigirá esforços titânicos, na agricultura dignificada e no trato exaustivo das águas despoluídas, mas não haverá penúria nem fome.

Por algum tempo, muitos corações sangrarão no sacrifício de missões ásperas, na solidão e no silêncio dos sentimentos em penitência; mas não existirá desespero nem prostituição, viciações letais ou mendicância, infância carente ou velhice abandonada.

A morte fisiológica continuará enlutando, na amargura de separações indesejadas, mas o merecimento e a intercessão poderão proporcionar periódicos reencontros das almas amantes e saudosas, em fraternizações de fenomenologia sublimal.

A Ciência alcançará culminâncias jamais sonhadas... Naves esplêndidas farão viagens regulares a esferas superiores e as excursões de férias serão comuns, a mundos de sempiterna beleza.

Necessidades e fraquezas não poderão ser extirpadas por milagre, mas os frutos venenosos da maldade jamais chegarão aos extremos do homicídio.

O Estatuto dos Povos manterá o Parlamento das Nações, onde Excelsos Espíritos materializados designarão, em nome e por escolha do Cristo, os Governadores da Terra.

Sem monarquias, oligarquias, plutocracias ou democracias, haverá apenas uma Espiritocracia Evangélica, fundada no celeste platonismo do mérito maior, do maior saber e da maior virtude, para o serviço mais amplo e mais fecundo.

Reinarão na Terra a Ordem e a Paz.

O Amor Universal será Estatuto Divino.

A Terra pertencerá aos mansos de coração..." (Áureo, U*niverso e vid*a, 5. ed., p. 168-169).

A GERAÇÃO NOVA – COMO SURGIRÁ?

"A Humanidade progride, por meio dos indivíduos que pouco a pouco se melhoram e instruem. Quando estes preponderam pelo número, tomam a dianteira e arrastam os outros. De tempos a tempos, surgem no seio dela homens de gênio que lhe dão um impulso; vêm depois, como instrumentos de Deus, os que têm autoridade e, nalguns anos, fazem-na adiantar-se de muitos séculos. [...].

Comparemos esta teoria do progresso com a que os Espíritos apresentaram. As almas vindas no tempo da civilização tiveram sua infância, como todas as outras, *mas já tinham vivido antes* e vêm adiantadas por efeito do progresso realizado anteriormente. Vêm atraídas por um meio que lhes é simpático e que se acha em relação com o estado em que atualmente se encontram. De sorte que, os cuidados dispensados à civilização de um povo não têm como conseqüência fazer que, de futuro, se criem almas mais perfeitas; têm, sim, o de atrair as que já progrediram, quer tenham vivido no seio do povo que se figura, ao tempo da sua barbaria, que venham de outra parte. Aqui se nos depara igualmente a chave do progresso da Humanidade inteira. Quando todos os povos estiverem no mesmo nível, no tocante ao sentimento do bem, a Terra será ponto de reunião exclusivamente de bons Espíritos, que viverão fraternalmente unidos. Os maus, sentindo-se aí repelidos e deslocados, irão procurar, em mundos inferiores, o meio que lhes convém, até que sejam dignos de volver ao nosso, então transformado. Da teoria vulgar ainda resulta que os trabalhos de melhoria social só às gerações presentes e futuras aproveitam, sendo de resultados nulos para as gerações passadas, que cometeram o erro de vir muito cedo e que ficam sendo o que podem ser, sobrecarregadas com o peso de seus atos de barbaria. Segundo a doutrina dos Espíritos, os progressos ulteriores aproveitam igualmente às gerações pretéritas, que voltam a viver em melhores condições e podem assim aperfeiçoar-se no foco da civilização." (Allan Kardec, *O livro dos Espíritos*, 83. ed., perg. 789).

"Para que na Terra sejam felizes os homens, preciso é que somente a povoem Espíritos bons, encarnados e desencarnados, que somente ao bem se dediquem. Havendo chegado o tempo, grande emigração se verifica dos que a habitam: a dos que praticam o mal pelo mal, *ainda não tocados pelo sentimento do bem*, os quais, já não sendo dignos do planeta transformado, serão excluídos, porque, senão, lhe ocasionariam de novo perturbação e confusão e constituiriam obstáculo ao progresso. [...].

Substituí-los-ão Espíritos melhores, que farão reinem em seu seio a justiça, a paz e a fraternidade." (Allan Kardec, *A gênese*, 37. ed., p. 418).

A GERAÇÃO ATUAL E A GERAÇÃO NOVA

"A Terra, no dizer dos Espíritos, não terá de transformar-se por meio de um cataclismo que aniquile de súbito uma geração. A atual desaparecerá gradualmente e a nova lhe sucederá do mesmo modo, sem que haja mudança alguma na ordem natural das coisas.

Tudo, pois, se processará exteriormente, como sói acontecer, com a única, mas capital diferença de que uma parte dos

Espíritos que encarnavam na Terra aí não mais tornarão a encarnar. Em cada criança que nascer, em vez de um Espírito atrasado e inclinado ao mal, que antes nela encarnaria, virá um Espírito mais adiantado e propenso ao bem.

Muito menos, pois, se trata de uma nova geração corpórea, do que de um nova geração de Espíritos. Sem dúvida, neste sentido é que Jesus entendia as coisas, quando declarava: «Digo-vos, em verdade, que esta geração não passará sem que estes fatos tenham ocorrido.» Assim decepcionados ficarão os que contem ver a transformação operar-se por efeitos sobrenaturais e maravilhosos.

A época atual é de transição; confundem-se os elementos das duas gerações. Colocados no ponto intermédio, assistimos à partida de uma e à chegada da outra, já se assinalando cada uma, no mundo, pelos caracteres que lhes são peculiares.

Têm idéias e pontos de vista opostos as duas gerações que se sucedem. Pela natureza das disposições morais, porém sobretudo das disposições *intuitivas* e *inatas*, torna-se fácil distinguir a qual das duas pertence cada indivíduo.

Cabendo-lhe fundar a era do progresso moral, a nova geração se distingue por inteligência e razão geralmente precoces, juntas ao sentimento *inato* do bem e a crenças espiritualistas, o que constitui sinal indubitável de certo grau de adiantamento *anterior*. Não se comporá exclusivamente de Espíritos eminentemente superiores, mas dos que, já tendo progredido, se acham predispostos a assimilar todas as idéias progressistas e aptos a secundar o movimento de regeneração.

O que, ao contrário, distingue os Espíritos atrasados é, em primeiro lugar, a revolta contra Deus, pelo se negarem a reconhecer qualquer poder superior aos poderes humanos; a propensão *instintiva* para as paixões degradantes, para os sentimentos antifraternos de egoísmo, de orgulho, de inveja, de ciúme; enfim, o apego a tudo o que é material: a sensualidade, a cupidez, a avareza.

Desses vícios é que a Terra tem de ser expurgada pelo afastamento dos que se obstinam em não emendar-se; porque são incompatíveis com o reinado da fraternidade e porque o contacto com eles constituirá sempre um sofrimento para os homens de bem. Quando a Terra se achar livre deles, os homens caminharão sem óbices para o futuro melhor que lhes está reservado, mesmo neste mundo, por prêmio de seus esforços e de sua perseverança, enquanto esperem que uma depuração mais completa lhes abra o acesso aos mundos superiores. [...].

Adolescência - Um desafio para pais e educadores

Sejam os que componham a nova geração Espíritos melhores, ou Espíritos antigos que se melhoraram, o resultado é o mesmo. Desde que trazem disposições melhores, há sempre uma renovação. Assim, segundo suas disposições naturais, os Espíritos encarnados formam duas categorias: de um lado, os retardatários, que partem; de outro, os progressistas, que chegam. O estado dos costumes e da sociedade estará, portanto, no seio de um povo, de uma raça, ou do mundo inteiro, em relação com aquela das duas categorias que preponderar."
(Allan Kardec, *A gênese*, 37. ed.,p. 418-420).

O ADOLESCENTE DO TERCEIRO MILÊNIO:
O HOMEM DE BEM

"O verdadeiro homem de bem é o que cumpre a lei de justiça, de amor e de caridade, na sua maior pureza. Se ele interroga a consciência sobre seus próprios atos, a si mesmo perguntará se violou essa lei, se não praticou o mal, se fez todo o *bem que podia*, se desprezou voluntariamente alguma ocasião de ser útil, se ninguém tem qualquer queixa dele; enfim, se fez a outrem tudo o que desejara lhe fizessem.

Deposita fé em Deus, na Sua bondade, na Sua justiça e na Sua sabedoria. Sabe que sem a Sua permissão nada acontece e se Lhe submete à vontade em todas as coisas.

Tem fé no futuro, razão por que coloca os bens espirituais acima dos bens temporais.

Sabe que todas as vicissitudes da vida, todas as dores, todas as decepções são provas ou expiações e as aceita sem murmurar.

Possuído do sentimento de caridade e de amor ao próximo, faz o bem pelo bem, sem esperar paga alguma; retribui o mal com o bem, toma a defesa do fraco contra o forte, e sacrifica sempre seus interesses à justiça.

Encontra satisfação nos benefícios que espalha, nos serviços que presta, no fazer ditosos os outros, nas lágrimas que enxuga, nas consolações que prodigaliza aos aflitos. Seu primeiro impulso é para pensar nos outros, antes de pensar em si, é para cuidar dos interesses dos outros antes do seu próprio interesse. O egoísta, ao contrário, calcula os proventos e as perdas decorrentes de toda ação generosa.

O homem de bem é bom, humano e benevolente para com todos, sem distinção de *raças, nem de crenças*, porque em todos os homens vê irmãos seus.

Respeita nos outros todas as convicções sinceras e não lança anátema aos que como ele não pensam.

Em todas as circunstâncias, toma por guia a caridade, tendo como certo que aquele que prejudica a outrem com palavras malévolas, que fere com o seu orgulho e o seu desprezo a suscetibilidade de alguém, que não recua à idéia de causar um sofrimento, uma contrariedade, ainda que ligeira, quando a pode evitar, falta ao dever de amar o próximo e não merece a clemência do Senhor.

Não alimenta ódio, nem rancor, nem desejo de vingança; a exemplo de Jesus, perdoa e esquece as ofensas e só dos benefícios se lembra, por saber que perdoado lhe será conforme houver perdoado.

É indulgente para as fraquezas alheias, porque sabe que também necessita de indulgência e tem presente esta sentença do Cristo: 'Atire-lhe a primeira pedra aquele que se achar sem pecado.'

Nunca se compraz em rebuscar os defeitos alheios, nem, ainda, em evidenciá-los. Se a isso se vê obrigado, procura sempre o bem que possa atenuar o mal.

Estuda suas próprias imperfeições e trabalha incessantemente em combatê-las. Todos os esforços emprega para poder dizer, no dia seguinte, que alguma coisa traz em si de melhor do que na véspera.

Não procura dar valor ao seu espírito, nem aos seus talentos, a expensas de outrem; aproveita, ao revés, todas as ocasiões para fazer ressaltar o que seja proveitoso aos outros.

Não se envaidece da sua riqueza, nem de suas vantagens pessoais, por saber que tudo o que lhe foi dado pode ser-lhe tirado.

Usa, mas não abusa dos bens que lhe são concedidos, porque sabe que é um depósito de que terá de prestar contas e que o mais prejudicial emprego que lhe pode dar é o de aplicá-lo à satisfação de suas paixões.

Se a ordem social colocou sob o seu mando outros homens, trata-os com bondade e benevolência, porque são seus iguais perante Deus; usa da sua autoridade para lhes levantar o moral e não para os esmagar com o seu orgulho. Evita tudo quanto lhe possa tornar mais penosa a posição subalterna em que se encontram.

O subordinado, de sua parte, compreende os deveres da posição que ocupa e se empenha em cumpri-los conscienciosamente. [...].

Finalmente, o homem de bem respeita todos os direitos que aos seus semelhantes dão as leis da Natureza, como quer que sejam respeitados os seus.

Não ficam assim enumeradas todas as qualidades que distinguem o homem de bem; mas, aquele que se esforce por possuir as que acabamos de mencionar, no caminho se acha que a todas as demais conduz." (Allan Kardec, *O Evangelho segundo o Espiritismo*, 105. ed., p. 272-274).

"Há, entre os nossos jovens, alguns Espíritos de elite, iniciados, esclarecidos da primeira hora, que desbravam o caminho e preparam o êxodo e a marcha do Espírito para o futuro. São os espiritualistas de bom quilate, os que sabem que lá, onde sopra o Espírito, é que está a verdadeira bondade.

Será a divisa da legião nova, isto é, da mocidade livre, liberta das peias de falsas disciplinas, da mocidade que se interroga e se ausculta a si própria, que ouve as vozes íntimas e procura compreender seu destino, estudando o mistério e a lei da evolução.

Será o 'reino do Espírito' a que as Almas amantes da Altura aspiram. Certamente, o fim ainda está longe de ser atingido; é preciso pulverizar muitos ídolos, cujo pedestal é rebelde ao martelo do demolidor; entretanto, tudo nos orienta para esse termo, entrevisto pelos pensadores, para além dos horizontes de nossa idade: uma força para aí nos conduz, assim qual impele um batel o vento do mar largo; e esperamos, antes de morrer, poder saudar de longe a terra prometida, que o sol futuro iluminará com sua glória matinal e suas fecundas claridades." (Léon Denis, *O grande enigma*, 9. ed, p. 202-203).

AS GERAÇÕES FUTURAS E A EDUCAÇÃO

"As gerações futuras não serão diferentes da presente, com todos os seus defeitos e prejuízos de ordem moral, se não tratarmos da educação da infância e da juventude; dessa juventude que será a sociedade de amanhã.

Capítulo 01

Jesus disse que não se põe remendo de pano novo em roupa velha, por isso que a rasgadura se tornará maior. E, igualmente, não se põe vinho novo em odres velhos, porque estes não resistem à sua fermentação, e se rompem.

É claro que o Excelso Mestre se refere, nesta alegoria, à natureza do ideal que propagava, do qual era a viva encarnação. Esse ideal novo, reformador, quase revolucionário, revestido pela Terceira Revelação, deve ser anunciado, de preferência à juventude, às crianças, porquanto estes elementos representam a terra virgem, aberta à boa sementeira. Semear no meio de abrolhos e semear em terreno isento de ervas daninhas hão de dar resultados bem diversos. As messes, de uma e de outra, dessas culturas, serão, por certo, distintas, dizendo por si mesmas qual delas é a mais vantajosa.

E, meus amigos, até agora, não temos feito outra coisa senão semear no meio de cardos, remendar roupa velha com pano novo e deitar o vinho espumante da vindima espírita em odres carunchentos, incapazes de suportarem a sua fermentação.

Educar é salvar, é remir, é libertar; é desenvolver os poderes ocultos, mergulhados nas profundezas das nossas almas.

A diferença entre um sábio e um ignorante; entre o bom e o mau; o santo e o criminoso; o justo e o ímpio - nada mais é que o efeito da educação. Entre aquelas que edificam e aqueles que destroem; entre os que tiram a vida do seu próximo levando por toda parte a desolação e a ruína e aqueles que dão a vida própria a prol do bem da coletividade, verifica-se, apenas, uma dessemelhança: educação - na sua acepção verdadeira, que significa o harmônico desenvolvimento das faculdades espirituais. Os homens são todos iguais. A diferença entre eles não é de essência, mas de grau evolutivo determinado pela educação.

Conta-se que Licurgo, célebre orador ateniense, fora, certa ocasião, convidado para falar sobre a Educação. Aceitou o convite, sob a condição de lhe concederem três meses de prazo. Findo esse tempo, apresentou-se perante numerosa e seleta assembléia, que aguardava, ávida de curiosidade, a palavra do consagrado tribuno.

Licurgo apareceu, então, trazendo consigo dois cães e duas lebres. Soltou o primeiro mastim e uma das lebres. A cena foi chocante e bárbara. O cão avança furioso sobre a lebre e a despedaça. Soltou, em seguida, o segundo cachorro e a outra lebre. Aquele pôs-se a brincar com esta amistosamente. Ambos os animais corriam de um para outro lado, encontrando-se aqui e acolá para se afagarem mutuamente.

Ergue-se, então, Licurgo na tribuna e conclui, dirigindo-se ao seleto auditório:

'Eis aí o que é a educação. O primeiro cão é da mesma raça e idade que o segundo. Foi tratado e alimentado em idênticas condições. A diferença entre eles, é que um foi educado, e o outro não.'

O objetivo máximo do Espiritismo é precisamente esse: educar para salvar. Iluminar o interior dos homens para libertar a Humanidade de todas as formas de selvajaria; de todas as modalidades de crueza e de impiedade; e de todas as atitudes e gestos de rivalidade feroz e deselegância moral. Esta conquista diz respeito ao sentimento, ao senso religioso, que os homens do século perderam, ou melhor, que jamais chegaram a possuir." (Vinícius, *O Mestre na educação*, 4. ed., p. 149-151).

MISSÃO DOS EDUCADORES DA ADOLESCÊNCIA

"Torna-se, pois, necessário, refazer completamente a educação da mocidade, se desejarmos acelerar as vitórias e o progresso do século por vir. É preciso que tudo em torno dessa juventude: homens e coisas, artes, ciências, literatura, tudo lhe fale de grandiosidade, nobreza, força, glória e beleza." (Léon Denis, *O grande enigma*, 9. ed., p. 201).

"Educadores são os que, plenamente conscientes de seu papel, procuram despertar os poderes interiores das criaturas, sejam elas crianças, jovens ou adultos. Essas faculdades potenciais inserem-se tanto no campo intelectual quanto no moral. O verdadeiro educador sabe que o êxito de sua obra educativa dependerá de sua capacidade de estimular no educando a vontade, a adesão e a simpatia por todo o conjunto de ensino, o que não se consegue somente com palavras, mas sobretudo com sinceridade de propósitos e com sabedoria, traduzidas em exemplos vivos, tal como o fez o Cristo.

Já se afirmou, com razão, que educar é salvar. Esse significado da educação coincide com o papel do Espiritismo,

Capítulo 01

que, bem entendido e praticado, salva o homem da ignorância, do mal, do egoísmo.

Educado o sentimento no bem, surge um novo ser, cuja preocupação permanente será a de ser útil a seus semelhantes, evitando todas as formas de relacionamento que contrariem as leis naturais.

A verdadeira educação constitui-se, pois, no problema maior da Humanidade. Quando solucionado, todos os demais estarão automaticamente equacionados e resolvidos.

Todos os males do Espírito, refletindo-se no mundo da matéria, são evidenciados no comportamento humano. É pela educação fundamentada na Doutrina Espírita que se tornará possível a alteração desse comportamento, instruindo-se, melhorando, fortalecendo, consolando e tornando mais feliz o educando.

O Espiritismo veio elucidar a Humanidade, tornando patentes realidades da Vida desconhecidas do homem. Através de sua obra educativa cada aprendiz pode auto-educar-se, transformar-se progressivamente, retocar-se, adquirindo novas idéias, abandonando velhos e perniciosos hábitos, aperfeiçoando sentimentos generosos, em vasto e profundo labor interior capaz de libertá-lo da inferioridade, da escravidão no erro e da morte." (Juvanir Borges de Souza, *Tempo de transição*, p. 157-158).

*"[...] sabei que está chegando a hora do preparo para a recepção dos **prepostos da Espiritualidade, que vêm descer ao plano terreno**, no desempenho de tarefas nas lides do Espírito de Verdade.*

*Estai a postos, amigos; desenvolvei por toda parte, à luz da Doutrina, essas instruções às crianças, aos moços, aos homens, a fim de que **as hostes do Senhor desçam ao plano terreno** num ambiente onde possam receber instruções, luzes e conhecimento para o preparo de sua tarefa, da sua responsabilidade e até da sua missão na Terra!*

*Eia, pois amigos! Nada de desânimo, nada de receios; aqui estamos todos presentes. Sabei que a falange do Bem está ativa no mundo espiritual, neste anseio de que mui próximo possa dar-se esta **descida de Espíritos prepostos, sob a égide do Cristo** na direção deste trabalho de reestruturação, de transformação e de renovação das inteligências. Alistai-vos, amigos de bom coração! Alistai-vos na Doutrina; vivei em fraternidade; abri os vossos corações à dor, à necessidade* *do seu semelhante. Orai ao Pai com fervor, quotidianamente, formando ambiente de serenidade, de união e fraternidade. E, com o pensamento preso à figura sacrossanta do Cristo, sejais habilitados nesta tarefa que vós mesmos vos propondes, de desenvolver os trabalhos do esclarecimento da verdade espiritual do Evangelho do Cristo em todos os corações."* Eurípedes Barsanulfo (Walter Oliveira Alves, *Educação do Espírito*, 3. ed., p. 310).

ADOLESCÊNCIA - SUBLIME ESPERANÇA DO CRISTO

"Jovens amigos:

Com o Espírito engrinaldado de esperanças, saúdo na exuberância de sua mocidade as primícias do mundo de amanhã.

Não é à toa que vocês florescem, no esplendor da força e da idade, no exato momento em que nossa decrépita civilização agoniza em lágrimas e sangue, na formidável debacle dos mais nobres ideais da fraternidade e da justiça, melancolicamente afogados nos lamaçais do egoísmo e da cobiça.

Ante o orbe conturbado, que se debate no cipoal de contradições em que imergiu, são vocês, meus jovens irmãos, a sublime promessa de salvação que se levanta.

O mundo espera por vocês, o futuro lhes pertence.

Preparem-se para a gloriosa missão que lhes compete.

Arrimem-se na fé, robusteçam-se mentalmente e repletem de amor seus corações, para a gigantesca batalha que os aguarda.

Estará em sua mãos poderosas e dignas a construção do novo milênio que vai abrir-se nos horizontes da Terra.

É a vocês que cumprirá extirpar deste planeta as raízes do crime, exorcizar os fantasmas da guerra e do racismo, libertar as religiões das amarras dogmáticas, eliminar os bolsões aviltantes da miséria, extinguir a corrupção dos costumes, enobrecer a política e dignificar o direito.

Se o Cristo Planetário enviou vocês a este plano da vida, renovando-lhes as possibilidades nesta hora decisiva dos destinos humanos, é porque acredita na sua coragem e no seu idealismo, na sua energia e *na sua* fé.

Avante, pois!

A graça de Deus os acompanha e os protege. E o meu coração, como sempre, os abraça e os abençoa." Áureo (Mensagens mediúnicas, *Amar e servir*, 2. ed., p. 98-99).

Adolescência - Um desafio para pais e educadores

Capítulo II

Convivência entre pais e filhos na adolescência

CONVIVÊNCIA ENTRE PAIS E FILHOS NA ADOLESCÊNCIA

LAR – MELHOR ESCOLA PARA O ADOLESCENTE

"No lar assentam os alicerces legítimos da educação, que se transladam para a escola que tem a finalidade de continuar aquele mister, de par com a contribuição intelectual, as experiências sociais...

O lar constrói o homem.

A escola forma o cidadão." (Joanna de Ângelis, *S.O.S. Família*, 14. ed., p. 85-86).

A PARENTELA CORPORAL E A PARENTELA ESPIRITUAL

"Os laços do sangue não criam forçosamente os liames entre os Espíritos. O corpo procede do corpo, mas o Espírito não procede do Espírito, porquanto o Espírito já existia antes da formação do corpo. Não é o pai quem cria o Espírito de seu filho; ele mais não faz do que lhe fornecer o invólucro corpóreo, cumprindo-lhe, no entanto, auxiliar o desenvolvimento intelectual e moral do filho, para fazê-lo progredir.

Os que encarnam numa família, sobretudo como parentes próximos, são, as mais das vezes, Espíritos simpáticos, ligados por anteriores relações, que se expressam por uma afeição recíproca na vida terrena. Mas, também pode acontecer sejam completamente estranhos uns aos outros esses Espíritos, afastados entre si por antipatias igualmente anteriores, que se traduzem na Terra por um mútuo antagonismo, que aí lhes serve de provação. Não são os da consangüinidade os verdadeiros laços de família e sim os da simpatia e da comunhão de idéias, os quais prendem os Espíritos *antes, durante e depois* de suas encarnações. Segue-se que dois seres nascidos de pais diferentes podem ser mais irmãos pelo Espírito, do que se o fossem pelo sangue. Podem então atrair-se, buscar-se, sentir prazer quando juntos, ao passo que dois irmãos consangüíneos podem repelir-se, conforme se observa todos os dias: problema moral que só o Espiritismo podia resolver pela pluralidade das existências. [...].

Há, pois, duas espécies de famílias: *as famílias pelos laços espirituais e as famílias pelos laços corporais*. Duráveis, as primeiras se fortalecem pela purificação e se perpetuam no mundo dos Espíritos, através das várias migrações da alma; as segundas, frágeis como a matéria, se extinguem com o tempo e muitas vezes se dissolvem moralmente, já na existência atual." (Allan Kardec, *O Evangelho segundo o Espiritismo*, 105. ed., p. 248).

"Uma vez que temos tido muitas existências, a nossa parentela vai além da que a existência atual nos criou?
Não pode ser de outra maneira. A sucessão das existências corporais estabelece entre os Espíritos ligações que remotam às vossas existências anteriores. Daí, muitas vezes, a simpatia que vem a existir entre vós e certos Espíritos que vos parecem estranhos." (Allan Kardec, *O livro dos Espíritos*, 83. ed., perg. 204).

A FAMÍLIA

"Grupamento de raça, de caracteres e gêneros semelhantes, resultado de agregações afins, a família, genericamente, representa o clã social ou de sintonia por identidade que reúne espécimes dentro da mesma classificação. Juridicamente, porém, a família se deriva da união de dois seres que se elegem para uma vida em comum, através de um contrato, dando origem à genitura da mesma espécie. Pequena república fundamental para o equilíbrio da grande república humana representada pela nação.

A família tem suas próprias leis, que consubstanciam as regras de bom comportamento dentro do impositivo do respeito ético, recíproco entre os seus membros, favorável à perfeita harmonia que deve viger sob o mesmo teto que se agasalham os que se consorciam. [...].

O lar, no entanto, não pode ser configurado como a edificação material, capaz de oferecer segurança e paz aos que aí se resguardam. A casa são a argamassa, os tijolos, a cobertura, os alicerces e os móveis, enquanto o lar são a renúncia e a dedicação, o silêncio e o zelo que se permitem aqueles que se vinculam pela eleição afetiva, ou através do impositivo consangüíneo, decorrente da união.

Adolescência - Um desafio para pais e educadores

A família, em razão disso, é o grupo de Espíritos normalmente necessitados, desajustados, em compromisso inadiável para a reparação, graças à contingência reencarnatória. Assim, famílias espirituais freqüentemente se reúnem na Terra em domicílios físicos diferentes, para as realizações nobilitantes com que sempre se viram a braços os construtores do Mundo. Retornam no mesmo grupo consangüíneo os Espíritos afins, a cuja oportunidade às vezes preferem renunciar, de modo a concederem aos desafetos e rebeldes do passado o ensejo da necessária evolução, da qual fruirão após as renúncias às demoradas uniões no Mundo Espiritual...

Modernamente, ante a precipitação dos conceitos que generalizam na vulgaridade os valores éticos, tem-se a impressão de que paira rude ameaça sobre a estabilidade da família. Mais do que nunca, porém, o conjunto doméstico se deve impor para a sobrevivência a benefício da soberania da própria Humanidade.

A família é mais do que o resultante genético... São os ideais, os sonhos, os anelos, as lutas e árduas tarefas, os sofrimentos e as aspirações, as tradições morais elevadas que se cimentam nos liames da concessão divina, no mesmo grupo doméstico onde medram as nobres expressões da elevação espiritual na Terra.

Quando a família periclita, por esta ou aquela razão, sem dúvida a sociedade está a um passo do malogro..." (Joanna de Ângelis, *S.O.S. família*, 14. ed., p. 22-23).

A CONSTITUIÇÃO DA FAMÍLIA

"De todas as associações existentes na Terra - excetuando naturalmente a Humanidade - nenhuma talvez mais importante em sua função educadora e regenerativa: a constituição da família.

De semelhante agremiação, na qual dois seres se conjugam, atendendo aos vínculos do afeto, surge o lar, garantindo os alicerces da civilização. Através do casal, aí estabelecido, funciona o princípio da reencarnação, consoantes as Leis Divinas, possibilitando o trabalho executivo dos mais elevados programas de ação do Mundo Espiritual.

Por intermédio da paternidade e da maternidade, o homem e a mulher adquirem mais amplos créditos da Vida Superior.

Daí, as fontes de alegria que se lhes rebentam do ser com as tarefas da procriação.

Os filhos são liames de amor conscientizado que lhes granjeiam proteção mais externa do Mundo Maior, de vez que todos nós integramos grupos afins.

Na arena terrestre, é justo que determinada criatura se faça assistida por outras que lhe respiram a mesma faixa de interesse afetivo. De modo idêntico, é natural que as inteligências domiciliadas nas Esferas Superiores se consagrem a resguardar e guiar aqueles companheiros de experiências, volvidos à reencarnação para fins de progresso e burilamento.

A parentela no Planeta faz-se filtro da família espiritual sediada além da existência física, mantendo os laços preexistentes entre aqueles que lhe comungam o clima." (Emmanuel, *Vida e sexo*, 15. ed., p.13-14).

FORMAÇÃO DA FAMÍLIA

"O instituto da família é organizado no plano espiritual, antes de projetar-se na Terra?

- O colégio familiar tem suas origens sagradas na esfera espiritual. Em seus laços, reúnem-se todos aqueles que se comprometeram, no Além, a desenvolver na Terra uma tarefa construtiva de fraternidade real e definitiva.

Preponderam nesse instituto divino os elos do amor, fundidos nas experiências de outras eras; todavia, aí acorrem igualmente os ódios e as perseguições do pretérito obscuro, a fim de se transfundirem em solidariedade fraternal, com vistas ao futuro.

É nas dificuldades provadas em comum, nas dores e nas experiências recebidas na mesma estrada de evolução redentora, que se olvidam as amarguras do passado longínquo, transformando-se todos os sentimentos inferiores em expressões regeneradas e santificantes.

Purificadas as afeições, acima dos laços do sangue, o sagrado instituto da família se perpetua no Infinito, através dos laços imperecíveis do Espírito." (Emmanuel, *O consolador*, 14. ed., perg. 175).

QUEM SÃO OS ESPÍRITOS QUE COMPÕEM A FAMÍLIA?

"Por que é que de pais bons e virtuosos nascem filhos de natureza perversa? Por outra: por que é que as boas *qualidades dos pais nem sempre atraem, por simpatia, um bom Espírito para lhes animar o filho?*

Não é raro que um mau Espírito peça lhe sejam dados bons pais, na esperança de que seus conselhos o encaminhem por melhor senda e muitas vezes Deus lhe concede o que deseja.

Pelos seus pensamentos e preces podem os pais atrair para o corpo, em formação do filho, um bom Espírito, de preferência a um inferior?

Não, mas podem melhorar o Espírito do filho que lhes nasceu e está confiado. Esse o dever deles. Os maus filhos são uma provação para os pais." (Allan Kardec, O Livro dos Espíritos, 83. ed., perg. 209-210).

"Arraigada nas vidas passadas de todos aqueles que a compõem, a família terrestre é formada, assim, de agentes diversos, porquanto nela se reencontram, comumente, afetos e desafetos, amigos e inimigos, para os ajustes e reajustes indispensáveis, ante as leis do destino." (Emmanuel, Vida e sexo, 15. ed., p. 14).

FUNÇÕES HISTÓRICAS DA FAMÍLIA E A EDUCAÇÃO DOMÉSTICA

"[...] o lar, dependendo muito da época e da cultura considerada, assume as imagens, ora de tribunal, ora de templo, ora de oficina ou de escola, e evidentemente, das formas mistas. Permeadas sempre pelas funções emocional e procriativa." (Ney Lobo, *A escola que educa*, p. 135).

INFLUÊNCIA DOS PAIS SOBRE OS FILHOS

"Nenhuma influência exercem os Espíritos dos pais sobre o filho depois do nascimento deste?

Ao contrário: bem grande influência exercem. Conforme já dissemos, os Espíritos têm que contribuir para o progresso uns dos outros. Pois bem, os Espíritos dos pais têm por missão desenvolver os de seus filhos pela educação. Constitui-lhes isso uma tarefa. *Tornar-se-ão culpados, se vierem a falir no seu desempenho."* (Allan Kardec, *O livro dos Espíritos*, 83. ed., perg. 208).

IMPORTÂNCIA DO LAR PARA A FORMAÇÃO DE UMA ADOLESCÊNCIA SAUDÁVEL

"Se o lar oferece segurança afetiva e compreensão, o adolescente tem facilidade para selecionar os valores e aceitar aqueles que lhes são mais favoráveis para o progresso. Todavia, se o grupo familiar é traumatizante, foge para comportamentos oportunistas, que parecem afugentar as mágoas e libertá-lo do cárcere doméstico.

A influência dos pais é decisiva na elaboração e desenvolvimento do idealismo, na afirmação da própria identidade, sem que haja pressão ou autoritarismo dos genitores, antes oferecimento de meios para o diálogo esclarecedor, sem a sujeição aos conselhos castradores e impositivos, sempre de maus resultados.

Há uma tendência no jovem para fugir aos programas elaborados, às experiências vividas por outrem, ao aproveitamento da sabedoria dos *mais antigos*. Cada ser é uma realidade especial, que necessita vivenciar suas próprias aspirações, muitas vezes equivocando-se para melhor compreender o caminho por onde deve seguir. Em razão disso, experiência é uma conquista pessoal, que cada qual aprende pelo próprio esforço, não raro, através de erros que são corrigidos e insucessos que se fazem ultrapassados pelo êxito.

Quando alguém deseja impor seu *ponto de vista*, transfere realização não lograda, para que o outro a consiga, assim alegando aquele que se lhe torna mentor.

A educação propõe e o educando aprende mediante o exercício, a reflexão, o amadurecimento.

Os *modelos* devem ser silenciosos, falando mais pelos exemplos, pela alegria de viver, pelos valores comprovados, ao invés das palavras sonoras, mas cujas práticas demonstram o contrário.

Quando alguém convive com adolescente encontra-se sob a *alça de mira* da sua acurada observação. Ele compara as atitudes com as palavras, o comportamento cotidiano com os conteúdos filosóficos, não acreditando senão naquilo que é demonstrado, jamais no que é proposto pelo verbo. Em razão disso, surgem os conflitos domésticos, nos quais os genitores se dizem incompreendidos e não seguidos, olvidando-se que são os responsáveis, até certo ponto, pelo insucesso das suas proposições.

Adolescência - Um desafio para pais e educadores

A identidade de cada um tem suas características pessoais, e essas não podem, nem devem ser clones, nos quais se perde a individualidade.

A busca da identidade no adolescente é demorada, qual ocorre com o indivíduo em si mesmo, prolongando-se pelo período da razão, amadurecimento e velhice." (Joanna de Ângelis, *Adolescência e vida*, 6. ed., p. 34-35).

A ADOLESCÊNCIA E A INTER-RELAÇÃO FAMILIAR

"Com nosso horizonte mental ampliado pela visão espírita, entendemos que, pela educação, podemos apoiar, de modo apropriado, o processo de formação da consciência dos nossos filhos. Não estamos mencionando aqui educação no sentido de transmissão de conhecimentos ou treinamento de habilidades, queremos destacar o desenvolvimento psíquico que só ocorre no ser humano por intermédio de um relacionamento significativo com outro ser humano. É no contato com os seus familiares que a criança, a princípio, percebe a sua individualidade em oposição à dos outros; mais tarde, a escola lhe oferecerá a chance de perceber a sua identidade como distinta da identidade de seus pais e isso ampliará sua consciência de si mesma. Mas é na puberdade que, pelo amadurecimento do aparelho cerebral, ocorre a emersão mais acentuada de conteúdos inconscientes, abrindo inúmeras possibilidades de retomada de 'memórias', em forma de tendências e impulsos. A fase de puberdade, portanto, exigirá dos pais um cuidado todo especial, para observar o comportamento da criança e trabalhar, para oferecer-lhe o apoio de que necessitará.

É importante que os pais demonstrem respeito pela individualidade de seu filho desde a fase da concepção, pois, segundo a ótica espírita, o embrião já se encontra ligado ao Espírito que está retornando a vida carnal, é, portanto, alguém que tem sua própria história. Há pais que se exasperam quando a criança entra na fase do 'não', reagem de maneira ditatorial, impondo sua vontade com o argumento da força. Uma fórmula mágica para resolver esse problema é substituir as ordens por convites, tanto melhor se esses convites tiverem algum atrativo que gere a motivação para que a criança faça o que estamos sugerindo. A importância de minimizar o confronto entre a vontade do adulto e a da criança está exatamente no fato de que é nesse momento que a criança está iniciando o processo de descoberta da sua individualidade.

Na puberdade, com o despertar da sexualidade, emerge também a experiência de querer, conscientemente, ser alguém distinto de qualquer outra pessoa, principalmente, alguém distinto dos pais. A oposição que a criança manifesta em relação ao seus genitores nessa fase é uma característica de que esse processo está em andamento, e faz parte disso uma acentuada crítica às atitudes e aos valores dos adultos de modo geral e dos pais em particular.

Qualquer pai dirá que não é fácil lidar com uma criança nessa fase e, de fato, para construir uma interação harmoniosa, os pais deverão ter humildade e paciência - virtudes que não são muito freqüentes nos dias de hoje. Mas sem humildade, como poderão os pais receber as observações críticas do filho? E, sem paciência, como conviver com as flutuações de humor, a rejeição sistemática de conselhos que a criança manifesta? Ter humildade e paciência não significa, contudo, subserviência e permissividade. A fase pode propiciar aos pais a oportunidade de auto-avaliação, pela análise criteriosa das críticas que lhe são apresentadas pelo filho, o que poderá levá-los a um crescimento significativo, se souberem aproveitar essas críticas para a reformulação de atitudes inadequadas.

É fundamental, contudo, que os pais mantenham os próprios valores, sejam pessoas seguras da validade deles e não tenham, por isso mesmo, a necessidade constante de defendê-los com veemência, impondo-os ao filho como verdades indiscutíveis. A atitude de equilíbrio estará em os pais não adotarem uma atitude de defesa a respeito de si próprios e de seu modo de vida e, por conseqüência, de oposição sistemática à atitude que o filho apresenta nesse momento, mas também não cederem às críticas, tentando assumir um comportamento 'moderninho' e inconsistente. Os valores dos pais estão expressos no exemplo que oferecem aos filhos por sua atitude, mas se houver a necessidade de falar sobre eles, os pais deverão ter uma argumentação sólida, lógica e coerente para oferecer.

Ao entrar na fase da puberdade, a criança entra também numa etapa do desenvolvimento mental muito importante. Segundo Piaget, conhecido biólogo e filósofo suíço, é nessa fase que ela começa a ser capaz de pensar abstratamente. A mente já madura quanto à sua estrutura é capaz de formular um raciocínio hipotético-dedutivo e manejar conceitos complexos.

A criança experimenta então o prazer de dialogar, expressando conceitos e testando suas idéias. Os pais podem, portanto, aprofundar sua comunicação verbal com o filho. Mas falo aqui de conversa, de diálogo, situação em que os dois interlocutores estejam num mesmo plano. Não estão nesse caso os 'sermões', em que o adulto se coloca na perspectiva de dono da verdade e desenvolve em monólogo sobre suas razões e pontos de vista.

A importância da interação verbal significativa, nessa fase, está na oportunidade que ela oferece, para que a criança desenvolva plenamente sua potencialidade intelectual. Nem todos os jovens alcançam esse desenvolvimento, pela falta de estímulo ambiental, primeiro por falha da família, quando os pais não encontram tempo para conversar com o filho ou quando a família apenas se reúne em frente à televisão; depois por falha da escola, que privilegia as atividades individualizantes de ensino e não utiliza a dinâmica de grupos, para criar oportunidades de troca de experiência de modo ordenado e produtivo.

A Doutrina Espírita oferece rico manancial de idéias que se baseiam na lógica e na razão, compondo uma visão da vida coerente e significativa que nós podemos oferecer sem medo à criança na puberdade. A partir da leitura de histórias, contos, crônicas ou páginas colhidas na bibliografia espírita, podemos estabelecer um diálogo franco e aberto com ela, aproximando-nos do seu modo de analisar o mundo e oferecendo-lhe vasto campo para o exercício do pensamento.

O culto do Evangelho no lar, prática incentivada pelas instituições espíritas, pode ser um momento de interação familiar voltado para essa conversa produtiva, em vez de se limitar à recitação de preces e leituras enfadonhas, ou, o que é ainda pior, tornar-se ocasião que os pais aproveitam para criticarem atitudes do filho, confrontando-as com os ensinamentos lidos. O culto cristão espírita no lar deve ser momento de prece, leitura, reflexão e interação verbal significativa e fraterna, precisa ser planejado pelos pais para atender às necessidades dos filhos, por isso a leitura deve ser escolhida, tendo em vista a capacidade de entendimento deles. À medida que criarmos um clima de receptividade, o hábito de conversar se estabelecerá no dia-a-dia da família e não só os filhos se beneficiarão desse hábito saudável, também os pais encontrarão, nesse intercâmbio de idéias, momentos de rica troca afetiva e cultural." (Dalva Silva Souza, *Os caminhos do amor*, 2. ed., p. 110-114).

ATITUDE DOS PAIS PERANTE O FILHO ADOLESCENTE

"Numa sociedade consumista e competitiva, como esta em que vivemos atualmente, as intermitentes sugestões que surgem de todos os lados não poderiam deixar de alcançar o jovem e a jovem que, inseguros quanto às próprias definições, vêem-se impulsionados a seguir aquela ou aquelas que melhor lhe atendem aos impulsos e direcionamentos interiores, conquanto saibamos nem sempre os melhores. Assim, cumpre aos pais e orientadores do adolescente acompanhá-lo em seu desenvolvimento, não perdendo de vista a necessidade do diálogo, do companheirismo e da atitude de respeito que deve nortear toda e qualquer comunicação com eles [...], respeitando-lhes as inclinações e características individuais, mas apontando-lhes as vantagens e desvantagens dessa ou daquela opção, segundo a visão espírita. Os orientadores e responsáveis pelo jovem não poderão perder de vista a tarefa de auxiliá-lo através do exemplo e do respeito à sua individualidade no sentido de que ele 'busque infatigavelmente equilíbrio e discernimento na sublimação das próprias tendências, consolidando maturidade e observação no veículo físico, desde os primeiros dias da mocidade, com vistas à vida perene do Espírito. Os compromissos assumidos pelo ser reencarnante têm começo no momento da concepção' [...]." (Autores Diversos, *Família e Espiritismo*, p. 135-136).

AOS PAIS E EDUCADORES

"Cabe aos genitores, sem dúvida, a árdua e sublime missão de bem conduzir a sua criança, pensando no adolescente que advirá, logo mais, e que quanto melhor for o conteúdo de conversações dignificantes e verdadeiras, de saúde do caráter moral, de alegria refazente, de acompanhamento necessário e equilibrado, de admoestação coerente e salutar, de carinho e de amizade que esse indivíduo receba, desde a infância, menos perigosa, menos turbulenta será a travessia da adolescência.

Ensinando sempre aos seus filhos que a fase juvenil é a das aplicações para a madureza, ou a dos investimentos para o futuro, lograrão os pais ou tutores legar uma bagagem importante aos seus herdeiros. Como ninguém consegue impor a um jovem o que ele, de fato, não se dispõe a fazer por si mesmo ou por não ter entendido a sugestão apresentada, saibam os pais que tiverem investido suas vidas em favor dessas almas, honestamente, e, mesmo assim, elas se revelaram, bandeando-se para outros roteiros de insalubridade social e moral, comprometendo a bênção da existência terrena, apesar da dor que se lhes aninhará no coração, deverão guardar a certeza de que cumpriram com seu dever perante o Criador.

Entanto, porque a Doutrina Espírita demonstra que os conflitos da adolescência têm relação direta com o somatório das suas experiências pretéritas com as atuais, que os adultos possam compreender o quanto é complexa a vida interior do adolescente, até porque também já transitaram por esses campos, ajudando-o com firmeza e sinceridade, para que supere a fase.

Instigado, nessa época de adaptações e transformações que sofre, nessa faixa de transição, a fazer a escolha do que quer ou não para sua própria vida, o ideal é que se possa cercá-lo, discretamente, com apoio no bem e com exemplos no bem, sem espírito de recriminação, mas de fraternal admoestação, sempre que necessária, a fim de que supere essa complicada travessia que o introduzirá nas experiências da fase adulta, sob as bênçãos do Eterno Pai." (Camilo, *Desafios da educação*, 2. ed., p. 35-36).

CASOS

CASO 1: A AMEAÇA SOBRE BERNARDO

Livro
Ninguém está sozinho, cap. 03, 4. ed.

Personagens
Luiz Sérgio, Karina, Enoque, Carlos, Bernardo, mãe de Bernardo e um grupo de jovens.

AMBIENTE

"Não fomos longe. Encontramos logo um grupo de jovens conversando sobre o assunto 'droga'. O maior, com uns quatorze anos de idade, tinha cheirado 'loló' e, entusiasmado, comentava com a turma, pensando em uma festinha para todos aproveitarem. Karina observou:

- Olhe, Sérgio! Quantos amigos o Tongo colocou junto a estas crianças!

O mais velho estava tão empolgado que nem percebia que o seu nariz se encontrava ferido. As entidades sorriam. A tristeza logo me assaltou e meus olhos marejaram. Aqueles eram meninos ainda, como acreditar numa coisa dessas?

Enoque captou meu sentimento e veio em meu auxílio.

- Sérgio, a confiança depositada em nós é muito grande. Não esqueça que viemos para ajudar e não para lastimar." (p. 20).

ATENDIMENTO DOS ESPÍRITOS

"Compreendi aquelas palavras e reagi. Enoque aproximou-se dos garotos. As entidades começaram a olhar umas para as outras, assustadas, sem compreender o que se passava. O nosso raio de sol deu passes na turma e o menorzinho, então, comentou com os outros.

- Isso é perigoso demais. O papai me falou que a gente morre e, depois, dá até cadeia.

As entidades procuravam dizer o contrário, mas pressentiram que o garoto não as estava escutando. Devagar, foram-se retirando para apurar o que estava acontecendo. Enoque aproveitou para aplicar outro passe. Olhamos para o Alto e vimos como se uma constelação estivesse emitindo luzes até àqueles jovens. O que já havia provado o cheiro sentiu ardume nas narinas e uma forte dor de cabeça.

- Sabe, eu estava tão bom! Não sei por que agora, só em lembrar da 'loló', o meu estômago revira.

O menorzinho, espírito mais evoluído, sendo aproveitado pelo Enoque, acrescentou:

- O papai falou que esse cheiro atrofia o cérebro e vamos perdendo o olfato. Já imaginou se vira um câncer?

O mais velho estava apavorado, segurando o nariz que cada vez mais se avermelhava.

Aquele trabalho me encantava. Os mentores espirituais dos garotos projetavam uma luz junto a cada um deles, ajudando Enoque. Decorrido algum tempo, ele voltou para junto de nós e eu perguntei:

- Será que eles vão evitar entrar nessa?

- Vamos agora aos lares dos quatro, disse. Só os familiares poderão auxiliar-nos." (p. 21).

AMBIENTE DO LAR

"No lar do mais velho entramos em seu quarto, muito confortável, todo enfeitado. Aliás, a casa era decorada com muito bom gosto. Logo na chegada foi preciso que nos resguardássemos: o cheiro de cigarro e bebida era muito forte.

Deitada em sua cama, uma bela senhora fumava sem cessar, preocupada com as diversas ocupações do dia: massagem, butique, cabeleireiro, fofocas, o chá das cinco. O jovem ainda não havia chegado. Observamos aquela mulher bem cuidada e ainda vimos duas crianças menores, belas, distraídas, assistindo à televisão. Procuramos dar um passe na nossa irmã, mas ela não parava de fumar, nervosa. Precisava sair, mas uma das garotas encontrava-se adoentada, não tendo com quem deixá-la. Nisso, o nosso irmãozinho entra. Dirigiu-se à cozinha, abriu a geladeira, tirando algo, era uma maçã." (p. 21-22).

RELACIONAMENTO MÃE E FILHO

"Procura pela mãe. Esta, com o cigarro entre os dedos, gritou-lhe:

- Onde andava, vagabundo? Preciso sair e você até a estas horas na rua! Logo hoje que a empregada não veio e a Luzia está doente! Sempre falo para o seu pai que você é um sem-vergonha e nada quer com a vida.

O jovem olhou a fruta que estava em sua mão e a colocou sobre um móvel, sem responder à mãe. Ela voltou a gritar-lhe:

- Não está vendo que suja o móvel que seu pai comprou tão caro?

O garoto virou-se para apanhar a maçã que não mais queria e estava se retirando do quarto quando ouviu:

- Volte aqui, estou a falar com você, seu atrevido!

Ele correu para o quarto, batendo a porta com força e começou a chorar, soluçando mesmo. Aproximei-me para consolá-lo e ele, fitando uma imagem que enfeitava a estante, balbuciou, entre um soluço e outro:

- Quero morrer, não importa que seja até de câncer. Hoje estava tão feliz e agora, que raiva do mundo!

Nós o acariciamos devagar como a transmitir-lhe forças. Cansado de chorar, adormeceu. Dali a pouco, a mãe, batendo forte na porta dizia:

- Abra e venha cuidar de suas irmãs, que já vou sair.

Deixando-o com a Karina e o Carlos (o Enoque já não se encontrava mais ali) fui atender a senhora, para ver se conseguia fazê-la acariciar o filho, a quem vamos aqui dar o nome de Bernardo. Quando saí me defrontei com ela fiquei admirado com sua aparência: muito bem vestida e maquilada. Comecei a vibrar, lutando para mudar o seu procedimento para com Bernardo. Fiz projeção mental em filme de sua infância, mas ela parecia endurecida. Abriu a porta do quarto e despediu-se dele, dizendo que lhe queria muito bem, mas que ele era muito rebelde.

Eu me desdobrava, aplicando-lhe passes, e a intuía para que permanecesse junto aos filhos. Bernardo encontrava-se em perigo iminente. Estava sendo levado pelas ondas gigantescas de um mar tenebroso que hoje desvia os espíritos para o abismo escuro das drogas. Ela ainda pensou em não sair, mas o fez." (p. 22-23).

DESCUIDO MATERNO - AÇÃO DA ESPIRITUALIDADE SOBRE A MÃE DE BERNARDO

"Deixei os amigos naquele lar e acompanhei no carro que era dirigido com muita pressa. Ia eu falando para sua consciência, relembrando o casamento, a chegada de Bernardo, a felicidade daquele lar nos primeiros anos, e já estava começando a ficar nervoso. A irmã dirigiu-se a outra casa e, lá, várias senhoras jogavam e contavam piadas, falando da falta de diversão da cidade.

Sentia-me fracassado, não sabendo o que mais fazer. Procurei concentrar minha atenção sobre outras irmãs, boas mães que ali se encontravam para se distrair um pouco e, ajudado por seus guias espirituais, projetei um filme de Bernardo doente em criança, conseguindo fazer sua mãe lembrar-se de que ele possuía um problema cardíaco. Sabíamos nós que, se ele entrasse na droga, logo partiria. Ela era a salvação do filho.

De súbito, ela exclamou:

- Desculpe-me, não posso ficar, estou preocupada e nervosa. Bernardo anda estranho e as meninas ficaram sozinhas. Vou-me retirar.

Voltamos juntos para casa. Ao chegar, ela parecia outra mulher. Bernardo, ajudado pelos amigos espirituais que com ele ficaram cuidando das meninas, tinha oferecido lanche a elas e a mãe os encontrou abraçados diante do televisor. Nossos amigos haviam tirado do coração do garoto toda a revolta.

No instante em que a mãe entrou, os três correram para ela, abraçando-a. Com os olhos cheios de lágrimas, envolveu-os num só abraço e confessou:

— Como posso procurar algum prazer lá fora, quando vocês representam o meu mundo feliz?

Bernardo pediu-lhe desculpas e disse que precisava com ela conversar. Ia contar-lhe a experiência pela qual já havia passado. Agora não era o momento propício. Ela falou, ainda emocionada:

— Preciso cuidar mais de você, querido. Já é um homenzinho e o mundo não está fácil para os homens.

Procurei meus amigos com os olhos e surpreendi Karina chorando baixinho. Carlos aproximou-se de mim, dizendo:

— Belo trabalho, frade, o menino tem uma lesão cardíaca e cheirando 'lança' terá vida por pouco tempo.

Abraçados, afastamo-nos dali. O trabalho só havia começado, mas se Deus permitiu que no coração da irmã fosse colocada alguma coisa, quem sabe ela não iria, dali para frente, abrigar Jesus, o único que salva um lar?

Já estando junto à porta de saída, olhamos para trás e voltamos a presenciar o quadro que Deus nos legou vivo em nossos corações, através do lar santo que abrigou Jesus e que os homens tanto esquecem — A Sagrada Família." (p. 23-24).

A FAMÍLIA ESPÍRITA

"Allan Kardec, ao comentar a poderosa influência da Doutrina Espírita na ação consistente de erradicar da sociedade o orgulho e o egoísmo, afirmou-se otimista quanto ao futuro, por observar a transformação operada pelo Espiritismo em indivíduos adultos, tomados em meio da vida, no fogo das paixões, em plena força dos preconceitos. Antecipou então uma expectativa de maior eficácia dessa ação quando tomasse o indivíduo ao nascer *'ainda virgem de todas as impressões malsãs'*. A expectativa seria de que uma família espírita vivenciaria a interação no lar com base no respeito, na fraternidade, constituindo um valioso núcleo educacional para os Espíritos destinados a renascer nesses tempos de transformações aceleradas.

Não obstante devamos reconhecer esse poder transformador do Espiritismo, é preciso constatar que o espírito não tem alcançado resultados muito diferentes no âmbito da interação familiar, se compararmos o seu desempenho com o do indivíduo não espírita. Isso nos leva a concluir que ainda não estamos conseguindo compreender em sua essência a mensagem espírita, para instituir um relacionamento familiar mais democrático e equilibrado.

O grande desafio que se lança hoje é o de aplicarmos os conhecimentos que a Doutrina nos faculta, com criatividade, para instituir uma nova forma de interação familiar. O passado será importante como fonte de experiência, mas não representa o modelo a ser imitado. A família que se estruturará na nova sociedade do mundo de regeneração não será uma reedição da família patriarcal, nem da matriarcal. Não há ainda na Terra essa família do futuro, será necessário instituí-la.

Precisamos compreender que o progresso é uma lei da Natureza, que não há como detê-lo. O processo de transformação das instituições humanas faz parte do programa de mudanças necessárias, para que a Terra evolua de mundo de expiação e prova para mundo de regeneração. O comportamento saudosista de apego ao passado ou os desequilíbrios motivados pela desorganização temporária por que passamos não contribuem em nada para a consolidação das bases novas, sobre as quais deverão repousar as instituições renovadas.

Mais do que nunca, torna-se necessário buscar estudos doutrinários espíritas que levem aos indivíduos as informações necessárias à consolidação de uma nova visão de mundo e, conseqüentemente, à criação de um novo sistema de relação interpessoal. Ao mesmo tempo, precisamos instituir grupos de debates, para avaliação crítica de novas propostas de interação familiar, presentes em obras espíritas e não espíritas. A partir da assimilação desse conjunto de idéias é que a renovação íntima do indivíduo o capacitará a tornar-se um elemento ativo no processo transformador das instituições e da interação social, para a consolidação de uma cultura mais amorosa." (Dalva Silva Souza, *Os caminhos do amor*, 2. ed., p. 200-201).

Adolescência - Um desafio para pais e educadores

Capítulo III

Relacionamento entre pais, filhos e as drogas

RELACIONAMENTO ENTRE PAIS, FILHOS E AS DROGAS

O MAIOR DE TODOS OS VÍCIOS

"Dentre os vícios, qual o que se pode considerar radical?

Temo-lo dito muitas vezes: o egoísmo. Daí deriva todo mal. Estudai todos os vícios e vereis que no fundo de todos há egoísmo. Por mais que lhes deis combate, não chegareis a extirpá-los, enquanto não atacardes o mal pela raiz, enquanto não lhe houverdes destruído a causa. Tendam, pois, todos os esforços para esse efeito, porquanto aí é que está a verdadeira chaga da sociedade. Quem quiser, desde esta vida, ir aproximando-se da perfeição moral, deve expurgar o seu coração de todo sentimento de egoísmo, visto ser o egoísmo incompatível com a justiça, o amor e a caridade. Ele neutraliza todas as outras qualidades." (Allan Kardec, *O livro dos Espíritos*, 83. ed., perg. 913).

DROGAS - GRAVE PROBLEMA DA ATUALIDADE

"O quadro é verdadeiramente aterrador. Não podemos nutrir a ingenuidade de admitir que o panorama da toxicomania não seja preocupante.

Tanto nos países pobres, onde carências materiais e morais são abundantes, quanto nos países ricos, verdadeiros potentados econômicos, onde o excesso de conforto material é a realidade quotidiana, ao lado da vacuidade, da falta de motivação para a conquista de valores da moralidade, tudo parece mais grave, no campo dos usos inveterados de substância psicotrópicas.

Em todos os pontos, percebemos preocupações com o fenômeno 'dependência'. Em toda parte, paradoxalmente, anotamos o crescimento dessa dependência enchendo de tormentos comunidades sociais inteiras, num quadro de tal modo desafiador, que pensa-se não haver saída fácil para a problemática.

Realmente, não será fácil a eliminação de semelhantes dramas, quanto não será imediata a lide da conscientização de todos para a grande necessidade de desfazer esse pesadelo." (Camilo, *Educação e vivências,* 2. ed., p. 49).

"As drogas destacam-se como um dos mais graves problemas da atualidade. Onde buscar-se a matriz desses males?

Resp.: Dentre os vícios sociais e graves ocorrências do momento de dor planetária, avulta-se a toxicomania, que está dizimando verdadeiras multidões que lhe tombam na infeliz urdidura, enlouquecidas hoje, em marcha para o suicídio amanhã...

A dependência de drogas alucinógenas é das mais graves injunções a que a criatura se entrega, normalmente numa iniciação inocente, que se agrava num compromisso sem libertação.

Justificativas sócio-econômicas, de ordem familial ou ocasionadas por problemas emocionais e psicológicos, em forma de mecanismo de evasão da realidade, na busca de realizações alucinadas, não suportam a mínima análise sequer a respeito.

A fraqueza moral da vítima, que se não apóia nos valores éticos, capazes de contribuir para a verdadeira felicidade do homem, a ausência de fé religiosa na mente e de comportamento cristão, respondem, isto sim, pela desabalada correria dos que se entregam aos tóxicos, responsáveis pela violência, agressividade, loucura e autocídios que grassam em índices alarmantes por toda parte." (Joanna de Ângelis, *Joanna de Ângelis responde*, perg. 40).

O PROBLEMA DAS DROGAS

"As causas básicas das evasões humanas à responsabilidade jazem nos conflitos espirituais do ser, que ainda transita pelas expressões do primarismo da razão.

Espiritualmente atrasado, sem as fixações dos valores morais que dão resistências para a luta, o homem moderno, que conquistou a lua e avança no estudo das origens do Sistema Solar que lhe serve de berço, incursionando pelos outros planetas, não conseguiu consquistar-se a si mesmo. Logrou expressivas vitórias, sem alcançar a paz íntima, padecendo os efeitos dos tentames tecnológicos sem os correspondentes valores de suporte moral. Cresceu na horizontal da inteligência sem desenvolver a vertical do sentimento elevado. Como efeito, não resiste às pressões, desequilibra-se com facilidade e foge, na busca de alcoólicos, de tabacos, de drogas alucinógenas de natureza tóxica...

Atado à retaguarda donde procede, mantém-se psiquicamente em sintonia com os sítios, nem sempre felizes, onde estagiou no Além-túmulo, antes de ser recambiado à reencarnação compulsória.

Face à necessidade de promover o progresso moral do planeta, milhões de Espíritos foram transferidos das regiões pungitivas onde se demoravam, para a inadiável investidura carnal, por cujo recurso podem recompor-se e mudar a paisagem mental, aprendendo, na convivência social, os processos que os promovam a situações menos torpes. Dependências viciosas, no entanto, decorrentes da situação em que viviam, dão-lhes a estereotipia que assumem, tombando nas urdiduras da toxicomania." (Manoel P. de Miranda, *Nas fronteiras da loucura*, 5. ed., p. 71-72).

O RESGATE DOS VALORES ÉTICO-MORAIS

"O desprezo pela vida, a busca do aniquilamento resultantes de filosofias apressadas, sem estruturação lógica nem ética respondem pelo progressivo consumo de tóxicos de toda natureza.

Os valores ético-morais que devem sustentar a sociedade vêm sofrendo aguerrido combate e desestruturando-se sob os camartelos do cinismo que gera a violência e conduz à corrupção, minimizando o significado dos ideais da beleza, das artes, das ciências. Vive-se apressadamente e rapidamente deseja-se a consunção.

A incompreensão grassa dominadora, sem que os homens encontrem um denominador comum para o entendimento que deve viger entre todos. O egoísmo responde pelo inconformismo e pela prepotência, pela volúpia dos sentidos e pela indiferença em relação ao próximo. O homem sofre perplexidades que o atemorizam, desconfiando de tudo e de todos, entregando-se a excessos, fugindo à responsabilidade através das drogas.

Faltando lideranças nobres, com expressivas exceções, tomba nas redes bem entretecidas por falsos líderes carismáticos de natureza meramente passional. Escasseiam inteligências voltadas para o bem geral e dedicadas aos valores mais nobres da vida, que polarizem as atenções, fazendo-se exemplos dignos de imitados, em face das justas alegrias e venturas que propiciem e fruam. Esses indivíduos trabalhariam com afinco para a cura dos cânceres sociais, enobrecendo as entidades educacionais e domésticas responsáveis pela preparação e cultivo das mentes em formação." (Manoel P. de Miranda, *Nas fronteiras da loucura*, 5. ed., p. 73).

JUVENTUDE E TOXICOMANIA

"Na área dos diversificados distúrbios que têm atingido considerável contingente de jovens, desprevenidos e carentes, deparamos com os tóxicos a infelicitarem vidas e vidas, achando grandes massas de moços hebetados e inermes, sem encontrarem possibilidades de encetar qualquer reação corajosa e libertadora.

Inúmeros padecem os dramas íntimos de neuroses perturbadoras, a lhes provocar o anseio da fuga, pelos pântanos funestos da viciação.

Imenso grupo de desarvorados moços, atuados por processos de grotescas obsessões, acha-se sob o domínio das almas vingadoras, em razão das ações pretéritas, ou por hordas que se afinam como comportamento rebelde e doidivanas da atualidade, chafurdando-se nesses pauis das drogas.

Desafortunados outros companheiros da fase juvenil, em se tornando medianeiros dessas Inteligências dedicadas ao mal, ao desajuste espiritual, tombam em estados de dissociação da personalidade, fazendo-se porta-vozes de distúrbios graves e de arruaças incontáveis, no que são execrados pela sociedade que os não entende, tampouco os aceita.

Magotes sem conta, inconscientes, desejosos de experimentar sensações novas ou excitantes, hão-se entregue a despautérios miseráveis, dos quais têm enorme dificuldade de saída, quedando-se marcados por remorsos gigantescos, tantas vezes intentando contra a própria vida física, de modo direto, no bojo das alucinações em que se colocaram, enquanto variados outros são internados em complexas disfunções psiquiátricas, conduzindo o cérebro com lesões irreversíveis, perdendo de forma estúpida as inavaliáveis dádivas da reencarnação.

Jovem, não te olvides de que enquanto as sociedades colocam-se a desenvolver campanhas contra o ópio, a cocaína, a maconha, o crack e tantas substâncias psicotrópicas, esquecem-se de outras drogas de aceitação social, capazes de provocar os mais danosos efeitos, tão ou mais desastrosos. Refiro-me a aceitação dos alcoólicos, que encontram acesso em quase todas as famílias e em múltiplos contextos sociais, nos quais tu te poderias iniciar, pretextando avanço, status ou coisa da moda, virtude masculina ou charme e elegância feminina, ladeando a tolice dos fumos, que, nos salões sociais quanto em muitos lares, vão minando-te, gradativamente, tanto a saúde ética como a saúde moral, ao mesmo tempo em que já esfacela a saúde orgânica.

Avaliando quantos males te poderão causar o álcool e o fumo e os seus companheiros e afins de outras estruturas químicas, resguarda-te na vigilância para contigo mesmo.

Não te deixes embair por opiniões daqueles que já se acham chafurdados no vício, quando te quiserem arrojar nos mesmos desequilíbrios. Reaje com a resposta da tua nobreza interior, tu que desejas manter autonomia sobre a tua própria vida.

Para ti, somente deverá ter valor aquilo que te faça crescer, iluminar-te, cooperar com o supremo bem de ser feliz.

Aprende a ler e discutir sobre os efeitos danosos dos tóxicos da moda, há tanto tempo consumidos e aplaudidos, inobstante o avultado número de vítimas da própria incúria.

Medita ao redor dos amigos, colegas, conhecidos teus que se bandearam para os labirintos do tóxico e exterminaram-se ou que estão, a passos largos, rumando para despenhadeiros fatais.

Poucos são os que escapam, sãos, desse cárcere moral-psico-biológico." (Ivan de Albuquerque, *Cântico da juventude*, p. 65-66).

COMO IDENTIFICAR SE O ADOLESCENTE ESTÁ USANDO DROGAS?

"Alguns sinais podem auxiliar na identificação de um usuário de drogas. Os principais são:
- Mudança brusca de comportamento;
- Irritabilidade sem motivo aparente;
- Inquietação motora;
- Depressões. Estados de angústia sem motivo aparente;
- Queda do aproveitamento escolar, desistência dos estudos ou do rendimento do trabalho;

- Insônia rebelde;
- Isolamento;
- Mudança de hábitos;
- Olhos vermelhos;
- Troca do dia pela noite;
- Existência de seringas, comprimidos ou cigarros estranhos entre seus pertences;
- Desaparecimento de objetos de valor, dinheiro ou também incessantes pedidos de dinheiro;
- Más companhias, etc.

Mas é preciso prestar atenção pois, algum ou alguns desses sinais podem indicar outra coisa, como alguma doença ou outra coisa que, não necessariamente, uso de drogas, e não se pode correr o risco de rotular alguém sem certeza." (Luís A. Perillo e Jamil Issy, *Drogas: causas, efeitos e prevenção*, p. 86).

O ADOLESCENTE E A DEPENDÊNCIA

"Onde tem começo, então, a dependência tóxica? Como os indivíduos se alocam nesses grotões de desestruturação psico-físio-moral? Que fazer para desmontar essa tenebrosa armadilha?

É preciso um pouco de meditação para verificarmos que tudo começa na intimidade frágil de cada indivíduo. A busca da imitação irrefletida, os processos fugitivos que as fobias engendram, os processos de revolta e desejo de vingança contra o meio social, a exibição vaidosa que se apresenta como a última expressão da 'moda marginal', as graves teias de imperceptíveis ou declaradas tramas obsessivas. Mas, em todas essas situações, o âmago de cada um carrega as tintas fortes de frustrações ou rebeldias, ou está assinalado por intensos vazios ou desmotivação para viver, ou leva, ainda, as marcas da personalidade hipocondríaca ou exibicionista." (Camilo, *Educação e vivências*, 2. ed., p. 49-50).

OS MEIOS DE COMUNICAÇÃO E O INCENTIVO AO USO DE ENTORPECENTES

"A má Imprensa, orientada quase sempre de maneira perturbante, por pessoas atormentadas, colocada para esclarecer o problema, graças à falta de valor e de maior conhecimento da questão por não se revestirem os seus responsáveis da necessária segurança moral, tem contribuído mais para torná-lo natural do que para libertar os escravizados que não são alcançados pelos 'slogans', retumbantes, porém vazios das mensagens, sem efeito positivo.

O cinema, a televisão, o periodismo dão destaque desnecessário às tragédias, aumentam a carga das informações que chegam vorazes às mentes fracas, aparvalhando-as sem as confortar, empurrando-as para as fugas espetaculares através dos meandros dos tóxicos e de processos outros dissolventes ora em voga...

Líderes da comunicação, ases da arte, da cultura, dos esportes não se pejam de revelar que usam estimulantes que os sustentam no ápice da fama, e, quando sucumbem, em estúpidas cenas de autodestruição consciente ou inconsciente, são transformados em modelos dignos de imitados, lançados como protótipos da nova era, vendendo as imagens que enriquecem os que sobrevivem, de certo modo causadores da sua desgraça...

Não pequeno número, incapaz de prosseguir, apaga as luzes da glória mentirosa nas furnas imundas para onde foge: presídios, manicômios, sarjetas, ali expiando, alucinado, a leviandade que o mortificou..." (Joanna de Ângelis, *S.O.S. família*, 14. ed., p. 154-155).

CONSEQUÊNCIAS DO USO DAS DROGAS

"As drogas liberam componentes tóxicos que impregnam as delicadas engrenagens do perispírito, atingindo-o por largo tempo. Muitas vezes, esse modelador de formas imprime nas futuras organizações fisiológicas lesões e mutilações que são resultado dos tóxicos de que se encharcou em existência pregressa.

De ação prolongada, a dependência que gera, desarticula o discernimento e interrompe os comandos do centro da vontade, tornando os seus usuários verdadeiros farrapos humanos, que abdicam de tudo por uma dose, até a consumpção total, que prossegue, entretanto, depois da morte...

Além de facilitar obsessões cruéis, atingem os mecanismos da memória, bloqueando os seus arquivos e se imiscuem nas sinapses cerebrais, respondendo por danos irreparáveis.

A seu turno, o Espírito regista as suas emanações, através da organização periespiritual, dementando-se sob a sua ação corrosiva. Quando isto ocorre, somente através de futuras reencarnações consegue restabelecer, a contributo de dores acerbas e alucinações demoradas, o equilíbrio que malbaratou." (Manoel P. de Miranda, *Nas fronteiras da loucura*, 5. ed., p. 88-89).

DROGAS E OBSESSÃO

"O livre-arbítrio é, sem qualquer contestação, um dos mais eloqüentes galardões com que o Criador abençoa a sua criatura humana, a fim de que ela logre responder pelo seu próprio progresso tanto quanto por sua desdita.

Acostumamo-nos a ver no livre-arbítrio o timão com que cada um conduz a embarcação da sua própria vida, entendendo que todos o podemos utilizar ao sabor da nossa vontade.

No campo do vício, no espaço ocupado pelas múltiplas drogas, sabemos que, não obstante os tormentos vários que aturdem a grande número de indivíduos, é através do livre-arbítrio que cada um elege a fuga pelas substâncias químicas ou enfrenta as lutas por mais ingentes ou difíceis que sejam.

Ninguém discutirá contra a prevalência da liberdade pessoal na escolha dos usos ou dos abusos com que os seres desejam viver no mundo.

Ao acompanhar, contudo, o desempenho da liberdade de escolha, notamos o quanto caracteres frágeis ou temperamentos compulsivos costumam ser teleconduzidos por Inteligências desencarnadas que se associam às suas fraquezas ou maus pendores, induzindo-os, com persistência, a tomarem os caminhos mais hediondos, fazendo-os crer que estão em pleno exercício da vontade própria. O passo inicial para o despenhadeiro ou para o lodaçal é dado pelo indivíduo desarticulado dos bens da vida, entretanto, a continuidade do horror, que de começo agrada, anestesia, excita e convence, soe demonstrar a interferência escusa, malfazeja e dominadora de Entidades grotescas, ainda que sagazes e astutas.

No vasto ambiente do uso de drogas pelo mundo afora, não encontramos um viciado que seja que não esteja filtrando a energia venenosa e viciosa dos comparsas trevosos que, por vingança, por simpatia ou por oportunismo comum, locupletam-se nessas almas desatentas, invigilantes, que muitas vezes supõe-se esquecidas por Deus ou quando não admitem a

Sua existência, imaginam-se fugitivas dos próprios dramas, dos próprios desesperos, marchando para a total desestruturação da personalidade, avançando para a loucura sem limites." (Camilo, *Educação e vivências*, 2. ed., p. 61-62).

PREVENÇÃO

"QUAL A MELHOR PREVENÇÃO CONTRA AS DROGAS?

A melhor maneira de prevenir é não começar. E para não começar com o vício é importante, senão indispensável, que haja outros atrativos.

Considerando que a criatura humana quase sempre banaliza os bens materiais que já possui, desejando os que não tem, podemos pensar que só os bens morais devem ser fonte permanente de busca, porque inatingíveis na sua totalidade.

A conquista de bens morais, desde os primeiros passos, proporciona bem-estar e sólida defesa contra os vícios.

COMO CURAR TOXICÔMANOS?

Pesquisas com ex-viciados demonstram que a cura é muito mais facilmente obtida quando alguém surge na vida deles, confiando e formando uma relação fraterna.

Os familiares do toxicômano, quando nessa postura, constituem-se em inigualável fator para a cura.

Obviamente, tratamento médico especializado não deve ser dispensado. Quando não haja possibilidades financeiras para tal, ao menos buscar orientação médica para a desintoxicação, a qual exige controle técnico.

COMO A EDUCAÇÃO PODE PREVENIR O VÍCIO?

Transformando a prevenção ao vício em matéria curricular, para todos os níveis. Eis algumas formas:

- Os estabelecimentos escolares devem projetar filmes esclarecedores sobre a ilusão das drogas, enfatizando:
- Origem / instalação/ expansão / conseqüências;
- Reuniões periódicas com técnicas em toxicologia devem ser realizadas em todos os níveis educacionais de forma a alertar as crianças e os jovens sobre o inferno dos tóxicos;
- Em razão dos tóxicos serem hoje um problema mundial, não seria exagero a criação de um Conselho Internacional de Ajuda Mútua, para a prevenção, cura e combate às drogas, cabendo às nações ricas sustentar materialmente tais programas." (Eurípedes Kühl, *Tóxicos - duas viagens*, p. 95-96).

Capítulo 03

TERAPÊUTICAS

A EVANGELHOTERAPIA

"O tratamento pelo Evangelho, a cura do espírito.

Sim, cuidando do **corpo**, cuida-se de uma fração episódica da existência do indivíduo; porém, cuidando-se do **espírito**, cuida-se da erradicação do mal, construindo-se uma obra para a ETERNIDADE!

Cada tendência negativa superada [...] representará mais um degrau alcançado na escada do progresso espiritual.

Nesse particular, o ESPIRITISMO representa poderoso estímulo à cura, pela REFORMA ÍNTIMA do indivíduo, pois o levará à reflexão e ao conhecimento das conseqüências infelizes [...] em futuras reencarnações. A ótica reencarnacionista, calcada na lógica, no bom senso e principalmente na Justiça Divina, levará o homem a não assumir dívidas hoje para resgate nas próximas vidas e nem a jogar espinhos na frente do seu caminho..." (Eurípedes Kühl, *Tóxicos - duas viagens*, p. 46-47).

"Indispensável valorizar-se o homem, arrancando dele os valores que lhe jazem latentes, manifestação de Deus que ele não tem sabido compreender, nem buscar, por estarem guardados no mundo íntimo, como desafio final para a sua salvação do caos.

Muita falta faz a presença da vida sadia, conforme a moral do Cristo. Fala-se demasiadamente sobre o Evangelho, situando a vivência dos seus postulados em faixas quase inalcançáveis, ou mediante abordagens místicas, que dificultam a racionalização do comportamento dentro das suas diretrizes.

Como terapia para o grave problema das drogas, inicialmente apresentamos a educação em liberdade como responsabilidade; a valorização do trabalho como método digno de afirmação da criatura; orientação moral segura, no lar e na escola, mediante exemplos dos educadores e pais; a necessidade de viver-se com comedimento, ensinando-se que ninguém se encontra em plenitude e demonstrando essa verdade através dos fatos de todos os dias, com que se evitarão *sonhos* e *curiosidades*, luxo e anseio de dissipações por parte de crianças e jovens; orientação adequada às personalidades psicopatas desde cedo; ambientes sadios e leituras de conteúdo edificante, considerando-se que nem toda a humanidade pode ser enquadrada na literatura sórdida da 'contra cultura', dos livros de apelação e escritos com fins mercenários, em razão das altas doses de extravagâncias e vulgaridade de que se fazem portadores. A estas terapias basilares adir o exercício da disciplina dos hábitos, melhor entrosamento entre pais e mestres, maior convivência destes com filhos e alunos, despertamento e cultivo de ideais entre os jovens...

E conhecimento espiritual da vida, demostrando a anterioridade da alma ao corpo e a sua sobrevivência após a destruição deste. Quanto mais for materialista a comunidade, mais se apresenta consumida, desequilibrada e seus membros consumidores de droga e sexo em desalinho, sofrendo mais altas cargas de violência, de agressividade, que conduzem aos elevados índices de homicídio, de suicídio e de corrupção. [...].

O Espiritismo possui recursos psicoterápicos valiosos como profilaxia e tratamento no uso de drogas e de outras viciações. Estruturada a sua filosofia na realidade do Espírito, a educação tem primazia em todos os tentames e as técnicas do conhecimento das causas da vida oferecem resistência e dão força para uma conduta sadia. Além disso, as informações sobre os valiosos bens mediúnicos aplicáveis ao comportamento constituem terapêutica de fácil destinação e resultado positivo. Aqui nos referimos à oração, ao passe, à magnetização da água, à doutrinação do indivíduo, à desobsessão... [...].

Em todo e qualquer cometimento de socorro, a dependentes de vícios, recordemo-nos do respeito que nos devemos a esses enfermos, atendendo-os com carinho e dignificando-os, instando com eles pela recuperação, ao tempo em que lhe apliquemos os recursos espíritas e evangélicos, na certeza de resultados finais e salutares." (Manoel P. de Miranda, *Nas fronteiras da loucura*, 5. ed., p. 74-75). (GRIFO NOSSO).

AOS PAIS E EDUCADORES - COMO AUXILIAR O ADOLESCENTE TOXICÔMANO?

"Torna-se prudente que todos aqueles que de um modo ou de outro mantêm-se ocupados a cuidar de **drogaditos**, no bojo da própria família ou nos arraiais da assistência desinteressada à sociedade, se apóiem na esfera da oração e que se sintonizem com os Emissários do Bem, de modo a se fortalecerem de energias felizes que lhes permitam o afastamento das hordas desestruturadoras que avançam desconsiderando idade, sexo ou condição social, para imporem o seu império de alucinações.

Torna-se indispensável essa sintonia feliz com os Nobres Guardiães da Luz, tendo em vista que sem ela tem sido muito difícil a perseverança em tais labores, uma vez que, aborrecidas, essas Entidades perturbadoras, em se sentindo incomodadas em seus desafortunados interesses, costumam investir contra esses tarefeiros da fraternidade, agitando-lhes problemas íntimos, que passam a importuná-los, ou provocando situações difíceis na esfera da saúde, por meio de fluidos nocivos, quando não se imiscuem nas diversas faixas da sua vida comum, na família, no emprego, desnorteando o trabalhador que não consegue compreender o porquê de quanto mais faz o bem, mais se aborrece, adoece, se agasta.

A vinculação, por meio da oração e da vigilância, com os Benfeitores Invisíveis, se torna indispensável, partindo-se do entendimento de que o dedicado servidor de hoje, na grande maioria das vezes, traz os flancos morais desguarnecidos de passados deslizes reencarnatórios, do que se valem muitos impertinentes verdugos da erraticidade para desestimular o bem que se quer fazer ou as reformulações morais em vista.

Pensamos que será através de acurado processo de educação da alma, após a concepção superior da existência do Espírito imortal, o que corresponderá à promissora rota de emancipação e iluminamento interior, que todos aqueles que se decidiram a servir, atuando em nome do amor ao semelhante, não mergulharão nas vagas do desalento e compreenderão que será por meio da disciplina no bem, da continuidade na ação nobre, que se forrarão às torturantes investidas das almas doentes que não se sensibilizaram, ainda, com o perdão, com a fraternidade, mantendo-se na retaguarda." (Camilo, *Educação e vivências*, 2. ed., p. 62-63).

A EDUCAÇÃO MORAL À LUZ DO EVANGELHO

"A educação moral à luz do Evangelho sem disfarces nem distorções; a conscientização espiritual sem alardes; a liberdade e a orientação com bases na responsabilidade; as disciplinas, morais desde cedo; a vigilância carinhosa dos pais e mestres cautelosos; a assistência social e médica em contribuição fraternal constituem antídotos eficazes para o aberrante problema dos tóxicos - autoflagelo que a Humanidade está sofrendo, por haver trocado os valores reais do amor e da verdade pelos comportamentos irrelevantes quão insensatos da frivolidade.

O problema, portanto, é de educação na família cristianizada, na escola enobrecida, na comunidade honrada e não de repressão policial...

Se és jovem, não te iludas, contaminando-te, face ao pressuposto de que a cura se dá facilmente.

Se atravessas a idade adulta, não te concedas sonhos e vivências que pertencem à infância já passada, ansiando por prazeres que terminam ante a fugaz e enganosa durabilidade do corpo.

Se és mestre, orienta com elevação abordando a temática sem preconceito, mas com seriedade.

Se és pai ou mãe, não penses que o teu lar estará poupado. Observa o comportamento dos filhos, mantém-te atento, cuida deles desde antes da ingerência e do comprometimento nos embalos dos estupefacientes e alucinógenos, em cuja oportunidade podes auxiliá-los e preservá-los. Se, porém, te surpreenderes com o drama que se adentrou no lar, não fujas dele, procurando ignorá-lo em conivência de ingenuidade, nem te rebeles, assumindo atitude hostil. Conversa, esclarece, orienta e assiste os que se hajam tornado vítimas, procurando os recursos competentes da Medicina, como da Doutrina Espírita, a fim de conseguires a reeducação e a felicidade daqueles que a Lei Divina te confiou para a tua e a ventura deles." (Joanna de Ângelis, *S.O.S. família*, 14. ed., p. 157-158).

DROGAS E EDUCAÇÃO

"Só a educação tem o poder de transformar toda essa caótica situação, pelos motivos de que se torna impossível manter uma guarda permanente junto a cada lar ou a cada pessoa, sabendo que as drogas, nas suas multifaces, hão penetrado o convívio doméstico, arrebatando, aí, os familiares desprevenidos ou profundamente perturbados, da percepção ingênua, desatenta ou indiferente daqueles que deveriam ser seus guardiães.

Quando vemos pais que se gloriam com as posições alcoólatras de seus filhos e outros que se ufanam com o posicionamento libertino dos seus herdeiros, no tocante às usanças de substâncias geradoras de dependência, tudo em nome dessa louca liberdade que encarcera e denigre, será fácil conceber que o programa de salvamento dos seres humanos desse pântano moral, terá que apoiar-se numa consciência sempre mais desperta sobre os valores irrefutáveis da educação.

As estatísticas da loucura tóxica mostram médicos e professores, pais e mães de famílias, políticos de representatividade pública e religiosos de variada denominação, com tarefas de exalçar o bem e o bom, mordidos por essa insidiosa tormenta e concluímos, assim, que não serão os rótulos sociais que livrarão a Humanidade dessa hecatombe, mas, sim, os elementos morais, gerados pela mais digna e nobre atuação educacional. Entretanto, vale evocar o notável codificador do Espiritismo, ao estabelecer a premência de uma educação moral que se traduzisse por transformação do caráter e não pela memorização de aforismos. É dessa benfazeja educação, esquecida no seio das próprias famílias, que se estão aprimorando em copiar as muitas expressões vazias e venenosas da mídia televisiva, com felizes exceções, que se sente falta. É dessa educação, exemplo e vivência, amor e responsabilidade, o de que estão necessitando as nossas variadas sociedades.

Seja entre pobres ou entre abastados, seja no meio de qualquer classe social, somente uma bem urdida educação moral poderá trazer ao mundo a luz anunciada pelo Cristo Excelso, asseverando que somente pela pureza de coração o indivíduo seria apto a encontrar-se com Deus, nesse profundo encontro que se efetuará no seu próprio íntimo.

Nenhum processo de toxicomania está dissociado dos processos das almas enfermas. Espíritos sadios não se deixam embair pelas drogas. E, somente o esforço pelo auto-conhecimento e a busca do Cristo no cerne d'alma, no empenho de higienizar a intimidade, é que predisporão cada ser para a anelada libertação, para os formosos tempos de verdadeira liberdade e de integração na Vida Cósmica, sem pavores ou inseguranças, com alegria real, no campo de luz que Deus reserva aos que se superam a si mesmos." (Camilo, *Educação e vivências*, 2. ed., p. 50-52).

COMO PREVENIR O USO DAS DROGAS?

"A educação no lar e na escola constitui o valioso recurso psicoterapêutico preventivo em relação a todos os tipos de drogas e substâncias aditivas, desvios comportamentais e sociais, *bengalas psicológicas* e outros derivativos.

A estruturação psicológica do ser é-lhe o recurso de segurança para o enfrentamento de todos os problemas que constituem a existência terrena, realizando-se em plenitude, na busca de objetivos essenciais da vida e aqueloutros que são conseqüências dos primeiros.

Quando se está desperto para as finalidades existenciais que conduzem à auto-realização, à auto-identificação, todos os problemas são enfrentados com naturalidade e paz, porquanto ninguém amadurece psicologicamente sem as lutas que fortalecem os valores aceitos e propõe novas metas a conquistar.

Os mecanismos de fuga pelas drogas, normalmente produzem esquecimentos, *fugas* temporárias ou *sentimento de maior apreciação da simples beleza do mundo*, o que é de duração efêmera, deixando pesadas marcas na emoção e na conduta, no psiquismo e no soma, fazendo desmoronar todas as construções da fantasia e do desequilíbrio.

É indispensável oferecer ao jovem valores que resistam aos desafios do cotidiano, preparando-o para os saudáveis relacionamentos sociais, evitando que permaneça em isolamento que o empurrará para as fugas, quase sem volta, do uso das drogas de todo tipo, pois que essas fugas são viagens para lugar nenhum.

Sempre se desperta desse pesadelo com mais cansaço, mais tédio, mais amargura e saudade do que se haja experimentado, buscando-se retornar a qualquer preço, destruindo a vida sob os aspectos mais variados.

Por fim, deve-se considerar que a facilidade com que o jovem adquire a droga que lhe aprouver, tal a abundância que se lhe encontra ao alcance, constitui-lhe provocação e estímulo, com o objetivo de fazer a própria avaliação de resultados pela experiência pessoal. Como se, para reconhecer-se a gravidade, o perigo de qualquer enfermidade, fosse necessário sofrê-la, buscando-lhe a contaminação e deixando-se infectar.

A curiosidade que elege determinados comportamentos desequilibradores já é sintoma de surgimento da distonia psicológica, que deve ser corrigida no começo, a fim de que se seja poupado de maiores conflitos ou de viagens assinaladas por perturbações de vária ordem.

Em todo esse conflito e fuga pelas drogas, o amor desempenha papel fundamental, seja no lar, na escola, no grupo social, no trabalho, em toda parte, para evitar ou corrigir o seu uso e o comprometimento negativo.

O amor possui o miraculoso condão de dar segurança e resistência a todos os indivíduos, particularmente os jovens, que mais necessitam de atenção, de orientação e de assistência emocional com naturalidade e ternura.

Diante, portanto, do desafio das drogas, a terapia do amor, ao lado das demais especializadas, constitui recurso de urgência, que não deve ser postergado a pretexto algum, sob pena de agravar-se o problema, tornando-se irreversível e de efeitos destruidores." (Joanna de Ângelis, *Adolescência e vida*, 6. ed., p. 124-126).

Pode-se também, buscar o auxílio da Instituição Espírita através do tratamento espiritual.

ORIENTAÇÃO PARA PAIS E EDUCADORES

Destacamos algumas orientações que, embora não especificamente espírita, não estão em contradição com o pensamento cristão e podem contribuir para reflexões de pais e educadores a respeito do assunto.

"1. Não dramatize o fato. Encare-o com realismo e objetividade. Discuta-o com seu (sua) esposo (esposa) ou com alguém de muita confiança. Lamúrias, automortificações, recriminações ou agressividade e violência não ajudam em nada.
2. Procure ter certeza de que realmente o fato está acontecendo através de uma observação cuidadosa do comportamento de seu (sua) filho (filha) e também dos sintomas principais [...].
3. Tenha uma conversa franca, sincera e leal com seu (sua) filho (filha). Procure colocá-lo à vontade a fim de descobrir toda a verdade.
4. Verifique bem nessa conversa, com energia, mas também com brandura, há quanto tempo e quais as drogas que ele (ela) está usando e, se possível, a freqüência e a intensidade. Esses dados são importantes para serem fornecidos, no futuro, ao especialista.
5. Procure descobrir os motivos que levaram seu (sua) filho (filha) ao uso de drogas. Muitas vezes, as raízes do uso de drogas repousam em problemas da própria família que, de comum acordo, você pode resolver ou minimizar.
6. Não estigmatize seu (sua) filho (filha) chamando-o de drogado, maconheiro, marginal, nem faça ameaças de expulsá-

lo (la) de casa, interná-lo (la) em hospitais psiquiátricos ou denunciar os seus companheiros.

7. Nunca fique se recriminando ou procurando culpados pelo fato. Outrossim, perguntas como 'Onde é que falhamos?' não ajudam em nada. Lembre-se de que não existe vacina contra a droga e ela pode acometer a qualquer um, indiferente de seu 'status' social, econômico ou cultural.

8. Converse com seu médico de confiança a respeito do assunto. Peça-lhe orientação, principalmente sobre as clínicas e os serviços especializados, a fim de encaminhar o (a) seu (sua) filho (filha) para tratamento e a recuperação adequados.

9. Feito isso, procure dar a seu (sua) filho (a) todo apoio necessário. Não basta, no entanto, fornecer-lhe a assistência de um psicólogo ou psiquiatra; é necessário também envolver toda a família no processo terapêutico. Chegou a hora de mostrar a seu (sua) filho (a) que os melhores amigos estão dentro da sua própria casa. Faça um mutirão familiar para apoiá-lo (la) nessas horas difíceis que atravessa.

10. Lembre-se que as melhores armas que temos para combater o abuso das drogas são: **amor, carinho, compreensão e diálogo**.

USE-AS!" (Luíz A. Perillo e Jamil Issy, *Drogas: causas, efeitos e prevenção*, p. 89-90).

O CENTRO ESPÍRITA PERANTE O PROBLEMA DAS DROGAS

"O Centro Espírita, no recesso humilde de suas reuniões, sejam de evangelização e de estudos doutrinários, sejam sessões mediúnicas, pode ajudar os toxicômanos e seus familiares, agindo em duas frentes distintas:

Atendimento a encarnados

- Formar equipes de jovens voluntários para dialogar com viciados, buscando sua cura pelo Evangelho;

- É de fundamental significado o apoio de jovens cristão a jovens viciados, pois a semelhança de idade faz com que esses naturalmente ouçam aqueles, sem o eventual conflito de gerações;

- Por outro lado, considerando que o toxicômano não age isoladamente, estando quase sempre vinculado a outros viciados e a traficantes, o apoio direto de jovens cristãos junto a ele só deverá ser prestado no Centro Espírita. Tal apoio deve ter sido expressamente solicitado pelos familiares e contar com anuência do viciado;

- Se possível, e necessário, organizar horário específico para passes especializados aos toxicômanos;

- Visitas a viciados (no lar, nos hospitais ou em clínicas): sempre em grupo e para atender pedido dos familiares, devendo um deles assistir ao diálogo fraterno." (Euripedes Kühl, *Tóxicos - duas viagens*, p. 119-120).

CASOS

CASO 1: JOVENS EX-DROGADOS QUE SOFRERAM AS CONSEQÜÊNCIAS DEPOIS DO DESENCARNE

Livro
Vivendo no mundo dos espíritos, cap. 19, 10. ed.

Personagens
Marcelo, Fábio (ex-drogados), Glória, Ivo, Rosália, Marcela e Patrícia.

RELATO

"- Aqui estão Marcelo e Fábio, dois ex-drogados, ex-moradores do Vale das Bonecas. Vieram responder algumas indagações e conversar conosco.

Surpresa agradável, os dois eram jovens, alegres e simpáticos. Fábio foi logo dizendo:

- Eu era assim antes de me viciar, depois virei um farrapo humano. Desencarnei de tanto me drogar. Vivi no Vale por um bom tempo. Mas minha família muito católica orava com fé por mim. A oração vinha até mim a me iluminar, dando lances de clareza, aí me dava vontade de mudar. Um dia ao vampirizar um jovem, fomos, a turma e eu, cercados por um grupo de estudantes como vocês. Pedi socorro, eles me levaram para o hospital, fui internado e me tratei por longo tempo. Agora estou servindo à comunidade que me abrigou.

- Que sentia quando estava no Vale? - Glória indagou.

- Só pensava em me drogar. Desencarnado sentia mais falta da droga. Fazia tudo que me mandavam para ter a droga.

— Você ficou muito deformado? — Ivo quis saber.
— Sim. Um dia, ao estar num quarto com um encarnado para juntos usufruirmos da cocaína, olhei no espelho e me assustei. Pouco lembrava de mim sadio.
— Marcelo, e com você o que se deu? Como caiu no vício? — Rosália perguntou.
— Era um tanto vadio, ocioso e me enturmei com outros viciados. Droguei-me dois anos e meio somente. Desencarnei por uma overdose. Fui levado para o Vale. Achei terrível, no começo me drogava, mas pouco, somente para enfrentar a barra que é lá. Depois, não quis mais e tentei fugir, fui pego e torturado. Foi horrível, sofri muito. Um dia uns socorristas disfarçados entraram lá, fazem isto periodicamente, e me libertaram. Como queria me livrar do vício, o tratamento foi rápido, logo sarei.
— Que mais sentiu em tudo isto? — perguntou Marcela.
— Foi a dor que causei aos meus pais.
Tóxico é um vício terrível e as conseqüências muito tristes. Por horas os dois ficaram conversando conosco." (Patrícia, *Vivendo no mundo dos Espíritos*, p. 129-130).

CASO 2: A TRISTE ESTÓRIA DE GENARO

Livro
Driblando a dor, cap. 25.

Personagens
Genaro (jovem desencarnado), jovem dependente encarnado, os pais de Genaro, Rayto, Nari, Luiz Sérgio.

AMBIENTE

"Rayto convidou-nos a participarmos da reunião na Casa, e logo nos encontrávamos em prece junto aos encarnados. Foi quando conhecemos Genaro, um jovem de dezenove anos, desencarnado, que, com muita audácia, foi passando pela barreira dos Lanceiros; ele acompanhava um dependente e, enquanto o jovem recebia um passe especial, ele, meio tonto, foi socorrido pelos amigos Lanceiros. Ao retirar-se, o jovem foi para sua casa e Genaro ficou em nosso pronto-socorro; a princípio, um tanto zangado, mas logo, vendo-se protegido, começou a chorar. Nari lhe mostrou um filme com os jovens sadios trabalhando para os pobres, alegres felizes e sem precisar se drogar." (p. 207).

SITUAÇÃO DE GENARO

"Genaro se lastimava muito, e eu me condoía junto a ele, vendo-o tão maltrapilho e judiado." (p. 207).

A FAMÍLIA

"Já mais calmo, narrou a sua estória: filho único, criado com todo mimo, a disciplina não existia para ele, só comia e tomava banho quando desejava. Os pais brigavam com a família e os amigos, sempre o defendendo quando alguém se queixava de sua má educação. Freqüentava os mais caros colégios e suas roupas eram de etiquetas famosas. Genaro vivia num reino, só que num reino de vaidade e fantasia. Agredia os pais, os tios, os avós, 'mas, coitado, era criança ainda', ninguém percebia que ele já estava com quatorze anos e já se iniciara na maconha. Genaro viajava para o exterior, mesmo tirando péssimas notas, com a conivência dos pais." (p. 207).

O MUNDO DAS DROGAS

"Vimos a trajetória de Genaro, as festas, as experiências sexuais, os primeiros furtos. Quinze anos: festa no clube e somente a família não percebia que ele estava doidão. Genaro, dia após dia, gastava o dinheiro dos pais, furtava toca-fitas, até nos supermercados surrupiava mercadorias, entrava sem jaqueta e saía vestindo uma nova, o mesmo fazendo com os tênis. A primeira prisão: Genaro furtando toca-fitas, e os pais culpando a polícia. E assim ele foi caindo; passava até três dias sumido da família, escondido em uma chácara se drogando; isso só ocorria quando o grupo conseguia muito dinheiro proveniente de assaltos. Os pais agora tinham a certeza de que Genaro era um problema sério, mas mesmo assim relutavam em submetê-lo a um tratamento. E Genaro era visto caído, aqui e ali, e só usava camisa de manga comprida para não mostrar as veias necrosadas. O jovem rico, filho único, descia até a sarjeta da vida, rastejando nas calçadas, no asfalto dos logradouros públicos." (p. 207-208).

OS PAIS

"Os pais, embora agredidos, tudo faziam por ele, tentando colocá-lo em um hospital, mas muito tarde. Genaro era um toxicômano em última fase, difícil de ser tratado. Todas as vezes que Genaro aprontava das suas, os pais continuavam ainda a brigar com os vizinhos, com os parentes e até com a polícia. Nem parecia que fizera apenas dezoito anos, olhos azuis tristes, saltados das órbitas, lábios ressequidos, nariz sempre com coriza, pele escamosa, o cabelo começando a rarear; já estava intoxicado pela droga. Os pais desejavam buscar a cura, mas Genaro, sentindo-se aprisionado por aqueles que sempre lhe defenderam, fugiu de casa, entregando-se definitivamente aos assaltos." (p. 208).

O DESENCARNE

"Um dia, altas horas da noite, aquele casal ainda jovem recebeu a notícia: o seu único filho estava no necrotério todo perfurado de balas, a mortal alojada em seu cérebro. A mãe desmaiou, o pai desesperou-se. Perguntaram um ao outro: onde erramos? Acho que nenhum dos dois soube responder. Como pode alguém, criado com tanto amor, desprezar tudo pelo mundo do crime? Mas ali estava o drama de Genaro e para os nossos estudos assistimos às trevas apoderando-se do corpo físico e periespiritual do jovem. E o garoto, amado por seus pais, foi vampirizado pelos trevosos, depois, usado como 'avião': colava-se ao consumidor de drogas e após voltava ao reduto da organização para que os chefes se drogassem, aspirando através dele os tóxicos da droga." (p. 208).

Capítulo 03

Relacionamento entre pais, filhos e as drogas

Capítulo IV

Alcoolismo e tabagismo na adolescência

ALCOOLISMO E TABAGISMO NA ADOLESCÊNCIA

OS VÍCIOS

"Poderia sempre o homem, pelos seus esforços, vencer as suas más inclinações?
Sim, e, freqüentemente, fazendo esforços muito insignificantes. O que lhe falta é a vontade. Ah! quão poucos dentre vós fazem esforços!

Pode o homem achar nos Espíritos eficaz assistência para triunfar de suas paixões?
Se o pedir a Deus e ao seu bom gênio, com sinceridade, os bons Espíritos lhe virão certamente em auxílio, porquanto é essa a missão deles.

Não haverá paixões tão vivas e irresistíveis, que a vontade seja impotente para dominá-las?
Há muitas pessoas que dizem: Quero, mas a vontade só lhes está nos lábios. Querem, porém muito satisfeitas ficam que não seja como 'querem'. Quando o homem crê que não pode vencer as suas paixões, é que seu Espírito se compraz nelas, em conseqüência da sua inferioridade. Compreende a sua natureza espiritual aquele que as procura reprimir. Vencê-las é, para ele, uma vitória do Espírito sobre a matéria." (Allan Kardec, *O livro dos Espíritos*, 83. ed., perg. 909-911).

VICIAÇÃO ALCOÓLICA

"Sob qualquer aspecto considerado, o vício - esse condicionamento pernicioso que se impõe como uma 'segunda natureza' constritora e voraz - deve ser combatido sem trégua desde quando e onde se aloje.
Classificado pela leviandade de muitos dos seus aedos como de pequeno e grande porte, surge com feição de 'hábito social' e se instala em currículo de longo tempo, que termina por deteriorar as reservas morais, anestesiando a razão e ressuscitando com vigor os instintos primevos de que se deve o homem libertar.

Capítulo 04

Insinuante, a princípio perturba os iniciantes e desperta nos mais fracos curiosa necessidade de repetição, na busca enganosa de prazeres ou emoções inusitados, conforme estridulam os aficionados que lhe padecem a irreversível dependência.

Aceito sob o acobertamento da impudica tolerância, seu contágio destrutivo supera o das mais virulentas epidemias, ceifando maior número de vidas do que o câncer, a tuberculose, as enfermidade cardiovasculares adicionados... Inclusive, mesmo na estatística obtuária dessas calamidades da saúde, podem-se encontrar como causas preponderantes ou predisponentes as matrizes de muitos vícios, que se tornaram aceitos e acatados qual motivo de relevo e distinção...

Os vitimados sistemáticos pela viciação escusam-se abandoná-la, justificando que o seu é sempre um simples compromisso de fácil liberação em considerando outros de maior seriedade que, examinados, a sua vez, pelos seus sequazes, se caracterizam, igualmente, como insignificantes.

Há quem a relacione como de conseqüência secundária e de imediata potência aniquilante. Obviamente situam suas compressões como irrelevantes em face de 'tantas coisas piores'... E argumentam: 'antes este', como se um mal pudesse ter sopesadas, avaliadas e discutidas as vantagens decorrentes da sua atuação...

Indiscutivelmente, a ausência de impulsão viciosa no homem dá-lhe valor e recursos para realizar e fruir os elevados objetivos da vida, que não podem ser devorados pela irrisão das vacuidades.

A vinculação alcoólica, por exemplo, escraviza a mente, desarmonizando-a, e envenena o corpo deteriorando-o. Tem início através do aperitivo inocente, quão dispensável, que se repete entre sorrisos e se impõe como necessidade, realizando a incursão nefasta, que logo se converte em dominação absoluta, desde que aumenta de volume na razão direta em que consome." (Joanna de Ângelis, *Após a tempestade*, 6. ed., p. 54-55).

PRETEXTOS PARA A VICIAÇÃO ALCOÓLICA

"Os pretextos surgem e se multiplicam para as libações: alegria, frustração, tristeza, esperança, revolta, mágoa, vingança, esquecimento... Para uns se converte em coragem, para outros em entusiasmo, invariavelmente impondo-se, dominador incoercível. Emulação para práticas que a razão repulsa, o alcoolismo faz supor que sustenta os fracos, que tombam em tais urdiduras, quando, em verdade, mais os debilita e arruína.

Não fossem tão graves, por si só, os danos sociais que dele decorrem - transformando cidadãos em párias, jovens em vergados anciãos precoces, profissionais de valor em trapos morais, moçoilas e matronas em torpes simulacros humanos, aceitos e detestados, acatados e temidos nos sítios em que se pervertem, a caminho da total sujeição, que conduz, quando se dispõe de moedas, a Sanatórios distintos e em contrário, às sarjetas hediondas, em ambos os casos avassalados por alienações dantescas -, culmina em impor os trágicos autocídios, por cujas portas buscam, tais enfermos, soluções insolváveis para os problemas que criaram espontaneamente para si próprios... Não acontecendo a queda espetacular no suicídio, este se dá por processo indireto, graças à sobrecarga destrutiva que o alcoólatra ou simples cultivador da alcoolofilia depõe sobre a tecelagem de elaboração divina, que é o corpo. E quando vem a desencarnação, o que é também doloroso, não cessa a compulsão viciosa, nascendo dramas imprevisíveis do outro lado do túmulo, em que o espírito irresponsável constata que a morte não resolveu os problema nem aniquilou a vida...

Nesse capítulo convém considerarmos que a desesperada busca ao álcool - ou substâncias outras que dilaceram a vontade, desagregam a personalidade, perturbam a mente - pode ser, às vezes, inspirada por processos obsessivos, culminando sempre, porém, por obsessões infelizes, de conseqüências imprevisíveis.

A pretexto de comemorações, festas, decisões, não te comprometas com o vício.

O oceano é feito de gotículas e as praias imensuráveis de grãos.

Liberta-te do conceito: 'hoje só', quando impelido a comprometimento pernicioso e não te facultes: 'apenas um pouquinho', porquanto, uma picada que injeta veneno letal, não obstante em pequena dose, produz a morte imediata.

Se estás bafejado pela felicidade, sorve-a com lucidez.

Se te encontras visitado pela dor, enfrenta-a, abstêmio e forte.

Para qualquer cometimento que exija decisão, coragem, equilíbrio, definição, valor, humildade, estoicismo, resignação, recorre à prece, mergulhando, na reflexão, o pensamento, e haurirás os recursos preciosos para a vitória em qualquer situação, sob qual seja o impositivo.

Nunca te permitas a assimilação do vício, na suposição de que dele te libertarás quando queiras, pois que se os viciados pudessem querer não estariam sob essa violenta dominação." (Joanna de Ângelis, *Após a tempestade*, 6. ed., p. 55-57).

PROBLEMAS DO ALCOOLISMO

"O alcoolismo é grave problema de natureza médica, psicológica e psiquiátrica que merece assistência urgente, como também se apresenta como terrível dano social, em face dos prejuízos orgânicos, emocionais e mentais que opera no indivíduo e no grupo social ao qual pertence.

O alcoolismo envolve crianças mal-orientadas, jovens em desalinho de conduta, adultos e idosos instáveis, gerando altos índices de intoxicação aguda e subaguda em todos, como conseqüência da facilidade com que se pode conseguir a substância alcoólica, que faz parte do status da sociedade contemporânea, como de alguma forma ocorreu no passado.

Apresentam-se dois tipos de bebedores: os de ocasião, que se permitem a ingestão etílica em circunstâncias especiais e os habituais, aqueles que já se encontram em dependência alcoólica.

É mais perigosa, naturalmente, a feição crônica, com boa dose de suporte do organismo que se desequilibra em delírios, quando por ocasião de breve abstinência ou mesmo por um pouco de excesso, em razão da progressiva degenerescência dos centros nervosos.

Invariavelmente, a ansiedade desempenha um papel preponderante no uso do álcool, por causa da ilusão de que a sua ingestão acalma, produz alegria, o que não corresponde com a verdade. Em muitas personalidades psicopatas, o álcool produz rápidas alucinações ou depressão, levando, na primeira hipótese, à prática de ações criminosas, alucinadas, que desapareçam da lembrança quando volve a consciência.

Noutras vezes, a necessidade irresistível de ingerir o álcool, oferecendo o prazer mórbido do copo cheio, caracteriza o dipsômano ansioso e consciente da sua enfermidade. Esse tipo de enfermo pode manter relativa abstinência e períodos de grande ingestão alcoólica, em verdadeiro ciclo vicioso de que não se consegue libertar, definindo o rumo do abandono do vício.

Ao lado desse, existe o hipômano, que se apresenta com pequenas e constantes intoxicações, podendo demorar meses sem beber qualquer quantidade de substância alcoólica, quando se encontra na sua fase de normalidade, logo celebrando alegremente o retorno a ela, em algumas semanas de degradação, na qual se apresenta a manifestação maníaco-depressiva, em que aparecem os episódios delirantes.

Não se pode negar que existe uma herança ancestral para o alcoólico. Descendente de um viciado, ele apresenta tendência a seguir o hábito doentio. Igualmente há outros fatores orgânicos, como lesões nervosas, encefalopatias, traumatismos cranianos. Do ponto de vista psicológico, podem ser assinaladas como causas, os conflitos de qualquer natureza, especialmente sexuais, empurrando para o vício destruidor. A timidez, a instabilidade de sentimentos, o ciúme, o complexo de inferioridade, os transtornos masoquistas propelem para a ingestão de substâncias alcoólicas como fugas das situações embaraçosas. Algumas vezes, para servirem de encorajamento e outras com a finalidade de apagar lembranças ou situações desagradáveis.

Sob qualquer aspecto considerado, porém, essas situações apresentam-se mediante altas doses de mau humor e de agressividade, derivadas dos tormentos íntimos do paciente, que não foram acalmados." (Joanna de Ângelis, *Conflitos existenciais*, p. 157-159).

ALCOOLISMO E OBSESSÃO

"O dependente alcoólico é portador de compromissos espirituais transatos muito grandes, à semelhança de outros enfermos. No caso específico, há um histórico anterior, em experiência passada, quando se entregou às dissipações, especialmente de natureza etílica, assumindo graves compromissos perturbadores com outros Espíritos, que lhe padeceram as injunções penosas e que o não perdoaram. Reencontrando-o, estimulam-no à antiga debilidade moral, a fim de o consumirem na alucinação, ao tempo em que também participam das suas libações, dando prosseguimento aos desaires que a ausência do corpo já não lhes permite.

À semelhança do que ocorre com o tabagista e o drogado, estabelece-se um conúbio vampirizador por parte do desencarnado, que se torna hóspede dos equipamentos nervosos, via perispírito, terminando por conduzir o paciente ao delirium tremens, como resultado de insuficiência supra-renálica, quando o organismo exaurido tomba sob situações de hipoglicemia e hiponatremia.

Noutras vezes, prosseguem na desforra, em razão do sentimento ambíguo de amor e ódio, no qual satisfazem-se com as aspirações dos vapores etílicos que o organismo do enfermo lhes proporciona e do ressentimento que conservam embutido no desejo de vingança.

Assim sendo, igualmente entorpecem-se, embriagam-se, pela absorção da substância danosa que o perispírito assimila, enlouquecendo, além do estado infeliz em que se encontram. Nessa situação, tomam da escassa lucidez do hospedeiro psíquico e emocional, ampliando-lhe o quadro alucinatório e levando-o à prática de atos abjetos e mesmo de crimes hediondos.

A questão é tão grave e delicada, que nem sequer a desencarnação do obsidiado faz cessar o processo que, não raro, prossegue sob outro aspecto no Mundo espiritual.

O vício, de qualquer natureza, é rampa que conduz à infelicidade." (Joanna de Ângelis, *Conflitos existenciais*, p. 159-160).

PREJUÍZOS FÍSICOS, MENTAIS E MORAIS DO ALCOOLISMO

"Considerando-se a falta de estrutura dos valores éticos na sociedade hodierna, determinados comportamentos que deveriam ser considerados como exóticos, quando não perturbadores e censuráveis, assumem respeitabilidade e passam a constituir-se modelos a serem seguidos pelas personalidades dúbias.

O alcoolismo é um desses fenômenos comportamentais que, desde priscas eras, vem atormentando o ser humano.

A criança e o jovem ambientados ao clima vigente, por imitação ou estimulação de outra natureza qualquer, aderem às libações alcoólicas, procurando ser semelhantes aos outros, estar no contexto geral, demonstrar aquisição de identidade e de liberdade pessoal...

Os danos que decorrem desse hábito infeliz são incalculáveis para o indivíduo e para a sociedade, assim como os prejuízos de vária ordem, inclusive econômicos, para as organizações governamentais de saúde.

A intoxicação apresenta-se sob dois aspectos: aguda, ou embriaguez e crônica. Não existe uma linha demarcatória entre ambas, podendo estar combinadas, o que ocorre na maioria das vezes. A embriaguez é de duração breve no seu aspecto clínico. No entanto, pode evoluir, passando por três fases: excitação, depressão e coma. Na primeira, surge a euforia, como mecanismo de libertação de conflitos emocionais reprimidos durante a abstinência. É de duração breve, relativamente entre uma hora e meia e duas horas. É muito conhecida como vinho alegre. A depressão, também chamada vinho triste, ocorre a seguir ou pode surgir de maneira inesperada, de chofre. O paciente entrega-se ao desmazelo, ao abandono, movimenta-se trôpego, trêmulo, numa espécie de ataxia física e mental. Oscila entre a tristeza e a alegria, apresentando sudorese abundante, náuseas, vômitos...

Logo depois, advém um torpor, uma espécie de sono com estertores, que se apresenta em forma do coma da embriaguez. Nessa fase, pode ocorrer a desencarnação resultante de algum colapso cardíaco.

Surgem também, manifestações diferenciadas em forma sensorial, afetiva e motora, que se podem fundir em uma situação lamentável.

Os sentidos físicos ficam afetados, os estados oníricos tornam-se tormentosos, as alucinações fazem-se freqüentes.

Cada uma dessas formas de embriaguez tem a sua característica sempre degradante para o paciente, que perde completamente o controle da razão, da emoção e do organismo físico, no qual instalam-se problemas de alta gravidade." (Joanna de Angelis, *Conflitos existenciais*, p. 160-162).

CONSEQUÊNCIAS DA EMBRIAGUEZ

"Também é conhecida a embriaguez simples ou excitação ebriosa, na qual o paciente pode apresentar-se de forma expansiva ou depressiva, de acordo com a sua constituição emocional.

Na situação, sem controle sobre as inibições, desvela-se, e, em face da liberação, pode tornar-se vulgar, agressivo, ultrajando as pessoas, agredindo os costumes, derivando para diversos tipos de crimes contra o cidadão, o patrimônio...

Lentamente o paciente começa a sofrer perturbações intelectuais e de memória, embotamento dos sentimentos e distúrbios de conduta. Além desses desequilíbrios, a face apresenta-se pálida e de expressão cansada, a língua saburrosa, hepatomegalia, febre, facilidade para permitir-se infecções, como gripe, erisipela, pneumonia.

Quando irrompe o delirium tremens o paciente encontra-se em fase adiantada de alcoolismo, com impossibilidade imensa de retornar à sanidade, ao equilíbrio, em razão dos distúrbios profundos nos sistemas nervoso central, neurovegetativo, simpático e parasimpático, além das disfunções de outros órgãos que se encontram afetados pelo excesso de álcool: fígado, rins pâncreas, estômago, intestino, coração...

Noutras vezes, o paciente é conduzido à demência alcoólica, em decorrência do enfraquecimento generalizado de todas as funções psíquicas, particularmente as intelectuais, ao tempo em que é atingido na afetividade e na moralidade.

Nessa fase, a morte é quase iminente, pois as funções orgânicas exauridas já não podem manter-se em ritmo de trabalho equilibrado, cedendo lugar ao descontrole e à exaustão.

Pode acontecer que, em muitos pacientes crônicos, antes da ocorrência dos acidentes delirantes subagudos, surjam estados neurasteniformes, caracterizados pela fadiga, por dores esparsas, astenia muscular, perturbações digestivas, cefaléia... Por extensão, o sono é assinalado por confusão mental e inquietação, produzindo mal-estar e aumentando o cansaço pela falta do repouso que se faz necessário à manutenção da maquinaria orgânica.

A verdade insofismável é que o alcoólico é um paciente que apresenta grande dificuldade de aceitação terapêutica, por estar escamoteando sempre os tormentos sob justificações, ora acusatórias como de responsabilidade daqueles que lhes criam situações difíceis, ou como de vítimas das circunstâncias, que dizem poder reverter, quando quiserem, que nunca o conseguem." (Joanna de Ângelis, *Conflitos existenciais*, p. 162-163).

TRATAMENTO DO ALCOOLISMO

"Em face da gravidade do alcoolismo, são necessários recursos psiquiátricos, psicológicos e orientação social, a fim de auxiliar o paciente na recuperação da saúde.

De acordo com a extensão de cada caso, é sempre recomendável a orientação psiquiátrica, com o conveniente internamento do enfermo, a fim de auxiliá-lo na desintoxicação, naturalmente acompanhada de cuidadoso tratamento especializado.

Nessa fase, sempre pode ocorrer o colapso em defluência da falta do álcool no organismo. À medida que vai sendo recuperada a lucidez, a ajuda psicológica é de grande valor, por facilitar a identificação das causas subjacentes e que se encontram inibidas, como efeito de uma infância mal vivida, frustrada ou de reminiscências inconscientes - clichês mentais inesperados - pertinentes às experiências malogradas em existências anteriores...

A boa leitura certamente propicia o despertamento da consciência para a nova situação, demonstrando que a realidade não é tão agressiva conforme se crê, dependendo de cada um na sua forma de enfrentá-la.

A aplicação da bioenergética é de grande utilidade, porque robustece o ânimo do paciente e ajuda-o na libertação das tenazes que sofre por parte do perseguidor desencarnado.

Graças a esse recurso, torna-se mais fácil a mudança de comportamento para outra faixa vibratória, mais elevada, favorecendo o fortalecimento moral e espiritual através da oração, por cuja terapia passa a sintonizar com outras mentes mais nobres e a captar a presença dos Guias espirituais que são atraídos e o auxiliarão na conquista do seu reequilíbrio.

A psicologia e a psiquiatria espíritas conseguiram demonstrar que existe uma outra realidade além da objetiva, da convencional, na qual a vida é estuante e apresenta-se em forma de causalidade, onde tudo se origina e para a qual tudo retorna.

Dessa forma, levantaram o véu que dificultava a visão do mundo espiritual existente e desconhecido, vibrante e gerador de fenômenos que se apresentam na esfera física, antes não entendidos e considerados miraculosos, desbordando em fantasias e mitos, ora fascinantes, ora aterradores...

A confirmação da imortalidade do Espírito facultou o entendimento em torno das relações que existem entre as duas esferas da mesma vida, ensejando a compreensão da finalidade do processo reencarnacionista, assim proporcionando sentido e significado especiais à existência corporal.

Desse modo, importante é o ser, em si mesmo, portador de possibilidades quase infinitas na sua trajetória, dependendo sempre da sua eleição pessoal em torno da busca da plenitude.

Enfermidades, desaires, sofrimentos, alegrias e esperanças fazem parte do trajeto a percorrer, nunca esquecendo que a cada passo dado uma nova conquista se insere no equipamento de realizações enobrecedoras. Eis por que a jornada humana deve caracterizar-se pela visão e pela ação positivas, no incessante labor de auto-realização para melhor contribuir em favor da coletividade da qual faz parte." (Joanna de Ângelis, *Conflitos existenciais*, p. 163-165).

A CURA REAL

"A cura real, portanto, de qualquer paciente, reside na sua transformação moral para melhor, porquanto pode recuperar a saúde física, emocional e mesmo psíquica, no entanto, se não aceitar a responsabilidade para auto-iluminar-se, logo enfrentará novos problemas e situações desafiadoras. Essa reabilitação deve dar-se, por certo, do interior para o exterior, dos sentimentos para a organização fisiológica.

Tendo em vista a presença da morte e da imortalidade, convém ter-se sempre em mente que a cura lograda, por mais ampliação de tempo que conceda, não impedirá o inevitável fenômeno da morte que acontecerá..." (Joanna de Ângelis, *Conflitos existenciais*, p. 165).

TABAGISMO

ADOLESCÊNCIA E FUMO - O FALSO PRAZER

"O hábito de fumar começa, em geral, na infância ou na adolescência, incentivado pelos mais velhos e tendo exemplos até mesmo dentro de casa. São os garotos provocados pelos coleguinhas que fumam e que na sua imaginação, já se sentem homens feitos (como se o fumar fosse uma condição de ser adulto). A tentativa é feita, provoca tosse e tonturas, mas dizem eles - são os sacrifícios do noviciado. O melhor vem depois: dá charme, auto-segurança, estímulo cerebral, é bacana, as menininhas gostam. Enfim, atende a tudo aquilo que o adolescente deseja: auto-afirmação, prestígio entre os amiguinhos, pose de artista, companhias a qualquer hora, namoradinhas, e, nesse contexto, a ilusão do prazer de ser querido e estar realizado. Faz parte do grupo. Quem não fuma, não entra na 'patota'.

Entretanto, ninguém conta nem fala das desvantagens e dos males do fumo. Ninguém vê e nem pode examinar os tóxicos que a fumacinha leva ao organismo. Hoje já se fala, até na televisão, sobre o alcatrão e a nicotina que o cigarro contém, mas o que é mesmo isso? Ah, isso ninguém conhece. E ninguém conhece porque não é divulgado, porque não interessa divulgar. O que interessa é vender. E os nossos amiguinhos caem como patinhos, levados também pelas exuberantes propagandas dos fabricantes, sem saberem nada sobre os venenos que ingerem, sobre as doenças que provocam, as mortes que causam. E sem saberem que as estatísticas médicas provam que, dentre oito fumantes, um certamente sofrerá de câncer, e ainda que cada cigarro encurta a vida do homem em quatorze minutos. Falem dessas verdades aos garotos que queiram ensinar outros a fumar." (Ney Prieto Peres, *Manual prático do espírita*, 13. ed., p. 48).

BONS HÁBITOS

"O cultivo dos hábitos saudáveis, considerados como virtudes morais, oferece o bem-estar gerador de harmonia pessoal e social. Eles contribuem decisivamente para o equilíbrio orgânico, emocional e psíquico, facultando uma existência realmente prazerosa.

Esses hábitos proporcionadores de felicidade insculpem-se no cerne do ser e ajudam-no a conquistar o processo de auto-realização.

Entre os mais expressivos e edificantes, em toda a sua grandeza destaca-se a superação do egoísmo através da prática do bem com total desinteresse, definindo o biótipo espiritual triunfador.

Sob outro aspecto, os hábitos viciosos atormentam, desenvolvendo ou ampliando conflitos que entorpecem o indivíduo, enfermando-o, desarticulando-lhe as resistências morais.

Certamente, há aqueles que se afeiçoam com facilidade aos bons costumes e vivenciam-nos com relativa facilidade, em razão de se haverem exercitado em existências anteriores, enquanto outros que tombam na dependência viciosa, estão iniciando-se ainda na experiência da luta para adquirir imunização ao seu contágio.

Os hábitos de qualquer procedência são resultados da dinâmica de manutenção do exercício, mediante a afinidade com este ou aquele, seja possuidor de benefícios ou de aflições.

Quanto mais se repetirem as tentativas e ações mais serão fixadas no comportamento, tornando-se uma denominada segunda natureza.

Os vícios, pois, decorrem da acomodação mental e moral a situações penosas e equívocas, que exigem esforço para salutar direcionamento, mas que, a falsa sensação de prazer transforma-se em pesar ou aflição, logo que fruída." (Joanna de Ângelis, *Conflitos existenciais*, p. 145-146).

CAUSAS DO TABAGISMO

"Entre os denominados vícios sociais destaca-se o tabagismo de conseqüências danosas para o organismo físico do dependente da nicotina e dos demais conservantes do fumo, bem como gerando transtorno da emoção.

De duas ordens são as causas do tabagismo: a primeira delas, de natureza subjetiva, porque ínsita no emocional do indivíduo, apresentando-se sob variado elenco de manifestações, tais como a timidez e o medo, o complexo de inferioridade e a insegurança, a baixa estima pessoal e a ansiedade, que resultam de processos anteriores da evolução ou que ressumam dos conteúdos psíquicos inconscientes arcaicos e infantis do fumador.

Nessa situação, é fácil a busca do bastão psicológico de sustentação, no caso em tela o tabaco para mascar ou fumar, mais genericamente em forma de cigarro, charuto ou cachimbo, que é queimado, tendo tragada a sua fumaça.

Sob o ponto de vista psicanalítico, conforme Freud, durante o período de desenvolvimento oral na criança, toda vez que essa apresenta qualquer necessidade e chora, logo recebe a chupeta, a amamentação, o dedo na boca, as guloseimas, indo repetir-se esse fenômeno na idade juvenil e adulta, quando se busca o tabaco na sua forma social e elegante, para restituir a tranqüilidade, vencendo aparentemente a ansiedade.

Aquela fase oral do desenvolvimento infantil grava-se no inconsciente, nos seus aspectos positivos e negativos, representando a gratificação que os pais e os familiares oferecem ao bebê com o objetivo de deixá-lo feliz.

Desse modo, na juventude, o cigarro especialmente torna-se o consolo ante as incertezas, os desafios e o apoio psicológico para os temores de enfretamentos em relação à angústia e especialmente à solidão. Nesse período de incertezas da existência, o jovem experimenta muita ansiedade e sofre grave insegurança, acreditando que, no fumo, irá encontrar os valores que lhe faltam no momento, assim tombando no vício.

Indispensável, desse modo, entender-se a oralidade, a fim de resguardar-se da fuga para o tabagismo." (Joanna de Ângelis, *Conflitos existenciais*, p. 146-147).

Adolescência - Um desafio para pais e educadores

MAUS EXEMPLOS

"A segunda é de natureza objetiva, social, externa, defluente da convivência com outros dependentes da nicotina, que fingem haver adquirido a independência (dos pais, dos familiares, dos mestres), afirmando a personalidade, adentrando-se na sociedade dos adultos, igualmente viciados...

Receando ser discriminado no grupo em que se movimenta, por não proceder de maneira idêntica (relacionamentos-espelho, que os indivíduos refletem-se na conduta uns dos outros), o jovem ou mesmo o adulto, permite-se a iniciação, nem sempre muito agradável, logo parecendo capaz de afirmar-se perante os demais, já que não tem convicção das próprias possibilidades, tornando-se dependente do vício.

As pressões sociais e emocionais, os incontáveis embates do crescimento como ser inteligente, quando produzem ansiedade e geram inquietação, empurram o incauto para o recurso do bastão psicológico de apoio, com a finalidade enganosa de tranqüilizar e inspirar soluções.

Também são sugeridas outras espécies de causas, como sejam: a voluntária, pelo excesso de fumo ou de mastigação do tabaco e a profissional, que atinge os trabalhadores dessa indústria perversa.

Dependentes das substâncias absorvidas pelo uso do tabaco, alguns desses tipos psicológicos frágeis crêem que a ingestão do álcool, mesmo que em doses mínimas, propicia inspiração, qual ocorre no período da sesta em favor da criatividade, e buscam esse estímulo morbífico.

A criatividade, a inspiração, o êxtase legítimo, decorrem da perfeita lucidez, num período de bem-estar e de integração com o Cosmo, após o esforço da busca para o encontro, facultando ao subconsciente ou ao pré-consciente o auxílio necessário e eficaz.

Nesse comportamento, atinge-se com relativa facilidade o estado alterado de consciência, ao invés de mergulhar-se em estados de consciência alterada pela ingestão de substâncias alucinógenas, portadoras de danos imprevisíveis ao cérebro e aos respectivos departamentos emocional e psíquico do usuário.

Assim, o êxtase deve ser alcançado mediante perfeita sintonia com as faixas sutis da vida, sem a intoxicação resultante de qualquer substância vegetal ou química.

Quando ocorre a transcedência temporária na dicotomia sujeito-objeto, dá-se o êxtase, sem qualquer conotação neurótica ou pejorativa, ou ainda, regressão a serviço do ego.

Será sempre nesse estado de perfeita afinidade que sucede, facultando o abandono do ego e suas injunções para a harmonia com o self numa outra dimensão espaço-tempo.

Os vícios, sejam de qual constituição se apresentem, tornam-se cadeias escravizadoras de conseqüências lamentáveis para os seus aficionados.

Melhor, portanto, evitar-lhes a instalação do que a posterior luta pela sua superação." (Joanna de Ângelis, *Conflitos existenciais*, p. 147-149).

INSTALAÇÃO E DANOS DA DEPENDÊNCIA VICIOSA

"Iniciada a experiência desastrosa, sempre que haja qualquer tipo de conflito, de ansiedade, de insegurança, o paciente busca o recurso do tabaco na vã ilusão de alcançar os resultados do bem-estar, da serenidade.

À medida que o organismo intoxica-se aumenta o índice da necessidade, passando à dependência coercitiva e perturbadora. Simultaneamente aparecem os sinais que tipificam os danos causados ao organismo, que podem vir a sós ou associados uns aos outros.

O tabagismo é responsável, portanto, por diversas enfermidades, especialmente as do sistema nervoso central, como dos aparelhos cardiovascular, respiratório, digestivo e das glândulas endócrinas, com perturbações da fala, acidentes de estenocardia e dos vasos periféricos. Na sua fase aguda, surgem as náuseas, vômitos, desmaios, dores de cabeça, fraqueza nas pernas, sialorréia...

Na ocorrência da insuficiência coronária e bronquite crônica, nas dispepsias gástricas e biliar, diabetes, o tabagismo piora os quadros, levando a desenlaces dolorosos e inevitáveis.

O fumante pensa haver conseguido ganhos como hábito danoso, como por exemplo fazer parte do círculo de dependentes, sentindo-se aceito e idêntico, especialmente na fase das conquistas amorosas quando o outro - masculino ou feminino - é viciado.

A ampla divulgação pela mídia de que o fumador é um indivíduo triunfante, conquistador invejável e realizador de façanhas poderosas, contribui para que as personalidades conflitivas busquem o tabaco, a fim de alcançarem realização semelhante. Infelizmente, a mídia não apresenta os seus modelos, quando estão sendo devorados pelo câncer que resulta do hábito inveterado de absorver nicotina em altas doses..." (Joanna de Ângelis, *Conflitos existenciais*, p. 149-150).

ILUSÕES DANOSAS

"A ilusão proporcionada pelo tabagismo é paradoxal: inicialmente parece que acalma, que dá vitalidade, no entanto, quanto mais a vítima se deixa arrastar pelo uso doentio, mais neurótica, mais insegura e mais instável apresenta-se.

O indivíduo fármaco-dependente atinge um nível de transtorno de tal monta, que se sente incapaz de enfrentar qualquer tipo de atividade sem o apoio do cigarro, muitas vezes mesmo antes de qualquer refeição, a fim de iniciar o dia.

Quando tenta evitar-lhe o uso, e casualmente o anseio da ação não corresponde ao esperado, logo supõe que é a falta do cigarro que se faz responsável pelo que considera insucesso e recorre-lhe ao apoio, reabastecendo-se de ânimo e formando o círculo vicioso.

Mesmo quando o dependente reconhece os danos que o vício vem-lhe causando ao organismo, teme abandoná-lo, embora o deseje sem grande esforço, prosseguindo, porém, vitimado nas suas garras.

O eminente psiquiatra Sigmund Freud, já referido, denomina esse fenômeno como a pulsão de morte, ou seja, a maneira mórbida como a pessoa deixa-se arrastar pelas condutas doentias e destrutivas.

Fenômeno especial ocorre nessa como em qualquer outra dependência viciosa, que é a presença de Espíritos igualmente enfermiços que se utilizam do paciente para a convivência obsessiva, dando prosseguimento aos hábitos infelizes em que se comprazem e ora sentem falta, em face da ausência da organização física.

Assim, estabelecem-se ligações mórbidas, ensejando processos de vampirização que se fazem mais complexos, quando utilizam dos vapores etílicos, das emanações do tabaco, das drogas, para continuarem comprazendo-se.

Essa ingerência mais agrava o estado do paciente físico, porque, mesmo usando a bengala psicológica, prossegue frustrado, em razão do desvio daquelas substâncias que lhe pareciam auxiliar quando em tormento.

À medida que a parasitose espiritual mais se aprofunda no comportamento do encarnado, este sente-se ainda mais enfraquecido, aturdido e infeliz, esvaziado de ideais de superior significação.

Toda vez quando pensa em abandonar o vício tem a mente invadida por pavores e ameaças não verbalizadas, que mais o afligem e o atiram no vazio existencial.

O existencialista francês Jean Paul Sartre sugeriu que se desvestisse o tabaco de qualquer significado especial, reduzindo-o à questão de uma erva que arde e se consome, não merecendo, por isso mesmo, qualquer outra conotação.

Dá-se, porém, o oposto, porque o viciado olha-o com enorme expectativa, a ponto de transformá-lo em sua tábua de salvação, guardando o último cigarro com verdadeira volúpia, quando escasseiam em suas mãos, a fim de que, no momento da angústia, que já formula inconscientemente, disponha do mecanismo de apoio e de liberação do mal-estar." (Joanna de Ângelis, *Conflitos existenciais*, p. 150-152).

PREJUÍZOS CAUSADOS PELO TABAGISMO

"O lamentável, em todo esse processo, é que além dos males proporcionados pelo tabagismo à vítima, alcança as pessoas que ao seu lado se encontram, porque as obriga a aspirar o fumo perverso que espalha, intoxicando-as também. Não poucas vezes, aqueles que se expõem às emanações do cigarro ficam impregnados de tal forma, que se enfermam, apresentando sintomas típicos de usuários do produto destrutivo.

A cultura do cigarro, do charuto e do cachimbo em nossa sociedade dita civilizada, faz parte dos grandes mecanismos inconscientes de fuga da realidade para a fantasia, para o exibicionismo, para auto-realizações equivocadas.

Dando-se conta dos prejuízos que já experimenta expressiva massa de fumantes, muitos procuram fórmulas mágicas para libertar-se do vício e tentam os recursos de ocasião que aparecem com certa periodicidade, sem que, de fato, desejem pagar o alto preço pela abstinência do fumo.

Assim, param por algum tempo, e à medida que vão sendo vítimas da síndrome dela decorrente, apresentam-se irritadiços, depressivos, impacientes, sofrendo interrupção do sono, confusão mental, insatisfação, retornando prazerosamente ao hábito consumista e extravagante.

Assevera-se que determinado famoso escritor, crítico literário irlandês, afirmou com certa dose de ironia: Deixar de fumar é fácil. Eu já o deixei inúmeras vezes...

Qualquer hábito para ser liberado do indivíduo que lhe aceita a injunção, deve ser substituído por outro, de forma que não surja o vazio, a ausência de algo que parece importante, em face de se estar acostumado à sua presença." (Joanna de Ângelis, *Conflitos existenciais*, p. 152-153).

TERAPIA PARA A CURA

"Da mesma forma como se instalou o vício, a sua libertação ocorre mediante um processo semelhante e de prolongado curso.

Os danos causados, quase sempre são irreversíveis, sendo alguns ainda em início, possivelmente diminuídos com a ausência da nicotina.

A denominada compensação do fumante - apresentar a carteira de cigarros, retirá-la de coberturas de luxo, a postura exibicionista - cria dificuldade quando ele se resolve por abandonar o hábito. Naturalmente a falta do mentiroso prazer que está arraigado no seu comportamento, gera-lhe algumas perturbações, que se prolongarão enquanto dura a intoxicação.

Uma postura psicológica deve ser levada em conta inicialmente: a maneira como se vai libertar, a fim de ser um ex-fumante e não alguém que deixou de fumar - uma forma de perda - desejando realmente alcançar o êxito, porquanto ele já sabe que deve parar, a fim de que realmente deseje parar.

É necessário, desse modo, uma mudança de comportamento, na qual o paciente deve possuir uma clara percepção da sua ansiedade, aprendendo a superá-la, vencendo-a sem o uso do tabaco.

Essa mudança de comportamento propõe várias etapas, nas quais o paciente vai-se adaptando a cada uma delas, no curso do seu processo de cura evitando criar outros hábitos, como o uso de caramelos e pastilhas, de substitutivos placebos...

O desejo real deve ser mantido pelo pensamento radicado na lógica e no anelo de uma existência saudável, na qual os valores pessoais disponham-se a superar as dificuldades do estágio em que se encontra.

A aplicação de tempo e de energia nessa mudança que deverá ser durável, não lhe deve permitir recidivas experimentais de que apenas uma só vez será bastante para acalmar-se quando em aflição, desse modo, reiniciando o vício." (Joanna de Ângelis, *Conflitos existenciais*, p. 153-154).

VANTAGENS DO ESFORÇO PARA SAIR DO TABAGISMO

"Só então começam a surgir as vantagens, os resultados bons da decisão, quando a mente apresenta-se mais clara, o organismo, mesmo em fase de eliminação dos tóxicos tem respostas melhores e mais rápidas, o sono faz-se mais tranquilo e o bem-estar instala-se a pouco e pouco.

O estímulo para ser um ex-fumante contribui para ganhos emocionais e não perdas, alcançando um novo patamar de vida, o estímulo de uma vitória sobre si mesmo, a alegria de haver conseguido o que muitos outros ainda não se resolveram por alcançar, facultando vantagens psicológicas compensadoras.

Simultaneamente, a ajuda psicoterapêutica de um especialista, a fim de acompanhar o procedimento que irá restituir a saúde e a paz, torna-se fator essencial para o êxito que se deseja conseguir.

Como corolário da decisão, o paciente deve buscar as Fontes Generosas da Espiritualidade por intermédio da oração e da concentração, a fim de receber os fluxos de energia renovadora para a manutenção da estabilidade dos propósitos abraçados.

Mantendo a vigilância de que é um paciente em contínuo tratamento, cabe-lhe evitar qualquer possibilidade de cedência ao vício, não lhe aceitando os desafios subliminais que atingem a todos que se encontram nessa fase de transformação." (Joanna de Ângelis, *Conflitos existenciais*, p.154-155).

CASOS

CASO 1: FORÇAS VICIADAS

Livro
Nos domínios da mediunidade, cap.15, 17. ed.

Personagens
Áulus, André Luiz, Hilário

AMBIENTE: NUM RESTAURANTE BARATO

"A casa de pasto regurgitava...
Muita alegria, muita gente.
Lá dentro, certo recolheríamos material adequado a expressivas lições.
Transpusemos a entrada
As emanações do ambiente produziam em nós indefinível mal-estar." (p. 138).

PRIMEIRA OCORRÊNCIA

"Caía a noite...

Após o dia quente, a multidão desfilava na via pública, evidentemente buscando o ar fresco.

Dirigíamos a outro templo espírita, em companhia de Áulus, segundo o nosso plano de trabalho, quando tivemos nossa atenção voltada para enorme gritaria.

Dois guardas arrastavam, de restaurante barato, um homem maduro em deploráveis condições de embriaguez.

O mísero esperneava e proferia palavras rudes, protestando, protestando...

- Observem o nosso infeliz irmão! - determinou o orientador.

E porque havia muito tempo entre a porta ruidosa e o carro policial, pusemo-nos em observação.

Achava-se o pobre amigo abraçado por uma entidade da sombra, qual se um polvo estranho o absorvesse.

Num átimo, reparamos que a bebedeira alcançava os dois, porquanto se justapunham completamente um ao outro, exibindo as mesmas perturbações." (p. 137-138).

ASPECTO DOS FREQÜENTADORES

"Junto de fumantes e bebedores inveterados, criaturas desencarnadas de triste feição se demoravam expectantes.

Algumas sorviam as baforadas de fumo arremessadas ao ar, ainda aquecidas pelo calor dos pulmões que as expulsavam, nisso encontrando alegria e alimento. Outras aspiravam o hálito de alcoólatras impenitentes.

Indicando-as, informou o orientador:

- Muitos de nossos irmãos, que já se desvencilharam do vaso carnal, se apegam com tamanho desvario às sensações da experiência física, que se cosem àqueles nossos amigos terrestres temporariamente desequilibrados nos desagradáveis costumes por que se deixam influenciar." (p. 138).

EXPLICAÇÕES DE ÁULUS ACERCA DOS ESPÍRITOS VICIOSOS

"- Mas por que mergulhar, dessa forma, em prazeres dessa espécie?

- Hilário - disse o Assistente, bondoso -, o que a vida começou, a morte continua... Esses nossos companheiros situaram a mente nos apetites mais baixos do mundo, alimentando-se com um tipo de emoções que os localiza na vizinhança da animalidade. Não obstante haverem freqüentado santuários religiosos, não se preocuparam em atender aos princípios da fé que abraçaram, acreditando que a existência devia ser para eles o culto de satisfações menos dignas, com a exaltação dos mais astuciosos e dos mais fortes. O chamamento da morte encontrou-os na esfera de impressões delituosas e escuras e, como é da Lei que cada alma receba da vida de conformidade com aquilo que dá, não encontram interesse senão nos lugares onde podem nutrir as ilusões que lhes são peculiares, porquanto, na posição em que se vêem, temem a verdade e abominam-na, procedendo como a coruja que foge à luz.

Meu colega fez um gesto de piedade e indagou:

- Entretanto, como se transformarão?

- Chegará o dia em que a própria Natureza lhe esvaziará o cálice - respondeu Áulus, convicto. - Há mil processos de reajuste, no Universo Infinito em que se cumprem os Desígnios do Senhor, chamem-se eles aflição, desencanto, cansaço, tédio, sofrimento, cárcere...

- Contudo - ponderei -, tudo indica que esses Espíritos infortunados não se enfastiarão tão cedo da loucura em que se comprazem...

- Concordo plenamente - redargüiu o instrutor -, todavia, quando não se fatiguem, a Lei poderá conduzi-los à prisão regeneradora.

- Como?

A pergunta de Hilário ecoou, cristalina, e o Assistente deu-se pressa em explicar:

- Há dolorosas reencarnações que significam tremenda luta expiatória para as almas necrosadas no vício. Temos, por exemplo, o mongolismo, a hidrocefalia, a paralisia, a cegueira, a epilepsia secundária, o idiotismo, o aleijão de nascença e muitos outros recursos, angustiosos embora, mas necessários, e que podem funcionar, em benefício da mente desequilibrada, desde o berço, em plena fase infantil. Na maioria das vezes, semelhantes processos de cura prodigalizam bons resultados pelas provações obrigatórias que oferecem...

- No entanto - comentei -, e se os nossos irmãos encarnados, visivelmente confiados à devassidão, resolvessem reconsiderar o próprio caminho?!... se voltassem à regularidade, através da renovação mental com alicerces no bem?!...

Adolescência - Um desafio para pais e educadores

- Ah! isso seria ganhar tempo, recuperando a si mesmos e amparando com segurança os amigos desencarnados... Usando a alavanca da vontade, atingimos a realização de verdadeiros milagres... Entretanto, para isso, precisariam despender esforço heróico." (p. 138-140).

CASO 2: OBSERVAÇÃO DE UM LUGAR FREQUENTADO PELOS JOVENS

Livro
Universo de amor, cap. 29

Personagens
Luiz Sérgio, Nikolas, Hugues

AMBIENTE

"Íamos varando os canteiros do mundo físico, quando passamos por um lugar freqüentado pelos jovens da cidade." (p. 239).

ASPECTO DOS JOVENS

"A maioria portava na mão uma lata de bebida. E para surpresa nossa, eram quase crianças. Ali tinha de tudo: droga, álcool e sexo. Nikolas falou:
- E a maioria não trabalha, vive da mesada dos pais.
Olhamos aquelas crianças de seus treze anos ingerindo bebida alcoólica, no centro da grande cidade. Pedimos a Nikolas para nos aproximar daquele grupo e com pesar constatamos que aqueles jovens não conheciam os limites da vida. Para eles, tudo era permitido." (p. 239).

ASPECTOS ESPIRITUAIS

"A tudo observávamos, principalmente o lado espiritual. Espíritos vampirescos se mantinham colados àqueles irmãos tão distantes de Deus. As mocinhas, de seus quinze anos, fumando e bebendo, rindo, felizes, não se davam conta de que tinham ao seu lado as mais estranhas figuras." (p. 239).

CASO 3: VISITA DA JOVEM PATRÍCIA A UMA COLÔNIA DE VICIADOS

Livro
Vivendo no mundo dos espíritos, cap. 19
Personagens
Patrícia, Frederico, Raimundo, Senhora alcoólatra

AMBIENTE

"Na aula prática, fomos visitar, na Colônia, a ala do hospital onde estão os que se desintoxicam do fumo e do álcool. Estão todos separados. Primeiramente fomos visitar os que fazem um tratamento para se desintoxicar do fumo e que foram pessoas boas, algumas espíritas. Foi agradável a visita, estavam todos conscientes tanto do desencarne como do tratamento. Vimos que estavam todos um tanto envergonhados por não terem se livrado do vício quando encarnados.
- Aqui ficam por pouco tempo - disse Frederico." (p. 126).

ENFERMARIA DOS ALCOÓLATRAS

"A segunda enfermaria era de alcoólatras. Infelizmente, o álcool danifica muito mais o perispírito. Conversamos com alguns deles, e os animamos. Uma senhora me disse:
- Estou envergonhada de ter descido tanto por um vício. Encarnada, abandonei meus pais, marido e filhos. Não liguei a afetos, a ninguém. Desencarnei e sofri. Até que cansada lembrei de Deus, e por tempo clamei por ajuda. Mas, sabe, ainda não estou bem, tenho vontade de beber.
Chorou, apiedei-me. Demos-lhe um passe. Ao me concentrar nela, vi que estava aflita com vontade de se embriagar." (p. 126).

EXPLICAÇÕES DE RAIMUNDO

"- No começo é assim mesmo - explicou Raimundo. - Mas logo ela se sentirá melhor. A Colônia lhe proporcionará objetivos sadios e nada como um objetivo bom, sério, para ajudar a esquecer e a anular um vício.
A enfermaria onde estão os recém-socorridos que foram viciados no álcool é de deixar triste. Estavam todos marcados de tal forma, que os perispíritos estavam deformados. Oramos e demos passes, a maioria estava alheia, com olhares abobalhados." (p. 127).

Capítulo V

O adolescente e a vida social

O ADOLESCENTE E A VIDA SOCIAL

O ADOLESCENTE, UM SER SOCIAL

"O instinto gregário é responsável, no ser humano, pela necessidade do grupo social como mecanismo de sobrevivência, de proteção e de desenvolvimento da espécie. Atavismo que remanesce do período primário do seu desenvolvimento, mantém a força preservadora que sustenta a espécie e aglutina os indivíduos para crescerem em harmonia. Como conseqüência, o indivíduo é fator preponderante para a organização da sociedade que, inevitavelmente, passa a ser agente formador de outros indivíduos e de outros grupos.

Assim sendo, é inevitável que o indivíduo seja elemento base da sociedade, dela dependendo no caráter grupal e de relacionamento, ao mesmo tempo sofrendo-lhe as conseqüências da organização.

No indivíduo, pois, estão as pedras básicas do alicerce social, que devem ser trabalhadas de forma a poderem construir grupos felizes." (Vianna de Carvalho, *Atualidade do pensamento espírita*, perg. 08).

"No período da adolescência a vida social gira em torno dos fenômenos de transformação que afetam o comportamento juvenil.

Assim, a preferência do jovem é por outro da mesma faixa etária, os seus jogos são pertinentes às ocorrências que lhe estão sucedendo no dia-a-dia. Há uma abrupta mudança de interesses, e portanto, de companhias, que se tornam imperiosos para a formação e definição de sua personalidade. Não mais ele se compraz nos encantamentos anteriores, nas coleções infantis que lhe eram agradáveis, nem tampouco nas aspirações que antes o mantinham preso ao lar, ao estudo ou aos esportes até então preferidos." (Joanna de Ângelis, *Adolescência e vida*, 6. ed., p. 63).

"*A vida social está em a Natureza?*

Certamente. Deus fez o homem para viver em sociedade. Não lhe deu inutilmente a palavra e todas as outras faculdades necessárias à vida de relação." (Allan Kardec, *O livro dos Espíritos*, 83. ed., perg. 766).

Capítulo 05

O adolescente e a vida social

"É contrário à lei da Natureza o insulamento absoluto?
Sem dúvida, pois que por instinto os homens buscam a sociedade e todos devem concorrer para o progresso, auxiliando-se mutuamente." (Allan Kardec, *O livro dos Espíritos*, 83. ed., perg. 767).

"Procurando a sociedade, não fará o homem mais do que obedecer a um sentimento pessoal, ou há nesse sentimento algum providencial objetivo de ordem mais geral?
O homem tem que progredir. Insulado, não lhe é isso possível, por não dispor de todas as faculdades. Falta-lhe o contacto com os outros homens. No insulamento, ele se embrutece e estiola.

Homem nenhum possui faculdades completas. Mediante a união social é que elas uma às outras se completam, para lhe assegurarem o bem-estar e o progresso. Por isso é que, precisando uns dos outros, os homens foram feitos para viver em sociedade e não insulados." (Allan Kardec, *O livro dos Espíritos*, 83. ed., perg. 768).

"A socialização do jovem é um processo de longo curso, que se inicia na infância e deve ser acompanhada com muito interesse e cuidado, a fim de que, na adolescência, esse desenvolvimento não se faça traumático nem desequilibrante." (Joanna de Ângelis, *Adolescência e vida*, 6. ed., p. 67).

"A sua socialização depende, de alguma forma, de relativa independência dos pais, de ajustamento à maturação sexual e dos relacionamentos cooperativos com os novos amigos que atravessam o mesmo estágio." (Joanna de Ângelis, *Adolescência e vida*, 6. ed., p. 64).

O QUE O ADOLESCENTE ESPERA DA SOCIEDADE

"Em razão da imaturidade, o adolescente espera compreensão e auxílio da sociedade, que lhe deve facultar campo para todos os conflitos, não os refreando nem os corrigindo, de forma que o mundo se lhe torne favorável área para as suas experimentações, nem sempre corretas, dando surgimento a novos conceitos e novas propostas de vida." (Joanna de Ângelis, *Adolescência e vida*, 6. ed., p. 54).

"Nesse esfervilhar de emoções e de sensações desconhecidas, o adolescente pretende que a sociedade compartilhe das suas experiências e deixe-o à vontade para atender a todos os impulsos, e, quando isso não ocorre, apresentam-se os choques de geração e as agressões de parte a parte.

Passada a turbulência orgânica, equilibrando-se os hormônios, o indivíduo passa a reconsiderar os acontecimentos juvenis e faz uma nova leitura dos seus atos, reprogramando-se, a fim de acompanhar o processo cultural e social no qual se encontra situado.

O adolescente sempre espera da sociedade a oportunidade de desfrutar dos prazeres em indefinição nele mesmo. Estando em crise de identidade, não sabe realmente o que deseja, podendo mudar de um para outro momento e isto não pode ser seguido pelo grupo social, que teria o dever de abandonar os comportamentos aceitos a fim de incorporar insustentáveis condutas, que logo cedem lugar a novas experiências." (Joanna de Ângelis, *Adolescência e vida,* 6. ed., p. 55).

O QUE A SOCIEDADE ESPERA DO ADOLESCENTE

"Por sua vez, a sociedade espera que o adolescente se submeta aos seus quadros de comportamento estabelecido, muitas vezes necessitados de renovação, de mudança, face aos imperativos da lei do progresso.

O adulto, representando o contexto social, acredita que, oferecendo ao adolescente os recursos para uma existência equilibrada, educação, trabalho, religião, esportes, etc., ter-se-á desincumbido totalmente do compromisso, não se devendo preocupar com mais nada e aguardando a resposta do entendimento juvenil mediante apoio irrestrito, cooperação constante, continuidade dos seus empreendimentos.

Seria tediosa, a vida social, e retrógrada, se fosse continuada sem as inevitáveis mudanças impostas pelo progresso e trabalhadas pelas gerações novas, às vezes inspiradas pelo pensamento filosófico ou científico, pelo idealismo da beleza e da arte, da religião e da tecnologia, que encontram nos jovens a sua força motriz." (Joanna de Ângelis, *Adolescência e vida*, 6. ed., p. 56).

O ADOLESCENTE NA SOCIEDADE

"Não julgueis, todavia, que, exortando-vos incessantemente à prece e à evocação mental, pretendamos vivais uma vida mística, que vos conserve fora das leis da sociedade onde estais condenados a viver. Não; vivei com os homens da vossa época, como devem viver os homens. Sacrificai às necessidades, mesmos às frivolidades do dia, mas sacrificai com um sentimento de pureza que as possa santificar.

Sois chamados a estar em contacto com espíritos de naturezas diferentes, de caracteres opostos: não choqueis a nenhum daqueles com que estiverdes. Sede joviais, sede ditosos, mas seja a vossa jovialidade a que provém de uma consciência limpa, seja a vossa ventura a do herdeiro do Céu que conta os dias que faltam para entrar na posse da sua herança.

Não consiste a virtude em assumirdes severo e lúgubre aspecto, em repelirdes os prazeres que as vossas condições humanas vos permitem. Basta reporteis todos os atos da vossa vida ao Criador que vo-la deu; basta que, quando começardes ou acabardes uma obra, eleveis o pensamento a esse Criador e lhe peçais, num arroubo dalma, ou a sua proteção para que obtenhais êxito, ou a sua bênção para ela, se a concluístes. Nada nunca façais sem pensardes em Deus, para que esse pensamento vos purifique e santifique os atos." (Allan Kardec, *O Evangelho segundo o Espiritismo*, 105. ed, p. 295-296).

O ADOLESCENTE E OS AMBIENTES SOCIAIS

O espírito encarnado, entre outras faculdades, é dotado de consciência, livre-arbítrio e amparo espiritual para melhor proceder em sua trajetória terrena. Os adolescentes e jovens, especificamente, precisam encontrar nos pais e nos educadores, orientações seguras quanto aos aspectos sadios ou nocivos de alguns ambientes sociais e suas respectivas conseqüências para o Espírito. As orientações devem ser dadas no sentido de fazer com que o adolescente reflita na questão tão apropriadamente escrita na primeira epístola de Paulo aos Coríntios:

"Todas as coisas me são lícitas, mas nem todas as coisas me convêm." (Paulo, I Coríntios, 6,12).

FESTAS

"Todos os motivos para festas dignas são respeitáveis, entretanto, a caridade é a mais elevada de todas as razões para qualquer festa digna.

Ninguém há que não possa pagar pequena parcela para a realização dessa ou daquela empresa festiva, destinada à sustentação das boas obras.

Sempre que possível, além da sua quota de participação num ato festivo, com fins assistenciais, é importante que você coopere na venda de, pelo menos, cinco ingressos, no campo de seus amigos, a benefício do empreendimento.

Mesmo que não possa comparecer numa festa de caridade, não deixe de prestar a sua contribuição.

Festejar dignamente, em torno da fraternidade humana, para ajudar o próximo, é uma das mais belas formas de auxílio.

Se você não dança, não é aconselhável o seu comparecimento num baile.

Nos encontros esportivos, é melhor ficar à distância se você ainda não sabe perder.

Se você possui dons artísticos quanto puder, colabore, gratuitamente, no trabalho que se efetue, em auxílio ao próximo.

Nas comemorações de aniversário, nunca pergunte quantos anos tem o aniversariante, nem vasculhe a significação das velas postas no bolo tradicional.

Conduza o empreendimento festivo, sob a sua responsabilidade, para o melhor proveito, em matéria de educação e solidariedade que sempre se pode extrair do convívio social.

Aprendamos a não criticar a alegria dos outros." (André Luiz, *Sinal verde*, 30. ed., p. 100-101).

O JOVEM CRISTÃO PODE FREQUENTAR FESTAS OU OUTROS AMBIENTES SOCIAIS?

"Que todos nós possamos viver em paz com a nossa consciência. A diversão é uma necessidade para o espírito; abusar do divertimento é negligenciar a vida. A consciência é um raio luminoso que repele os pontos negros se o espírito luta para viver em Deus. Adormecê-la é encontrar nas coisas vazias o divertimento; e ai daqueles que vivem longe de Deus! Sentirão o inferno do remorso a corroer-lhe o espírito." (Luiz Sérgio, *Consciência*, 4. ed., p. 144-145).

O JOVEM INTEGRADO À SOCIEDADE ATRAVÉS DO ESPIRITISMO

"A tarefa do adolescente é responder às perguntas: onde eu me situo no mundo? o que esse mundo é de fato? que forças atuam na sociedade? qual é o significado da minha vida dentro desta coletividade? no que posso acreditar? para que rumo devo dirigir minhas energias? As respostas serão fundamentais para que ele consiga fazer a escolha de uma carreira e alcançar a maturidade social, a fim de emancipar-se da casa paterna.

Mas, para encontrar essas respostas, é necessário o suporte de uma filosofia de vida coerente, e parece que os adultos, em nossa sociedade, contaminados pela ideologia, não têm conseguido oferecer aos jovens algo bastante consistente. A angústia de não poder solucionar essas questões internas pode levar muitos indivíduos a desequilíbrios sérios, tanto psíquicos, quanto comportamentais, incluindo aí o temível fantasma da toxicomania, o pesadelo das depressões e as crises existenciais. Como conseqüência desse quadro, podemos apontar os processos de influenciação obsessiva com seu invariável cortejo de sofrimento. *'Em Washington, paraíso do consumo e do prazer, uma estatística revela que um jovem entre 15 a 24 anos tenta suicidar-se a cada dois minutos, sendo que um deles consegue fazê-lo a cada hora e quarenta e cinco minutos.'* [...].

A filosofia espírita, baseada na segurança da observação dos fatos, oferece uma visão de mundo clara. O conhecimento da lei das reencarnações nos propicia explicações precisas acerca da nossa posição dentro do grupo familiar e no âmbito da sociedade em que ressurgimos para a vida. A ausência do dogmatismo amplia nossa liberdade de pensamento, situando-nos num patamar de observação da realidade acima dos limites da ideologia.

O entendimento da finalidade da encarnação mostra a direção a ser dada aos nossos esforços, na busca do aperfeiçoamento intelectual e moral. A consciência dos objetivos da Doutrina Espírita no cenário do mundo nos aponta o papel que nos cabe dentro da coletividade humana, destacando a responsabilidade intransferível de cada um no trabalho de sua própria melhoria, em primeiro lugar, e, em segundo lugar, seu compromisso de auxiliar o processo de evolução da sociedade, no sentido de instituir um sistema social mais justo e fraterno.

As reflexões profundas e espiritualizantes que o estudo espírita propicia geram uma psicosfera individual imune às investidas de individualidades inferiores, e as opções de trabalho no campo da assistência social nos situam sob a proteção direta de Espíritos elevados. A conseqüência disso tudo é o equilíbrio psíquico, a capacidade de enfrentar as provas que não possam ser eliminadas do nosso caminho e a disposição de buscar o próprio crescimento." (Dalva Silva Souza, *Os caminhos do amor*, 2. ed., p. 120-121).

COMO APROVEITAR A VIDA

"Deves aproveitar a vida, essa é a norma da criatura inteligente. No entanto, o que pensas que é aproveitar a vida?

A juventude é força, é vida que corre nas veias. É movimento constante. Todavia, é preciso saber como gastar essas energias, na estabilização da tranqüilidade de consciência. Passa-se o tempo e correm as horas, como experiências que têm o poder de acumular, em nossas vidas, a vida do bem. Escutam-se dizer, no mundo, meios errôneos de gozar a vida. Quase sempre, são maneiras de despertar hábitos inconvenientes, e, por vezes, vícios que nos levam a distúrbios de conseqüências nefastas. É a ignorância dominando os sentidos.

Aproveita a vida, meu filho, porém, direcionando-a nos rumos das pegadas de Jesus. Analisa os Seus passos, desde o berço simples, na manjedoura, até o topo do Calvário. Configuram-se lições imortais, capazes de nos levar à tranqüilidade permanente. Precisamos de certos reajustes, em todas as nossas qualidades. E os consertos, somente nós podemos e devemos fazer, tendo Cristo como paradigma.

Aplica a vontade, que a ajuda dos Céus não faltará. Computa todas as tuas forças, e sentirás que alguém anda contigo estendendo-te a destra, para a tua segurança. Conta com Ele, que jamais falhará.

Goza a vida, fazendo o melhor. As forças de que necessitas, para as reformas interiores, estão dentro de ti e nunca fora da alma. Somente os estímulos podem vir de fora, despertando o que se encontra por dentro. O mundo interno pode se movimentar com os seus próprios recursos, porque o Cristo mora em nós e vive em nosso benefício." (Scheilla, *Chão de rosas*, 3. ed., p. 136-137).

ORIENTAÇÕES PARA PAIS E EDUCADORES

"Os pais sempre desempenharão papel relevante na vida dos filhos, particularmente no momento da sua socialização. Se forem pessoas sociáveis, equilibradas, portadoras de bons relacionamentos humanos, vão-se tornar paradigmas de segurança para os filhos que, igualmente acostumados ao sentido de harmonia e de felicidade doméstica, elegerão aquelas que lhes sejam semelhantes e formarão o seu grupo dentro dos mesmos padrões familiares, ressalvados os interesses da idade.

Todo jovem aprecia ser amado pelos pais e desfruta essa afetividade com muito maior intensidade do que demonstra, constituindo-lhe segurança, que passa adiante em forma de relacionamento social agradável. Quando o convívio no lar é caracterizado pelos atritos e discussões sem sentido, a sua visão é de que a sociedade padece da mesma hipertrofia de sentimentos, armando-se de forma a evitar-lhe a interferência nos seus interesses e buscas de realização pessoal. Em conseqüência, torna-se hostil à socialização, em virtude das lembranças desagradáveis que conserva do grupo familiar, que passa, na sua imaginação, como sendo semelhante ao meio social que irá enfrentar." (Joanna de Ângelis, *Adolescência e vida*, 6. ed., p. 66).

"[...] o jovem tem necessidade de programar e desenvolver uma forma de filosofia de vida, que o levará à descoberta da própria identidade. Para esse desenvolvimento ele necessita saber quem é e o que deve fazer, de modo que se possa empenhar na realização do novo projeto existencial.

Os pais, por sua vez, não devem impedir esse processo de libertação parcial, contribuindo mesmo para que o jovem encontre aquilo a que aspira, porém de forma indireta, através de diálogos tranqüilos e amigos, sem a superioridade habitual característica da idade, facultando mais ampla visão em torno do que pode ser melhor para o desenvolvimento do filho, que deve caminhar independente, libertando-se do *cordão umbilical* restritivo.

Esse fenômeno é inevitável e qualquer tentativa de restrição resulta em desastre no relacionamento, o que é bastante inconveniente.

Os pais devem compreender que a sua atitude agora é de companheirismo, cuja experiência deve ser posta a serviço do educando de forma gentil e atualizada, porque cada tempo tem as suas próprias exigências, não sendo compatível com o fenômeno do progresso o paralelismo entre o passado e o presente, desde que são muito diferentes as imposições existenciais de cada época." (Joanna de Ângelis, *Adolescência e vida*, 6. ed., p. 64).

"Ainda seria interessante destacar que, embora o nível evolutivo dos pais e sua posição filosófica possam permitir uma atitude positiva diante do conflito interior que esteja vivendo, a recapitulação emocional vai acontecer no adolescente e vai gerar confusão interna em seus sentimentos. Muitas mães se queixam de que o filho se torna arredio, calado ou agressivo nessa fase e não conseguem entender por que aquela criança tão conhecida, de repente esteja tão estranha. Tais atitudes do adolescente podem ser interpretadas como uma maneira de ocultar a própria dificuldade em lidar com os sentimentos contraditórios que agitam o seu psiquismo.

Não é de se estranhar que haja tanta modificação no comportamento do indivíduo nessa fase, que, afinal, representa, de fato, um novo nascimento, já que a infância está revestida de uma aparência forjada pela Natureza com propósitos definidos e importantes para a reeducação da alma. A puberdade, acordando as energias sexuais, oferece ao indivíduo um novo corpo com sensações desconhecidas e inquietantes.

O adolescente é muito sensível à sua imagem corporal, é freqüente encontrá-lo diante do espelho, espremendo cravos e espinhas e observando atentamente sua nova imagem, com dificuldade para se adaptar a ela. Embora isso seja transitório, cria uma série de problemas, interferindo até mesmo nas inter-relações do adolescente com o grupo de amigos e companheiros. O crescimento mais ou menos acelerado, o desenvolvimento ou não dos órgãos sexuais, tudo isso passa a ser critério de aceitação ou rejeição do indivíduo nos grupos de sua faixa etária, gerando conflitos nunca antes experimentados. Os pais, geralmente, desconsideram a dificuldade e tendem a minimizar o problema, não conseguindo criar uma atitude empática que permita ao adolescente buscar neles a ajuda de que necessita, para superar seus problemas." (Dalva Silva Souza, *Os caminhos do amor*, 2. ed., p. 136-137).

PARTICIPAÇÃO CONSTRUTIVA DO ADOLESCENTE NA VIDA SOCIAL

Para que o adolescente participe da vida social de forma construtiva cabe à família, à escola, à Mocidade Espírita motivá-los, no sentido de buscarem ambientes e vivências sociais saudáveis. Sejam elas:

MOTIVAÇÃO NA MOCIDADE

A Mocidade Espírita pode proporcionar momentos importantes de integração e mobilização do adolescente e do jovem na vida social, através de confraternizações saudáveis em torno da amizade e da caridade. E também, em prol de causas sociais, tais como: Visitas assistenciais (orfanatos, asilos, hospitais, casas de recuperação de dependentes químicos, etc.), Posto de assistência, Campanha de Fraternidade Auta de Souza, Campanhas educativas (Em defesa da vida e contra o aborto, Alcoolismo, *Depressão e suicídio, Sexo*, Paz), etc.

MOTIVAÇÃO NO LAR E NA ESCOLA

"Como motivar (ou motivar-se) para participar construtivamente da vida social?

1 - Quer esteja motivado, quer não, o jovem - e qualquer ser humano - estará sempre integrado no meio social, porque isso faz parte da natureza humana. 'O homem é um animal social'. Já afirmava ARISTÓTELES 300 anos antes da Era Cristã.

2 - Quanto ao grau de engajamento na sociedade, sim, é variável, e pode ser incrementado.

3 - O tema proposto é formado por duas vertentes: 1° como motivar - naturalmente os jovens - para participar da vida social? 2° como motivarem-se - os jovens - para a vida social construtiva?

Primeiro: Como Motivar (no lar)
1º processo - Os pais assinarem pelo menos um jornal, colocando-o à disposição do jovem; comentarem notícias relevantes nas oportunidades que se apresentarem; não assistirem junto com os jovens passivamente os noticiários da TV e rádio, mas extraindo das notícias os ensinamentos possíveis.

2º processo - Os pais prestigiarem as instituições. Porque são elas que reúnem as pessoas e canalizam as suas atividades sociais. São instituições: a- **Na família:** o lar, o casamento, a herança, a faina doméstica, etc. **No trabalho:** a empresa, o sindicato, a greve, o contrato de trabalho, a previdência social, a segurança do trabalho, e outras. **No Estado:** a Constituição, as leis, os códigos, as forças armadas, os partidos políticos, os poderes constituídos, os tribunais, o regime político. E ainda, as escolas, as universidades, a assistência social, os templos, os clubes recreativos e esportivos.

E ainda mais, as formas abstratas: a moeda, os costumes, os modelos de conduta, etc. Quanto mais os jovens participarem dessas instituições, tanto mais enquadrados por elas estarão, e mais integrados na sociedade.

Segundo: Como Motivar (na escola)
a - Visitas coletivas aos órgãos públicos e logradouros e a lugares históricos; entrevistas com homens públicos, líderes sociais, artistas, líderes religiosos, profissionais, empresários, líderes sindicais, etc.

b - Induzir cada escolar a compor uma coletânea de recortes de jornais sobre educação e cultura, saúde pública, alimentação, transportes e telecomunicações, energia, habitação, segurança pública.

c - Promover eleições políticas simuladas o que pode implicar partidos políticos (escolares), programas desses partidos, eleições, campanha eleitoral com candidatos indicados pelos partidos, voto secreto, apuração, posse dos eleitos, que passam a administrar o clube escolar, a assembléia de alunos, a Cidade Mirim (prefeitura, câmara de vereadores, secretários, casas comerciais, banco mirim, etc.)

Terceiro: Como motivar-se
Para começar, a motivação para a vida social, em princípio, é espontânea, porque, como já vimos, o homem é

um ser eminentemente social. Como tal, a sua sociabilidade transborda de dentro para fora, e o tange para o meio da sociedade, participando de suas instituições naturalmente.

O processo de dinamizar essa motivação é o de **entrar** para essas instituições. Só nesse **adentrá-las**, o jovem já reforça seu interesse. Por quê? Respondendo: nelas, ele encontra companheiros que com ele partilham os mesmos interesses. Com eles conversa, convive, estabelece amizades, obtém companhia para outras atividades. Põe objetivos, e passa a persegui-los. Vai-se definindo, assim, o rumo de sua vida.

É também na convivência social que o jovem passa a conhecer-se, porque 'a vida social é a pedra de toque das boas e das más qualidades' [...]." (Ney Lobo, *Educação e Espiritismo*, p. 105-107).

CASOS

CASO 1: UMA FESTA DA PESADA

Livro
Driblando a dor, cap.3

Personagens
Luiz Sérgio, Enoque e outros companheiros da equipe espiritual e jovens encarnados.

LOCAL: FESTA JOVEM

"Verifiquei o painel. O pedido lá se encontrava e quase de imediato alcançamos o local. Cerca de uns duzentos metros já dava para ouvir a música estridente. Aproximamo-nos." (p. 30).

SEXO LIVRE E DROGAS

"Ao entrarmos, vimos casais se retorcendo, em verdadeiras cenas de sexo explícito. Coisa de arrepiar. Os parceiros às vezes se revezavam e nesse vaivém ninguém parava para se drogar, não era preciso. Os garçons passavam com as bandejas do 'brilho' arrumado em fileira e, mesmo dançando, eles aspiravam a coca; muitos apenas passavam o dedo no pó e depois esfregavam-no na gengiva." (p. 30).

Adolescência - Um desafio para pais e educadores

AMBIENTE ESPIRITUAL

"- Estamos em lugar errado, aqui é o décimo umbral! Falou Damian.
- Não, filhinho, falei. Estamos em um baile da sociedade.
- Luiz Sérgio, isso aqui é um cabaré da pior espécie.
- Não, irmão, é uma casa que deveria ser um lar.

Percebemos que cada casal possuía junto a si uns dez espíritos completamente alucinados. Desde o pronto-socorro espiritual havia-nos acompanhado uma equipe de Lanceiros, espíritos capacitados para os trabalhos umbralinos e no momento em que as entidades desencarnadas sugavam os viciados terráqueos, eles tudo faziam para socorrê-los e muitos foram levados para o posto de recuperação de toxicômanos. Eram espíritos que desencarnaram, mas permaneciam junto aos dependentes de tóxicos. Cheguei perto de um dos Lanceiros, Khan, e lhe perguntei:
- Por que não foram socorridos na hora do desencarne?
- Simplesmente porque não quiseram.

Não quis atrapalhar, mas ainda olhei para trás e me emocionei com o carinho daqueles espíritos." (p. 30-31).

DESENCARNE DO JOVEM ROBERTO - ATENDIMENTO ESPIRITUAL

"Segui os outros e deparamos com um jovem que se debatia no chão. Sara falou-me:
- Parece matança de galinhas.

O jovem se retorcia e para espanto nosso os outros o ignoravam. Sadu, Carlos, Samita e o médico dos lanceiros - Pattabli - tudo faziam por aquele jovem. Ele tinha misturado cocaína, maconha e álcool e, por último, aplicado na veia uma substância por demais tóxica. Do seu braço escorria sangue, um quadro de terror. O doutor Pattabli juntou-se a uma garota que me pareceu a melhor deles e a intuiu a levar o rapaz até o hospital. Ali somente orávamos. Percebi que Lílian, por ser novata, estava cambaleante. Segurei-a fortemente, animando-a:
- Coragem, chega de doentes.

Logo se recompôs.

A jovem encarnada, intuída pelo doutor Pattabli, começou a gritar:
- Roberto está morrendo! Roberto está morrendo!

Capítulo 05

Ninguém queria saber de nada. Um dos Lanceiros parou a música. Eles gritavam alucinadamente, entretanto, ajudaram o amigo. Antes não o fizessem, pois jogavam o mesmo para todos os lados e tentavam pegar a sua língua, enfim, eles, em vez de ajudarem, estavam piorando a situação. O dono da casa, intuído por Sara, falou:

- Está louco, cara, vamos ser descobertos e, aí, adeus liberdade.

- Não posso deixar que ele morra em minha casa, é galho demais para meus pais.

Dois garotos seguraram Roberto, enquanto os Lanceiros de Maria e os Raiozinhos de Sol auxiliavam aquele jovem que tinha uma encarnação pela frente.

A festa terminou, pois nada fez o som funcionar, nem mesmo os chutes que o coitado do equipamento levou. Muitos deram no pé, somente uns três casais ali permaneceram e ninguém pode imaginar o que eles ainda fizeram. É o final dos tempos. As meninas de quatorze anos eram vítimas de uma época onde os alucinógenos fazem dos homens animais doentes.

Roberto continuou debatendo-se, só que agora em menor espaço físico. O grupo que o levou para o hospital estava muito drogado, mas o susto diminuiu o efeito do tóxico e Felipe, o dono da festa, chorava com medo do escândalo, que envergonharia o nome da sua 'santa família'.

- Papai sempre me aconselhou a não me exceder, ele e a sua turma consomem sem exagero - dizia ele, lamentando-se.

- Mas o pó que eles usam é dos melhores e nós, para aumentar o nosso, fazemos as misturas. Eu já lhe falei, isso é que mata, retrucou Renato.

- Não me diga que ele vai morrer, senão estamos fritos!

Nisso, Felipe teve uma idéia: deixaria o carro bem longe, jogariam Roberto na porta do hospital e 'pernas com o vento'.

- É mesmo, agora o policiamento deve estar cochilando.

E assim fizeram. Colocaram Roberto no chão e nunca vi duas pessoas correrem tanto. O policial não sabia se corria atrás dos garotos ou se socorria Roberto, que mesmo recebendo um tratamento especial da equipe espiritual de socorro não suportou, vindo a falecer. No momento do desencarne eu nem sabia se chorava. Assim, presenciei mais uma violentação ao plano divino." (p. 31-33).

Adolescência - Um desafio para pais e educadores

CASO 2: FRANCISCO DE ASSIS

Livro
Francisco de Assis, cap. 11, 14, 14. ed.

Personagens
Maria Picallini, Francisco de Assis, Sr. Bernardone.

CARACTERÍSTICA DO ESPÍRITO DE FRANCISCO DE ASSIS

"Um Espírito daquele quilate, pedira, com humildade, ao seu futuro pai, para fazer parte por algum tempo, do lar que ele fundara na Terra. Pedira igualmente com humildade, à velha serva dos Bernardone, sua participação em sua vinda. No fundo, quem ganharia mais seriam eles, por ofertar em moradia a uma alma de escol em viagem pelo planeta. Quem, no mundo, não faria qualquer sacrifício, para hospedar um viajante desta estirpe? Qualquer preço tornar-se-ia bênção de Deus, misericórdia dos Céus.

Era notório, na mansuetude dos primeiros anos de Francisco, o reflexo da sua genitora. A seguir, apresentavam alguns impulsos de seu pai, viajando com este para muitos lugares, conhecendo cidades famosas, e participando com ele do conforto e da fama. O rico comerciante de Assis estava eufórico, alimentando, no coração, a certeza de que Francisco, de fato, herdara as suas proezas de hábil permutador dos bens terrenos, na multiplicação do ouro e da prata. Tinha o prazer de senti-lo junto de si com suas largas idéias. Entendia, pelo impulso da sua mente jovem que ambicionava grandeza, explanando, para seu genitor, o que um homem poderia fazer. Pedro Bernardone, nessas horas, esquecia-se da sua própria riqueza, deslumbrado com a inteligência daquele que saíra do seu amor." (p. 157).

O JOVEM FRANCISCO

"Francisco era Espírito livre, desconhecendo, desde criança, força que não pudesse dominar. Tinha idéias que se comparavam, de certo modo, com as das antigas dinastias do velho Egito, da Babilônia e da Assíria. Era, por natureza, um poeta da estrelas e, de vez em quando, seu pai o surpreendia

Capítulo 05

fitando-as, a 'mastigar' uma filosofia que somente o coração entende. Encantava-se com os pássaros, e admirava os peixes e as árvores.

Logo cedeu aos convites de seus colegas da mesma idade, e se fez um grande seresteiro nas ruas de Assis. A sua fama fê-lo visitar outras cidades vizinhas, para cantarolar nas ruas, no silêncio das madrugadas. Era um companheiro liberal, concentrando toda a sua atenção na música e no clarão dos astros siderais, parecendo que essas chamas acesas por Deus no infinito lhe falavam ao coração, sobre o seu destino na Terra [...]. As conversações que travava com os seus colegas eram de alto teor, tanto que todos o adoravam, e quando Francisco não aparecia, tornava-se noite para todos os seus companheiros, fugindo-lhes a alegria.

O campo era o lugar mais apreciado por ele, onde gostava de fazer excursões a cavalo, nos dias de folga. Contava histórias que lhe vinham à mente e alegrava-se em ouvi-las dos que faziam o mesmo. Achava na juventude o ambiente integrado na liberdade que tanto amava. Ser livre era o ideal do seu coração.

Francisco crescera dentro de invejável tranqüilidade, cercado de todos os carinhos de sua mãe, de Jarla, do cuidado de seu pai, e de todos os serviçais, entre os quais, pela sua fraternidade, granjeara muitos amigos. Era querido por todos de Assis, dada à espontaneidade que o seu amável coração ofertava, no esquema evolutivo em que se encontrava. Maria Picallini queria vê-lo frequentemente, e o seu abraço à mamãe querida, com inúmeros beijos pelas faces e pelos cabelos, lhe transmitia força vigorosa ao coração. Jarla também participava desse carinho, que lhe fazia crescer os sentimentos, travando dentro de si debates prolongados acerca daquele destino, que somente poderia ter vindo das estrelas." (p.157-158).

A VIDA FINANCEIRA DE FRANCISCO

"- Mamãe!... Sabes de onde vem toda essa fortuna do papai, esse conforto que desfrutamos nesta casa, a segurança e a fama dos Bernardone? [...].

- E então, que tens para me falar? Estou querendo ouvir-te mãezinha, acerca do que perguntei e o anseio de ouvir a tua opinião é imensurável!...

Maria Picallini, emocionada, pegou em suas mãos delicadas e, como um tesouro precioso, colocou sua cabeça em seu colo maternal. Deslizou seus dedos macios em seu rosto e em seus cabelos desalinhados pelo vento, falando-lhe com ternura:

- Francisco, meu filho!... Não te deixes levar demasiadamente pelos acontecimentos. O que me perguntaste tem muito sentido na pauta do coração. [...].

- Francisco, meu filho, todo este conforto que nós outros desfrutamos nesta casa, vem desse esforço do teu pai, que tem a virtude muito sagrada do trabalho. Não vês, querido, que enquanto dormimos, ou nos entregamos à leitura ou ao passeio, ele está trabalhando ou viajando em função das vendas e das compras, sem medir sacrifícios? Todo trabalhador é digno do seu salário, assim nos diz o Evangelho. E ele faz questão de desfrutar o fruto do seu trabalho, morando bem e comendo regularmente. A fama de rico é pelo muito trabalho, além do normal, e pelo ouro que ajunta com o suor do próprio rosto. Será lícito o julgarmos usurário? E nós que também desfrutamos, com pouco ou nenhum esforço para ajudá-lo? A segurança financeira de Pedro Bernardone é igualmente minha e tua, senão de Jarla e dos servos, que também vivem conosco... E ainda mais, Francisco, nós não podemos querer modificar a natureza de teu pai de uma hora para outra; cada um de nós tem tarefas diferentes, de acordo com a posição que ocupamos no mundo." (p. 159, 161, 163).

OS PENSAMENTOS DO JOVEM FRANCISCO DE ASSIS

"[...] Senti, mamãe, a verdade em tuas palavras; não sei se poderei segui-las, mas sei que falavas com sabedoria superior às nossas capacidades e que alguém é capaz de provar tudo isso, pelo Amor. Eu, na verdade, não sei o que será de mim... De uns dias para cá, algo dentro de mim me impele para posicionamentos contrários àqueles em que se situa a maioria dos homens. Que Deus me ajude, para que eu não seja lapidado ou crucificado como o Cristo que tanto amamos. Não quero inovar o mundo, nem os homens; ambiociono sim, difundir pela vida, a alegria pura, a amizade sincera, a fé sem covardia, a piedade sem hipocrisia, a caridade sem trocas e o amor sem barreiras. Ouviste bem, mamãe? Ouviste bem, Jarla?... Essa é a voz que canta dentro do meu coração! Vós, tenho certeza, me entendereis, mas meu pai, não. Mesmo que eu não o oprima, serei oprimido por ele, mas isso não importa. O que importa para meu destino, é servir à causa de Deus, que é a mesma causa de Jesus!

Não tenho idade, como disseste, para tanto!... Todavia, não é somente a idade que faz o homem carregado de valores, que perdoa os inimigos, que esquece o malfeitor, que ama o companheiro; é acima de tudo, o dedo de Deus que toca a campainha da inteligência e do coração, em prol da humanidade, sem medir o sacrifício.

Mamãe, ontem à noite comecei a ter piedade profunda de todos os seres que sofrem, do inseto ao homem... Mesmo que eu não quisesse sentir essa emoção, não conseguia... É como se não fosse somente eu, mas algo que existe em mim que me leva a pensar e a sentir desta maneira. O que fazer, não seguir o que explode dentro do meu peito, como sendo o próprio Deus querendo sair, e ajudar os outros, amando sem exigir e abençoando sem distinção? Devo mostrar às criaturas que a fé é um patrimônio comum a todos, que Deus existe, que o céu é uma realidade e que somos eternos na eternidade do Pai Celestial." (p. 165).

O JOVEM FRANCISCO E A VONTADE DE SER ÚTIL

"Meu Deus! Por onde devo começar? Quero fazer alguma coisa de bom em benefício da humanidade!... Como é difícil ser útil! Como é difícil compreender os nossos deveres diante da nossa consciência! Como é constrangedor a gente ver e sentir a opressão nos outros! Não posso parar mais e as idéias fervilham em minha mente, qual uma vasilha de água em demorada fervura. Sei que o destino me reserva uma parcela de luta em favor dos que sofrem, e graças aos céus, não me falta disposição. Eis que me empenho contigo, Jesus, para que me ajudes. Mestre, abençoa minhas atitudes e não deixes que eu entre em caminhos que não condigam com a Verdade e com o Amor!" (p. 178).

Capítulo VI

O adolescente, o amor, a sensualidade e o namoro

O ADOLESCENTE, O AMOR, A SENSUALIDADE E O NAMORO

O AMOR

"O amor é de essência divina e todos vós, do primeiro ao último, tendes, no fundo do coração, a centelha desse fogo sagrado. [...].

Amar, no sentido profundo do termo, é o homem ser leal, probo, consciencioso, para fazer aos outros o que queira que estes lhe façam; é procurar em torno de si o sentido íntimo de todas as dores que acabrunham seus irmãos, para suavizá-las; é considerar como sua a grande família humana, porque essa família todos a encontrareis, dentro de certo período, em mundos mais adiantados; e os Espíritos que a compõem são, como vós, filhos de Deus, destinados a se elevarem ao infinito. Assim, não podeis recusar aos vossos irmãos o que Deus liberalmente vos outorgou, porquanto, de vosso lado, muito vos alegraria que vossos irmãos vos dessem aquilo que necessitais. Para todos os sofrimentos, tende, pois, sempre uma palavra de esperança e de conforto, a fim de que sejais inteiramente amor e justiça." (Allan Kardec, *O Evangelho segundo o Espiritismo*, 105. ed., p. 187,189-190).

PRINCÍPIO DA VIDA UNIVERSAL

"O amor, como comumente se entende na Terra, é um sentimento, um impulso do ser, que o leva para o outro ser com o desejo de unir-se a ele. Mas, na realidade, o amor reveste formas infinitas, desde as mais vulgares até as mais sublimes. Princípio da vida universal, proporciona à alma, em suas manifestações mais elevadas e puras, a intensidade de radiação que aquece e vivifica tudo em roda de si; é por ele que ela se sente estreitamente ligada ao Poder Divino, foco ardente de toda a vida, de todo o amor.

Acima de tudo, Deus é amor. Por amor, criou os seres para associá-los às suas alegrias, à sua obra. O amor é um sacrifício; Deus hauriu nele a vida para dá-la às almas. Ao mesmo tempo que a efusão vital, elas receberiam o princípio

Capítulo 06

afetivo destinado a germinar e expandir-se pela provação dos séculos, até que tenham aprendido a dar-se por sua vez, isto é, a dedicar-se, a sacrificar-se pelas outras. Com este sacrifício, em vez de se amesquinharem, mais se engrandecem, enobrecem e aproximam do Foco Supremo.

O amor é uma força inexaurível, renova-se sem cessar e enriquece ao mesmo tempo aquele que dá e aquele que recebe. É pelo amor, sol das almas, que Deus mais eficazmente atua no mundo. Por ele atrai para si todos os pobres seres retardados nos antros da paixão, os Espíritos cativos na matéria; eleva-os e arrasta-os na espiral da ascensão infinita para os esplendores da luz e da liberdade." (Léon Denis, *O problema do ser, do destino e da dor*, 18. ed., p. 363-364).

O AMOR DIVINO

"O amor conjugal, o amor materno, o amor filial ou fraterno, o amor da pátria, da raça, da Humanidade, são refrações, raios refratados do amor divino, que abrange, penetra todos os seres, e, difundindo-se neles, faz rebentar e desabrochar mil formas variadas, mil esplêndidas florescências de amor.

Até as profundidades do abismo de vida, infiltram-se as radiações do amor divino e vão acender nos seres rudimentares, pela afeição à companheira e aos filhos, as primeiras claridades que, nesse meio de egoísmo feroz, serão como a aurora indecisa e a promessa de uma vida mais elevada.

É o apelo do ser ao ser, é o amor que provocará, no fundo das almas embrionárias, os primeiros rebentos do altruísmo, da piedade, da bondade. Mais acima, na escala evolutiva, entreverá o ser humano, nas primeiras felicidades, nas únicas sensações de ventura perfeita que lhe é dado gozar na Terra, sensações mais fortes e suaves que todas as alegrias físicas e conhecidas somente das almas que sabem verdadeiramente amar. [...].

O amor é mais forte do que o ódio, mais poderoso do que a morte. Se o Cristo foi o maior dos missionários e dos profetas, se tanto império teve sobre os homens, foi porque trazia em si um reflexo mais poderoso do Amor Divino. Jesus passou pouco tempo na Terra; foram bastantes três anos de evangelização para que o seu domínio se estendesse a todas as nações. Não foi pela Ciência nem pela arte oratória que ele seduziu e cativou as multidões; foi pelo amor! Desde sua morte, seu amor ficou no mundo como um foco sempre vivo, sempre ardente. Por isso, apesar dos erros e faltas de seus representantes, apesar de tanto sangue derramado por eles, de tantas fogueiras acesas, de tantos véus estendidos sobre seu ensino, o Cristianismo continuou a ser a maior das religiões; disciplinou, moldou a alma humana, amansou a índole feroz dos bárbaros, arrancou raças inteiras à sensualidade ou à bestialidade." (Léon Denis, *O problema do ser, do destino e da dor*, 18. ed., p. 364-365).

SEXO À LUZ DO ESPIRITISMO

"O sexo se define, desse modo, por atributo não apenas respeitável mas profundamente santo da Natureza, exigindo educação e controle.

Através dele dimanam forças criativas, às quais devemos, na Terra, o instituto da reencarnação, o templo do lar, as bênçãos da família, as alegrias revitalizadoras do afeto e o tesouro inapreciável dos estímulos espirituais.

Desarrazoado subtrair-lhe as manifestações aos seres humanos, a pretexto de elevação compulsória, de vez que as sugestões da erótica se entranham na estrutura da alma, ao mesmo tempo que seria absurdo deslocá-lo de sua posição venerável, a fim de arremessá-lo ao campo da aventura menos digna, com a desculpa de se lhe garantir a libertação.

Sexo é espírito e vida, a serviço da felicidade e da harmonia do Universo. Conseguintemente, reclama responsabilidade e discernimento, onde e quando se expresse. Por isso mesmo, nossos irmãos e nossas irmãs precisam e devem saber o que fazem com as energias genésicas, observando como, com quem e para que se utilizam de semelhantes recursos, entendendo-se que todos os compromissos na vida sexual estão igualmente subordinados à Lei de Causa e Efeito; e, segundo esse exato princípio, de tudo o que dermos a outrem, no mundo afetivo, outrem também nos dará." (Emmanuel, *Vida e sexo*, 15. ed., p. 10-11).

O DESPERTAR DA SEXUALIDADE

"A nossa sexualidade, hoje, é o resultado de milênios de experiências vivenciadas – não somente na condição humana, mas também nas fases da vida animal, incorporadas, século a século, como patrimônio imperecível, na zona instintiva do ser.

Não se pode observar e analisar uma criança ou um adolescente tão-somente pelas suas experiências na atual reencarnação, pois, as influências recebidas agora são apenas pequena fração que vai somar-se ao grande celeiro de recursos do Espírito, acumulados em milênios. As influências dos pais e educadores, hoje, são importantes, na medida em que trabalham por recuperar, reeducar e iluminar o campo do caráter e do sentimento da criança e do jovem." (Walter Barcelos, *Sexo e evolução*, 3. ed., p. 142-143).

"Na adolescência, o despertar da sexualidade é como o romper de um dique, no qual se encontram represadas forças incomensuráveis, que se atiram, desordenadas, produzindo danos e prejuízos em relação a tudo quanto encontram pela frente. [...].

A orientação sexual sadia é a única alternativa para o equilíbrio na adolescência, como base de segurança para toda a reencarnação." (Joanna de Ângelis, *Adolescência e vida*, 6. ed., p. 18-19).

O AMOR E A PAIXÃO NA ADOLESCÊNCIA

"Período de exuberância hormonal, a adolescência se caracteriza pelos impulsos e desmandos da emotividade. Confundem-se as emoções, e todo o ser é um conjunto de sensações desordenadas, num turbilhão de impressões que aturdem o jovem. Irrompem, naturalmente, os desejos da sensualidade, e se confundem os sentimentos, por falta da capacidade de discernir gozo e plenitude, êxtase sexual e harmonia interior.

É nessa fase que se apresentam as paixões avassaladoras e irresponsáveis que desajustam e alucinam, gerando problemas psicológicos e sociais muito graves, quando não são controladas e orientadas no sentido da superação dos desejos carnais.

Subitamente o jovem descobre interesses novos em relação a outro, àquele com quem convive e nunca antes experimentara nada de original, que se diferenciasse da fraternidade, da amizade sem compromisso. A libido se lhe impõe e propele-o a relacionamentos apressados quão ardorosos, que logo se esfumam. Quando não atendida, por circunstâncias violentas, dá surgimento a estados depressivos, que podem perturbar profundamente o adolescente, que passa a cultivar o pessimismo e a angústia, derrapando em desajustes psicológicos de curso demorado. [...]." (Joanna de Ângelis, *Adolescência e vida*, 6. ed., p. 43-44).

O AMOR NA ADOLESCÊNCIA

"O amor na adolescência, é um sentimento de posse, que se apresenta como necessidade de submeter o outro à sua vontade, para que sejam atendidos os caprichos da mais variada ordem. Por imaturidade emocional, nessa fase, não se tem condições de experimentar as delícias do respeito aos direitos do outro a quem se diz amar, antes impondo sua forma de ser; não há capacidade para renunciar em favor daquele a quem se direciona o afeto, mas se deseja receber sempre sem a preocupação da retribuição inevitável, que é o sustentáculo basilar do amor.

O amor real é expressão de maturidade, de firmeza de caráter, de coerência, de consciência de responsabilidade, que trabalham em favor dos envolvidos no sentimento que energiza, enriquecendo de aspirações pelo bom, pelo belo, pela felicidade. Envolve-se em ternura e não agride, sempre disposto a ceder, desde que do ato resulte o bem-estar para o ser amado. Rareia, como é natural, no período juvenil, que o tempo somente consolida mediante as experiências dos relacionamentos bem sucedidos." (Joanna de Ângelis, *Adolescência e vida*, 6. ed., p. 44-45).

A PAIXÃO

"A paixão é como labareda que arde, devora e se consome a si mesma pela falta de combustível. O amor é a doce presença da alegria, que envolve as criaturas em harmonias luarizantes e duradouras. Enquanto uma termina sem deixar saudades, o outro prossegue sem abrir lacunas, mesmo quando as circunstâncias não facultam a presença física. A primeira é arrebatadora e breve; o segundo é confortador e permanente.

Desse modo, explodem muitas paixões na adolescência, e poucas vezes nasce o amor que irá definir os rumos afetivos do jovem.

É nesse período que muitos compromissos se firmam, sem estrutura para o prosseguimento, para os desafios, para o futuro, quando as aspirações se modificam por imperativo da própria idade e os quadros de valores se apresentam alterados. Tais uniões, nessa fase de paixões, tendem ao fracasso, se por acaso não forem assentadas em bases de segurança bem equilibradas. Passado o fogo dos desejos, termina a união, acaba o amor, que afinal jamais existiu..." (Joanna de Ângelis, *Adolescência e vida*, 6. ed., p. 46).

ORIENTAÇÃO DOS PAIS E MESTRES

"É indispensável que, no período juvenil, todos se permitam orientar pela experiência e maturidade dos pais e mestres, a fim de transitar com segurança, não assumindo compromissos para os quais ainda não possui resistência psicológica, moral, existencial." (Joanna de Ângelis, *Adolescência e vida*, 6. ed., p. 46).

IGNORÂNCIA DA HUMANIDADE QUANTO À CONDUTA SEXUAL

"No exame das causas da loucura, entre individualidades, sejam encarnadas, sejam ausentes da carne, a ignorância quanto à conduta sexual é dos fatores mais decisivos.

A incompreensão humana dessa matéria equivale a silenciosa guerra de extermínio e de perturbação, que ultrapassa, de muito, as devastações da peste referidas na história da Humanidade. Vocês sabem que só a epidemia de bubões, no século VI de nossa era, chamada «peste de Justiniano», eliminou quase cinquenta milhões de pessoas na Europa e na Ásia... Pois esse número expressivo constitui bagatela, comparado com os milhões de almas que as angústias do sexo dilaceram todos os dias. Problema premente este, que já ensandeceu muitos cérebros de escol, não podemos atacá-lo a tiros de verbalismo, de fora para dentro, à moda dos médicos superficiais, que prescrevem longos conselhos aos pacientes, tendo, na maioria das vezes, absoluto desconhecimento da enfermidade.

Agora, que nos distanciamos das imposições mais rijas da forma, sem nos libertarmos, contudo, dos ascendentes fundamentais de suas leis, que ainda nos subordinam as manifestações, compreendemos que os enigmas do sexo não se reduzem a meros fatores fisiológicos. Não resultam de automatismos nos campos de estrutura celular, quais aqueles que caracterizam os órgãos genitais masculinos e femininos, em verdade substancialmente idênticos, diferençando-se unicamente na expressão de sinalética. A este respeito formulamos conceitos mais avançados. Se aí residem forças procriadoras dominantes, atendendo aos estatutos da natureza terrestre, reguladores da vida física, temos, na inquietação sexual, fenômeno peculiar ao nosso psiquismo, em marcha para superiores zonas da evolução.

Doloroso é, porém, verificar a desarmonia em que se afundam os homens, com sombrios reflexos nas esferas imediatas à luta carnal. Inúmeros movimentos libertadores estalaram através dos séculos, no anseio da vida melhor. Guerras sangrentas de povo contra povo, revoluções civis espalhando padecimentos inomináveis, têm sido alimentadas na Terra, no curso do tempo, em nome de princípios regeneradores, segundo os quais se abrem novas conquistas do direito do mundo; no entanto, o cativeiro da ignorância, no campo sexual, continua escravizando milhões de criaturas.

Inútil é supor que a morte física ofereça solução pacífica aos espíritos em extremo desequilíbrio, que entregam o corpo aos desregramentos passionais. A loucura, em que se debatem, não procede de simples modificações do cérebro: dimana da desassociação dos centros perispiríticos, o que exige longos períodos de reparação." (André Luiz, *No mundo maior*, 20. ed., p. 155-156).

A EVOLUÇÃO DO INSTINTO SEXUAL

"Indiscutivelmente, para a maioria dos encarnados, a fase juvenil das forças fisiológicas representa delicado estádio de sensações, em virtude das leis criadoras e conservadoras que regem a família humana; isto, porém, é acidente e não define a realidade substancial. A sede do sexo não se acha no corpo grosseiro, mas na alma, em sua sublime organização.

Na Esfera da Crosta, distinguem-se homens e mulheres segundo sinais orgânicos, específicos. Entre nós, prepondera ainda o jogo das recordações da existência terrena, em trânsito, como nos achamos, para as regiões mais altas; nestas sabemos, porém, que feminilidade e masculinidade constituem característicos das almas acentuadamente passivas ou francamente ativas.

Compreendemos, destarte, que na variação de nossas experiências adquirimos, gradativamente, qualidades divinas, como

Capítulo 06

sejam a energia e a ternura, a fortaleza e a humildade, o poder e a delicadeza, a inteligência e o sentimento, a iniciativa e a intuição, a sabedoria e o amor, até lograrmos o supremo equilíbrio em Deus.

Convictos desta realidade universal, não podemos esquecer que nenhuma exteriorização do instinto sexual na Terra, qualquer que seja a sua forma de expressão, será destruída, se não transmudada no estado de sublimação. As manifestações dos próprios irracionais participam do mesmo impulso ascensional. Nos povos primitivos, a eclosão sexual primava pela posse absoluta. A personalidade integralmente ativa do homem dominava a personalidade totalmente passiva da mulher.

O trabalho paciente dos milênios transformou, todavia, essas relações. A mulher-mãe e o homem-pai deram acesso a novos sopros de renovação do espírito. Com base nas experiências sexuais, a tribo converteu-se na família, a taba metamorfoseou-se no lar, a defesa armada cedeu ao direito, a floresta selvagem transformou-se na lavoura pacífica, a heterogeneidade dos impulsos nas imensas extensões de território abriu campo à comunhão dos ideais na pátria progressista, a barbárie ergueu-se em civilização, os processos rudes da atração transubstanciaram-se nos anseios artísticos que dignificam o ser, o grito elevou-se ao cântico: e, estimulada pela força criadora do sexo, a coletividade humana avança, vagarosamente embora, para o supremo alvo do divino amor. Da espontânea manifestação brutal dos sentidos menos elevados a alma transita para gloriosa iniciação." (André Luiz, *No mundo maior*, 20. ed., p. 156-157).

INQUIETAÇÕES NO CAMPO SEXUAL

"Jovens de sólida formação espiritual inquietam-se na época em que observam, em si mesmos, a eclosão das energias genésicas, temerosos de que a experiência sexual lhes seja demeritória, ou depreciativa.

Assim, reunindo esforço e boa-vontade, disciplina e elevação de propósitos, atravessam as fronteiras da mocidade sem usar os patrimônios da vida, reservando-os para a eleita do seu coração, após a união matrimonial.

Alguns conhecem esse mundo que povoa de imagens a mente juvenil de maneira disciplinada, ordenada, sem os excessos das almas em desequilíbrio.

Adolescência - Um desafio para pais e educadores

A maioria, no entanto, desce aos labirintos da insensatez, pela intemperança, acumulando responsabilidades de toda natureza, seja no desgaste orgânico, pelos excessos, seja na intimidade do psiquismo, pelos desvarios cometidos.

Os que escrevem em nome do Espiritismo devem acentuar as responsabilidades do problema sexual e o imperativo de sua dignificação.

Estudando o assunto, neste capítulo, nosso pensamento há de, naturalmente, convergir para os moços.

Nosso interesse deve-se dirigir para aqueles que, a exemplo de todas as criaturas humanas, das mais variadas idades e situações, vivem as inquietações do problema, desarvorando-se, muita vez, pela falta de uma palavra que lhes brilhe no coração, induzindo-os ao equilíbrio e à disciplina, pela 'compreensão sagrada do sexo'." (Martins Peralva, *O pensamento de Emmanuel*, 5. ed., p. 94-95).

A IMPORTÂNCIA DO CASAMENTO

"É lícito, portanto, estudemos o assunto sob três aspectos, a saber: a) - Posição do moço antes do matrimônio; b) - Posição do moço durante o matrimônio; c) - Como educar-se o moço para a 'compreensão sagrada do sexo', a que alude Emmanuel.

O jovem espiritualmente preparado - dissemos 'espiritualmente preparado' - poderá centralizar a mente nos aspectos superiores da Vida, guardando para o matrimônio as manifestações de afetividade íntima que lhe marcarão os deveres de esposo.

Acentuemos, entretanto, que cada individualidade reencarnada conduzir-se-á, neste e noutros campos, segundo os valores morais já adquiridos e o grau de esforço e boa-vontade, disciplina e perseverança que lhe assinalarem o estágio evolutivo.

Muitos jovens 'conhecerão o mundo' antes que os laços do matrimônio os prendam aos corações eleitos, com os quais deverão partilhar as experiências redentoras, na condição de cônjuges.

A normalidade da vida conjugal, segundo as leis divinas e humanas, assegura a harmonia no santuário doméstico. Garante o próprio equilíbrio psicofísico. Contribui para os processos das permutas afetivas, no que diz respeito às descargas genésicas. Favorece e estimula as mais nobilitantes realizações do Espírito eterno.

Capítulo 06

No Espiritismo, entretanto, também aprendemos - e isto é importante - que às uniões físicas devem sobrepor-se as uniões espirituais.

As uniões físicas devem ser a resultante da efetiva ligação espiritual, que transcende ao problema das formas materiais.

Havendo união espiritual, haverá, tacitamente, o respeito aos patrimônios da vida." (Martins Peralva, *O pensamento de Emmanuel*, 5. ed., p. 95-96).

A COMPREENSÃO SAGRADA DO SEXO

"A 'compreensão sagrada do sexo', lapidar expressão de Emmanuel, começa pelo entendimento de que está situada na mente a sede real do sexo, como dizem os Benfeitores Espirituais, impondo-se, portanto, a adoção de superior programa de atividades, em todos os setores da vida, a fim de que se sublimem as energias sagradas, possibilitando, em conseqüência, as edificações da Alma Imortal.

Empreendimentos filantrópicos, atividades religiosas ou culturais enobrecedoras constituem valioso programa de superação de pensamentos torturantes, relacionados com o sexo, favorecendo, outrossim, a transformação das forças criadoras em elementos de exaltação do bem e do embelezamento da Vida.

O uso respeitável dos patrimônios da Vida - asseveram os Instrutores Espirituais - engrandece o homem perante Deus e a sua própria consciência.

O abuso, no entanto, leva-lo-á aos abismos da delinqüência e da loucura.

Milhares de moços espíritas podem, na atualidade, dar à sociedade que se desarvora os melhores exemplos de 'compreensão sagrada do sexo', sentindo e vivendo o problema dentro da normalidade que equilibra e dignifica os homens perante Deus." (Martins Peralva, *O pensamento de Emmanuel*, 5. ed., p. 95-96).

O ADOLESCENTE, A SEXUALIDADE E O PRETÉRITO ESPIRITUAL

"Na atual romagem planetária, levantando-se sob o açodar das imposições do caráter mal estruturado, deseducado, o moço vê-se enclausurado na cela de desejos e ansiedades dos quais almeja evadir-se sem lograr as forças indispensáveis para alcançar o desiderato.

Na esfera da sexualidade é onde defronta avultada carga de tormentos, a exigir-lhe reparação, ao tempo que em jungido ao carro do prazer delirante que o espicaça, sob o incentivo e o aplauso da sociedade inconseqüente, mal formada e materialista, o jovem poucas vezes logra desatolar-se do marnel devorador, nas fases da carne exuberante, ao retornar aos proscênios das lutas terrenas.

O jovem, na assunção do seu auto-governo, vive os apelos do seu pretérito espiritual a convocá-lo, novamente, a entregar-se às extravagâncias comprometedoras, em meio das sensações perturbativas.

Na imensa gama de descompassos que, em sua grande parte, são a repetência, algo modificada, das aventuras exumadas das texturas reencarnatórias do passado, o indivíduo se permite o retorno ao ultraje de suas forças criadoras, a princípio pelo pensamento.

Ajustando a tomada mental nos quadros de seu interesse, fixa-se nos acalentados desejos, enquanto os pensamentos fervilham, muitas vezes obnubilando os raciocínios e fazendo com que o desesperado companheiro mergulhe nos pântanos de ocorrências capciosas.

Uma vez que a mente se agita, febricitada, os olhares lascivos, penetrantes, parecem desnudar o alvo de suas desequilibradas atenções, dizendo, sem palavras, o que se passa no íntimo esbraseados dos indigitados partícipes dessas loucuras." (Ivan de Albuquerque, *Cântico da juventude*, p. 81-82).

COMÉRCIO PSÍQUICO

"Homens e mulheres se permitem esse comércio psíquico, do qual participam Entidades grotescas do Além-Túmulo, que se locupletam nos plasmas que são liberados pelas mentes comburidas dos incautos, utilizando-se, por sua vez, desses fluidos, a fim de se lançarem mais virulentas sobre os mesmos encarcerados da ilusão ou sobre outros, do mesmo modo infelizes.

Na ação verbal, agem e reagem por meio de propósitos infames, sugestões deletérias, induções fesceninas que, gradativamente, vão minando frágeis resistências morais, permitindo o intercurso de idéias malsinadas, até caírem nos fossos de difícil liberação.

Capítulo 06

O jovem, no seu despreparo e na ânsia de enganoso prazer, decantado como vital para ele, posta-se junto a outros igualmente incientes, nas esquinas, bares e calçadas, nutrindo as expressões mentais de insanos desejos, infelicitadores, porque despudorados, para experimentar desilusão e complexos de culpa, posteriormente.

Salas e gabinetes profissionais, ambientes sociais e interiores domésticos têm sido palcos para quantos que, por intermédio da palavra lúbrica, têm arrastado muitos corações para o despenhadeiro de desesperos e paixões esfogueantes quanto intérminas.

A propalada prostituição da carne pode encontrar sua gênese na permissividade a que se autorizou o indivíduo invigilante, por meio de pensamentos fogosos ou palavras maliciosas e irresponsáveis.

O Mestre Divino, na Sua profunda visão dos problemas humanos, ensinou que se pode incorrer em faltas através do vôo do pensamento, da chibata da palavra ou do despautério das atitudes, restando aos que se acham atentos às Suas lições, cuidarem de manter a organização espiritual sobre alicerce equilibrado." (Ivan de Albuquerque, *Cântico da juventude*, p. 82).

JUVENTUDE CRISTÃ ESPÍRITA

"À Juventude cristã-espírita que reconhece o travo das torturas sexuais, em razão dos desatinos ancestrais, e que se identifica como um conjunto de almas com imensa sede de paz, sob a égide do Amor do nosso Pai, cumpre exercer uma tranqüila quão enérgica vigilância sobre as pulsões da sexualidade, enquanto florescem os tempos de lucidez e as ocasiões de trabalhos sazonados que o moço pode e precisa realizar, ocupando a mente, as palavras e as ações para a construção do Reino de Deus no mundo.

À Juventude espírita, com necessário empenho, levanta-se o impositivo de laborar a terra árida dos próprios corações, plenificando-se de bênçãos, na verdadeira afetividade, responsável, sem fronteiras, posto que estribada no respeito, na devoção ao altar doméstico, na fidelidade ao corpo saudável, ampliando as ensanchas de renovação, quanto entregando anseios e carências ao Amor do Criador." (Ivan de Albuquerque, *Cântico da juventude*, p. 81-83).

NAMORO

"A integração de duas criaturas para a comunhão sexual começa habitualmente pelo período de namoro que se traduz por suave encantamento.

Dois seres descobrem um no outro, de maneira imprevista, motivos e apelos para a entrega recíproca e daí se desenvolve o processo de atração.

O assunto consubstanciaria o que seria lícito nomear como sendo um 'doce mistério' se não faceássemos nele as realidades da reencarnação e da afinidade.

Inteligências que traçaram entre si a realização de empresas afetivas ainda no Mundo Espiritual, criaturas que já partilharam experiências no campo sexual em estâncias passadas, corações que se acumpliciaram em delinqüência passional, noutras eras, ou almas inesperadamente harmonizadas na complementação magnética, diariamente compartilham as emoções de semelhantes encontros, em todos os lugares da Terra." (Emmanuel, *Vida e sexo*, 15. ed., p. 17-18).

"O namoro é uma necessidade psicológica, parte importante do desenvolvimento da personalidade e da aprendizagem afetiva dos jovens, porquanto, na amizade pura e simples são identificados valores e descobertos interesses mais profundos, que irão cimentar a segurança psicológica quando no enfrentamento das responsabilidades futuras.

Trata-se de um período de aproximação pessoal, de intercâmbio emocional através de diálogos ricos de idealismos, de promessas - que nem sempre se cumprem, mas que fazem parte do jogo afetivo - e sonhos, quando a beleza juvenil se inspira e produz.

As artes, em geral, a literatura, a poesia, a estética descobriram na afetividade juvenil suas verdadeiras musas, que passaram a contribuir em favor do enriquecimento da vida, através das lentes róseas dos enamorados. Todo um mundo dourado e azul, trabalhado nas estrelas e no luar, no perfume das flores e nos favônios dos entardeceres, aparece quando os jovens se encontram e despertam intimamente para a afetividade.

O recato, a ternura, a esperança, o carinho e o encantamento constituem as marcas essenciais desses encontros abençoados pela vida. As dificuldades parecem destituídas de significado e os problemas são teoricamente de soluções muito fáceis, convidando à luta com que se estruturam para os investimentos mais pesados do futuro." (Joanna de Ângelis, *Adolescência e vida*, 6. ed., p. 49-50).

FASES DO RELACIONAMENTO AFETIVO

"No campo das afeições, ao analisarmos a gradação dos nossos impulsos de sentimentos em relação a outrem, parece ficar evidente a seqüência que vai da simples simpatia à união propriamente dita, num processo crescente de aproximação e envolvimento de almas.

Com o intuito de facilitar a nossa reflexão quanto aos aspectos das manifestações afetivas, indicamos, a nosso ver, a seqüência natural e crescente que estamos sujeitos a passar, nas ligações do coração.

Enumeramos nessa seqüência três fases naturais: 1a aproximação; 2a contato; 3a ligação.

Aproximação: Esta fase se inicia na 'simpatia', prossegue na 'admiração', estabelece-se na 'amizade'. Até esse ponto o nível de aproximação é o mais comum entre as criaturas, e não ultrapassou os limites de um relacionamento social. Das 'amizades' podem surgir as expressões ou impulsos de 'carinho', que são os primeiros sintomas da afeição mais profunda. A partir dessa etapa podemos atingir ou não a segunda fase.

Contato: Esta fase tem seu começo na 'atração' entre as pessoas, quando já penetramos no terreno emocional. Da 'atração' surge o 'desejo' e logo após o contato na forma de 'carícias'. O nível de aprofundamento a que se pode chegar nesse estágio leva, conseqüentemente, à ligação.

Ligação: Nesta etapa, o contato atinge certos níveis de 'sensações' mútuas, chegando irresistivelmente ao seu clímax, no relacionamento sexual. Ao chegar nesse ponto, subentende-se uma aceitação de parte a parte, que pressupõe ter sido completada a terceira fase, e que, para existir, implica na 'responsabilidade' de ambos em assumir, um para o outro, uma vida em comum, numa 'união' de propósitos. Laços mais estreitos foram tecidos e agora, num relacionamento conjugal, espera-se concretizar todo um conjunto de ideais." (Ney Prieto Peres, *Manual prático do espírita*, 13. ed., p. 67-68).

CONDUTA NO RELACIONAMENTO AFETIVO

"Sempre é forçoso muito cuidado no trato com os problemas afetivos dos outros, porque muitas vezes os outros, nem de leve, pensam naquilo que possamos pensar.

Os Espíritos adultos sabem que, por enquanto, na Terra, ninguém pode, em sã consciência, traçar a fronteira entre normalidade e anormalidade, nas questões afetivas de sentido profundo.

Os pregadores de moral rigorista, em assuntos de amor, raramente não caem nas situações que condenam.

Toda pessoa que lesa outra, nos compromissos do coração, está fatalmente lesando a si própria.

Respeite as ligações e as separações, entre as pessoas do seu mundo particular, sem estranheza ou censura, de vez que você não lhes conhece as razões e processos de origem.

As suas necessidades de alma, na essência, são muito diversas das necessidades alheias.

No que tange a sofrimentos do amor, só Deus sabe onde estão a queda ou a vitória.

Jamais brinque com os sentimentos do próximo.

Não assuma deveres afetivos que você não possa ou não queira sustentar.

Amor, em sua existência, será aquilo que você fizer dele.

Você receberá, de retorno, tudo o que der aos outros, segundo a lei que nos rege os destinos.

Ante os erros do amor, se você nunca errou por emoção, imaginação, intenção ou ação, atire a primeira pedra, conforme recomenda Jesus." (André Luiz, *Sinal verde*, 30. ed., p. 90-91).

EDUCAÇÃO DA SEXUALIDADE

"Não proibição, mas educação.

Não abstinência imposta, mas emprego digno, com o devido respeito aos outros e a si mesmo.

Não indisciplina, mas controle.

Não impulso livre, mas responsabilidade.

Fora disso, é teorizar simplesmente, para depois aprender ou reaprender com a experiência.

Sem isso, será enganar-nos, lutar sem proveito, sofrer e recomeçar a obra da sublimação pessoal, tantas vezes quantas se fizerem precisas, pelos mecanismos da reencarnação, porque a aplicação do sexo, ante a luz do amor e da vida, é assunto pertinente à consciência de cada um." (Emmanuel, *Vida e sexo*, 15. ed., p. 08).

SEXO E AMOR

"Ignorar o sexo em nossa edificação espiritual seria ignorar-nos.

Urge, no entanto, situá-lo a serviço do amor, sem que o amor se lhe subordine.

Imaginemo-los ambos, na esfera da personalidade, como o rio e o dique na largueza na terra.

O rio fecunda.
O dique controla.
O rio espalha forças.
O dique policia-lhes a expansão.
No rio, encontramos a Natureza.
No dique, surpreendemos a disciplina.

Se a corrente ameaça a estabilidade de construções dignas, comparece o dique para canalizá-la proveitosamente, noutro nível. Contudo, se a corrente supera o dique, aparece a destruição, toda vez que a massa líquida se dilate em volume.

Igualmente, o sexo é a energia criativa, mas o amor necessita estar junto dele, a funcionar por leme seguro.

Se a simpatia sexual prenuncia a dissolução de obras morais respeitáveis, é imprescindível que o amor lhe norteie os recursos para manifestações mais altas, porquanto, sempre que a atração genésica é mais poderosa que o amor, surgem as crises de longo curso, retardando o progresso e o aperfeiçoamento da alma, quando não lhe embargam os passos na loucura ou na frustração, na enfermidade ou no crime.

Tanto quanto o dique precisa erguer-se em defensiva constante, no governo das águas, deve guardar-se o amor em permanente vigilância, na frenação do impulso emotivo.

Fiscaliza, assim, teus próprios desejos." (Emmanuel, *Religião dos Espíritos*, 7. ed., p. 133-134).

PENSAMENTO E AÇÃO

"Todo pensamento acalentado tende a expressar-se em ação.

Quase sempre, os que chegam ao além-túmulo sexualmente depravados, depois de longas perturbações renascem no mundo, tolerando moléstias insidiosas, quando não se corporificam em desesperadora condição inversiva, amargando pesadas provas como conseqüências dos excessos delituosos a que se renderam.

À maneira de doentes difíceis, no leito de contenção, padecem inibições obscuras ou envergam sinais morfológicos em desacordo com as tendências masculinas ou femininas em que ainda estagiam, no elevado tentame de obstar a própria queda em novos desmandos sentimentais.

Ama, pois, e ama sempre, porque o amor é a essência da própria vida, mas não cogites de ser amado.

Ama por filhos do coração aqueles de quem, por enquanto, não podes partilhar a convivência mais íntima, aprendendo o puro amor fraterno que Jesus nos legou.

Mas, se a inquietação sexual te vergasta as horas, não te decidas a aceitar o conselho da irresponsabilidade que te inclina a partir levianamente «ao encontro de um homem» ou «ao encontro de uma mulher», muitas vezes em perigoso agravo de teus problemas.

Antes de tudo, procura Deus, na oração, segundo a fé que cultivas, e Deus que criou o sexo em nós, para engrandecimento da criação, na carne e no espírito, ensinar-nos-á como dirigi-lo." (Emmanuel, *Religião dos Espíritos*, 7. ed., p. 134-135).

ESFORÇO POR UMA EDUCAÇÃO

"Conflitos e torturas sexuais são encontrados na Terra, entre homens e mulheres, constituindo quase que um traço dominante em toda parte. Entretanto, vale a pena o esforço por uma educação perseverante e lúcida, capaz de transformar cada indivíduo num espelho refletor das harmonias da vida, produzindo amor e luz que impregnem as expressões da libido." (Camilo, *Educação e vivências*, 2. ed., p. 87).

CONDUTA PERANTE O SEXO

"Nunca escarneça do sexo, porque o sexo é manancial de criação divina, que não pode se responsabilizar pelos abusos daqueles que o deslustram.

Psicologicamente, cada pessoa conserva, em matéria de sexo, problemática diferente.

Em qualquer área do sexo, reflita antes de se comprometer, de vez que a palavra empenhada gera vínculos no espírito.

Não tente padronizar as necessidades afetivas dos outros por suas necessidades afetivas, porquanto embora o amor seja luz uniforme e sublime em todos, o entendimento e posição do amor se graduam de mil modos na senda evolutiva.

Use a consciência, sempre que se decidir ao emprego de suas faculdades genésicas, imunizando-se contra os males da culpa.

Em toda comunicação afetiva, recorde a regra áurea: 'não faça a outrem o que não deseja que outrem lhe faça'.

O trabalho digno que lhe assegure a própria subsistência é sólida garantia contra a prostituição.

Não arme ciladas para ninguém, notadamente nos caminhos do afeto, porque você se precipitará dentro delas.

Não queira a sua felicidade ao preço do alheio infortúnio, porque todo desequilíbrio da afeição desvairada será corrigido, à custa da afeição torturada, através da reencarnação.

Se alguém errou na experiência sexual, consulte o próprio íntimo e verifique se você não teria incorrido no mesmo erro se tivesse oportunidade.

Não julgue os supostos desajustamentos ou as falhas reconhecidas do sexo e sim respeite as manifestações sexuais do próximo, tanto quanto você pede respeito para aquelas que lhe caracterizam a existência, considerando que a comunhão sexual é sempre assunto íntimo entre duas pessoas, e, vendo duas pessoas unidas, você nunca pode afirmar com certeza o que fazem; e, se a denúncia quanto à vida sexual de alguém é formulada por parceiro ou parceira desse alguém, é possível que o denunciante seja mais culpado quanto aos erros havidos, de vez que, para saber tanto acerca da pessoa apontada ao escárnio público, terá compartilhado das mesmas experiências.

Em todos os desafios e problemas do sexo, cultive a misericórdia para com os outros, recordando que, nos domínios do apoio pela compreensão, se hoje é o seu dia de dar, é possível que amanhã seja o seu dia de receber." (André Luiz, *Sinal verde*, 30. ed., p. 107-109).

NECESSIDADE DE ORIENTAÇÃO ESPIRITUAL AOS JOVENS. O DIÁLOGO EVANGELIZADO ENTRE PAIS E FILHOS

"A fase da adolescência precisa assim, não mais de sentinelas vigiando e amparando seus passos, mas, sim *de muito apoio e orientação dos pais, no sentido de esclarecimento espiritual e diálogo evangelizado*. O que acontece, normalmente, é o abandono dos pais, no campo da orientação, julgando que os filhos com essa idade já possuem condições para enfrentar e superar, por si mesmos, todas as circunstâncias da vida, dispensando até mesmo o simples diálogo.

Com o desabrochar gradativo dos instintos e paixões, a nascer dos profundos arquivos da subconsciência, surgem as primeiras experiências afetivas e sexuais, desponta o namoro com variações amorosas, as ofertas perigosas da imprensa pornográfica deformando por completo as funções sagradas do sexo, ensejando o surgimento dos vícios das drogas, da libertinagem e do amor-livre, colocando a juventude à beira de abismos morais, muito difíceis de serem vencidos sem o apoio do Espírito envelhecido na experiência. [...].

A orientação para os moços não deve circunscrever-se tão-somente aos conhecimentos científicos da fisiologia, mecanismos e prática do sexo, das explicações psicológicas sobre as dificuldades e problemas dos jovens, dos esclarecimentos médicos sobre as doenças venéreas e os meios de higiene e defesa das enfermidades provenientes da prática sexual. Tudo isto é muito importante mas não é o bastante, pois está atendendo mais ao corpo físico e à filosofia do prazer sensual. Há necessidade, também, e principalmente, das noções religiosas nascidas no trabalho educativo dos pais, no reduto doméstico, a fim de atender, não somente à curiosidade do cérebro mas, muito especialmente, ao sentimento da juventude, em virtude do desamparo moral e espiritual em que ela se encontra, no mundo atual. [...]." (Walter Barcelos, *Sexo e evolução*, 3. ed., p. 151, 152).

REEDUCAÇÃO SENTIMENTAL

"Sem regras morais que iluminam, socorrem, fortalecem e educam a alma, toda orientação especializada para a juventude será deficiente, não alcançando as metas reais da educação da personalidade. Sem a *reeducação sentimental, alicerçada nas regras libertadoras do Evangelho*, a mocidade continuará desorientada, infeliz e vítima das influências perniciosas do mundo. [...].

A prática dos esportes é a virtude dos exercícios para o corpo saudável, enquanto que a vivência das virtudes é a ginástica do bem aos outros, que garante a saúde da alma.

Parafraseando o insígne Codificador Allan Kardec, podemos dizer: *Reconhece-se o verdadeiro jovem espírita pela sua transformação moral, sob as luzes do Evangelho de Jesus, e pelos esforços que emprega, diariamente, para educar suas emoções e desejos, na direção do amor espiritualizado."* (Walter Barcelos, *Sexo e evolução*, 3. ed., p. 153).

CASOS

CASO 1: O JOVEM E O AMOR

Livro
Quando voltar a primavera, cap. 16, 4. ed.

Personagens
Jesus e o jovem.

AMBIENTE

"O entardecer lento deixava um debrum em ouro irridescente sobre o cabeço dos morros, no lado oposto, que se refletia sobre as águas tranqüilas do lago.

O ar leve perpassava em sinfonia branda, e, à medida que o velário da noite dominava a Natureza, os astros cintilavam ao longe, qual uma **cantilena** de prata no zimbório infinito...

As pessoas comovidas dispersavam-se em silêncio, envoltas nas profundas reflexões defluentes da Mensagem ouvida.

De costas para o poente, na barca encravada na areia de pedregulhos e seixos, Ele imprimira nas consciências febricitadas e antes ansiosas o postal de Sua beleza incomparável, em contornos de paz.

Enquanto falara, o Seu verbo eloqüente, cheio de calor e compreensão, caíra sobre cada ouvinte qual esperado ungüento colocado com carinho em purulenta ferida aberta em chaga viva...

Ampliando as balizas do reino de Deus, profligara as alucinações argentárias, as ambições do mando arbitrário, os exageros do prazer arrebatador...

Aquele povo sofrido que acorria à praia, cada dia, a fim de ouvir-lO, conduzia ansiedades e paixões, anelando encontrar a diretriz e a paz, a renovação e a segurança que lhe faltavam.

Saturado pelo desespero, sob o impositivo das forças desatreladas da governança odienta e escravocrata que gerava a fome e a revolta, padecia, também, da cegueira espiritual, atirando-se, como desforço, à dor, aos abusos de toda espécie, perseguindo ilusões...

Ouvindo-O, acalmaram-se as inquietações, e uma aragem de renovação íntima lhe perpassava as paisagens interiores.

Sem dúvida Ele era o Esperado...

Renovavam-se, cada tarde, as multidões sedentas de esperança, à medida que os Seus ditos e o Seus feitos aumentavam o círculo dos informados, que chegavam mais ávidos, mais necessitados." (p. 109-110).

O JOVEM

"Cercado por pequeno grupo de companheiros que Lhe apresentavam questões pessoais, Ele refletia nos olhos profundos a serenidade de quem conduz a paz, daquele que é a paz.

Acercou-se um jovem, canhestro e constrangido, que não se podendo evadir do magnetismo que dEle se irradiava, sem sopitar a onda de tormentos que o afligia, aproveitou-se de um ensejo que se fez natural, e inquiriu tímido, porém sensibilizado:

- Acabo de ouvir-vos e a vossa palavra penetra-me como afiado punhal... Os conceitos me ardem na mente, como brasa que queima e requeima... Desejei evadir-me, sair daqui e não pude... Eu que já não tinha paz, acabo de perder a alegria ao escutar-vos...

Fez uma pausa e, logo, prosseguiu:

- Sou jovem, respeito os mandamentos; no entanto, ambiciono pelo prazer, o gozo, porquanto minhas carnes vibrantes anelam esse repasto até à lassidão... Pertenço a uma família abastada da vizinhança e encontro-me em trânsito... Será possível a felicidade sem o prazer?

Jesus olhou o jovem com a ternura que demorava exuberante na urna do Seu coração e refertava todos quantos dEle se aproximavam.

Visitado por aquele dúlcido olhar, o moço enrubesceu, acabrunhado." (p. 110)

A FELICIDADE REAL

"Como se a Sua Voz se fizesse um quase cicio, respondeu o Amigo:

- A felicidade que se usufrui gasta-se, e a que se alicerça sobre o prazer se desmorona. Todo prazer imediato é fugidio, porque se estriba na fragilidade dos sentidos físicos e estes sofrem os impositivos das sensações que passam breves. Se procede das aspirações nobres, constitui motivação para a renúncia e a abnegação a benefício da harmonia duradoura. Quando inspirado no jogo devorador das sensações, arde e se apaga, deixando impressões frustrantes, amargas...

'O prazer do corpo exige o repouso e o prosseguimento, num crescendo sem limite, leva à exaustão, ao desgaste.

'A felicidade, porém, se expressa por um estado natural de paz e alegria sem altos nem baixos, distante das explosões do júbilo e das quedas do desespero'.

- Como, então, não ambicionar o amor, se ele, premiando o amante com prazer, é a fonte do gozo?

- Referes-te à posse selvagem que se confunde no gozo abrasador, não ao amor que comunga em espírito. O prazer real decorre da vivência do amor que não entedia, enquanto o prazer da posse do amor exaure e enfastia... Situando a felicidade no amor à Deus e ao próximo, desejo conceituar o gozo não como a finalidade em si mesma, mas como o próprio ato de amar... Semelhante ao estuar de um botão de rosa que desabrocha e perfuma simultaneamente, em derredor, o gozo do amor puro perdura no desabrochar do sentimento e na fecundação que fomenta a vida..." (p. 111).

O VERDADEIRO AMOR

"- Sou jovem, Senhor! Ambiciono a felicidade. Que me cabe fazer, se da alegria apenas conheço a sofreguidão dos desejos?

- A juventude não é apenas uma fase transitória do corpo, mas um estado de espírito. Quando a idade jovem se compromete, o homem envelhece e se perturba num processo de decomposição íntima. Indispensável amar, sem ferir em nome do amor, desejar sem impor, esperar sem aflição e confiar sempre. Se o que consideras como tua felicidade amargura outrem ou tisna a pureza do amor, esse sentimento não é verdadeiro, nem fundamental: decorre da paixão infrene e degradante, que envilece e passa...

- Eu, porém, amo e sofro...

- O verdadeiro amor não produz sofrimento, porquanto sabe aguardar, não se precipita nem destrói nunca. É todo feito de edificação do bem pelo bem geral. Se desejas amar a fim de que a felicidade se te faça um estado real, renuncia hoje ao prazer entorpecente, e semeia o bem para amanhã. O amor virá ao teu encalço, enquanto o tempo lenirá a ansiedade do teu coração, apaziguando-te. Não ateies a chama dos desejos nalma como fagulhas da ilusão no corpo...

O jovem silenciou, fixou em Jesus o olhar e, sinceramente comovido, balbuciou, desanimado:

- Compreendo-vos, Senhor, compreendo-vos... É, todavia, muito difícil...

E afastou-se meditativo.

O Mestre acompanhou-o com o olhar amoroso, enquanto o vulto da sua presença se diluía nas sombras da distância.

Seria essa a reação dos ouvintes por muito tempo, até o dia longínquo em que anelassem pela felicidade real.

No alto, o céu de turqueza, com gemas de prata engastadas, era perene pauta virgem em que Ele inscrevia as notas sublimes da excelsa melodia da Sua Boa Nova, para o futuro dos tempos." (p. 111-112).

CASO 2: HISTÓRIA DE PAULINA

Livro
Sexo e verdade, cap. História de Paulina, 2. ed.

Capítulo 06

Personagens
Paulina e o namorado

"A história que vou contar,
Tirei-a da própria vida,
Que nunca seja esquecida
Nas reuniões de família!
Repete-se a todo instante.
É um aviso contra o Mal!
É grande sua moral!
Ficai, leitor, em vigília...

Paulina, menina-moça,
Está na idade do sonho,
O rosto é muito risonho,
Bem nobre sua elegância...
Não sei quantos anos tem,
Mas inda guarda as petecas,
Suas antigas bonecas,
Os belos sonhos da infância!

Os longos cabelos louros
Em ondas caem à cintura,
Os olhos têm formosura,
Quase azuis, espirituais...
Como as colegas, namora,
É um moço da sua escola,
Filho de rica espanhola,
E nada conta a seus pais...

O rapaz com mais idade,
Já mostra a mente umbralina;
Corteja toda menina,
É sutil como as serpentes...
O pelo na face é ralo,
Mas já freqüenta as orgias,
Boates todos os dias,
Nos bairros mais diferentes!

Paulina, a bela menina,
Na sua doce inocência,
Não guarda nunca prudência,
Ao lado de seu cantor;
Sua alma sobe às estrelas,
E trêmula toda suspira,
Quando ele dedilha a lira
Com falsas juras de amor!

E Paulina anda em perigo!
Com o Céu não quer sintonia;
Já não ouve a voz do Guia,
Que diz: 'Cuidado com o sexo...
A vida tem armadilhas...
Com o sexo terás um sonho,
Depois, futuro medonho,
Toda uma vida sem nexo!'

Paulina repele a intuição...
Seu forte amor infinito
Nunca lhe trouxe conflito,
É fruto espiritual...
E fica horas inteiras,
De dia, acordada ao leito,
Sonhando com seu eleito,
Um homem excepcional...

Por que a mãe não a chama
E conta a inteira verdade,
Que todo ser chega à idade
Que o sexo fala em surdina?
Que é preciso ter cuidado,
Refrear o sentimento,
Que a flor na chuva e no vento
Cai na lama e se arruína?

Adolescência – Um desafio para pais e educadores

Não conta e o perigo aumenta!
Nos quartos, nos corredores,
Já andam os Obsessores
Comandados pelo Umbral...
E nada Paulina vê,
Mas sente o corpo pesado...
E um desejo de pecado,
Que afeta a sua moral.

E as Trevas bem traiçoeiras
Vão apertando o vil laço,
Como no mato ao sanhaço
Faz o cruel caçador!
E o rapaz, seu namorado,
Vendo-a sorrir para a lua,
Beija-a num canto da rua,
Beija-a e a deixa em torpor...

E faz louca proposta
Entre carícias astutas,
Que as Almas mais dissolutas
Injetam-lhe ao pensamento...
E a virgem num doce enleio,
Envolta em treva matreira,
Do sexo já é prisioneira
Será do Umbral alimento!

Depois, o moço se explica:
Não se prende ao casamento,
A vida p'ra ele é um momento,
Como de uma flor a essência!
E Paulina, com espanto,
A alma coberta de lama,
Em casa atira-se à cama,
Quase às portas da demência.

E toda sua alma treme
Aos suspiros dolorosos,
Que os Espíritos viscosos
Aspiram com avidez...

E, vendo sobre uma mesa
Suas antigas bonecas,
Aperta-as, mais as petecas,
Chorando ainda outra vez!

Pobre menina inda ingênua
De olhos tão cristalinos,
Mais puros que a voz dos sinos,
Mais tristonhos que uma cruz...
Por que não contempla o Céu,
Bem como outrora fazia,
Quando ao fim de cada dia,
Contrita orava a Jesus?

Paulina acolhe a intuição
De seu Espírito-Guia,
E reza, implora à Maria
Piedade, muito amor!
Era uma pomba feliz...
Voava despreocupada...
Não percebeu a cilada...
E agora, meu Deus... Que horror!

Irá o Céu ajudá-la;
Mais fulgente que uma estrela,
A Mãe do Cristo irá vê-la
Nas trevas de seu abismo,
Pois de muitas outras jovens
Maria alivia a cruz,
Apontando-lhes a Luz
Das obras do Espiritismo!

Oh! Que Doutrina divina,
Luz nos mundos sofredores,
Bálsamo de todas as dores,
As físicas e morais!
Sendo um reflexo de Deus,
Oh! Santíssima Doutrina,
Daí para cada Paulina
Caminhos de muita paz!..."

CASO 3: O NAMORO DE SAULO E ABIGAIL

Livro
Paulo e Estevão, cap. 01, 04, 35. ed.

Personagens
Saulo e Abigail

ABIGAIL

"Abigail, na candidez dos seus 18 anos, era um gracioso resumo de todos os encantos das mulheres da sua raça. Os cabelos sedosos caíam-lhe em anéis caprichosos sobre os ombros, emoldurando-lhe o rosto atraente num conjunto harmonioso de simpatia e beleza. No entanto, o que mais impressionava, no seu talhe esbelto de menina e moça, eram os olhos profundamente negros, nos quais intensa vibração interior parecia falar dos mais elevados mistério do amor e da vida." (p. 19).

SAULO

"O jovem Saulo, apresentava toda a vivacidade de um homem solteiro, bordejando os seus trinta anos. Na fisionomia cheia de virilidade e máscula beleza, os traços israelitas fixavam-se particularmente nos olhos profundos e percucientes, próprios dos temperamentos apaixonados e indomáveis, ricos de agudeza e resolução. Trajando a túnica do patriciato, falava de preferência o grego, a que se afeiçoara na cidade natal, ao convívio de mestres bem-amados, trabalhados pelas escolas de Atenas e Alexandria." (p. 70).

EDUCAÇÃO FAMILIAR

"Desde criança, com a sadia educação doméstica, guardava puros os primeiros impulsos do coração, sem jamais contaminá-los na esteira dos prazeres fáceis ou do fogo das paixões violentas, que soem deixar na alma o carvão das dores sem esperança. Acostumado ao esporte, aos jogos da época, seguido sempre de muitos companheiros em desvario, tivera o heroísmo sagrado de sobrepor as disposições da Lei às próprias tendências naturais. Sua concepção de serviço a Deus não admitia concessões a si mesmo. A seu ver, todo homem devia conservar-se indene de contactos inferiores com o mundo, até que atingisse o tálamo nupcial. O lar constituído haveria de ser um tabernáculo das bênçãos eternas; os filhos, as primícias do altar do Maior Amor, consagrado ao Senhor Supremo. Não que a sua juventude estivesse isenta de desejos. Saulo de Tarso experimentava todos os anseios da mocidade impetuosa do seu tempo. Imaginava situações de anelos satisfeitos, e, no entanto, sujeito aos carinhos maternos, prometera a si mesmo jamais tergiversar. A vida do lar é a vida de Deus. E Saulo guardava-se para emoções mais sublimadas. De esperança em esperança, via passar os anos, esperando que a inspiração divina determinasse a rota dos seus ideais. Esperava e confiava. Seus pais presumiam encontrar, ali ou acolá, aquela a quem devesse ele eleger; entretanto, Saulo, enérgico e resoluto, removia a intervenção dos entes caros, no concernente à escolha que afetava a decisão do seu destino." (p. 82-83).

SAULO FALA SOBRE ABIGAIL

"Jovialíssimo, Saulo contou ao amigo que, de fato, se enamorara de uma jovem da sua raça, que aliava os dotes de peregrina beleza aos mais elevados tesouros do coração. Seu culto ao lar constituía um dos mais santificados atributos femininos.

[...] conhecera na jovem Abigail um terno coração de menina, dona dos mais belos predicados morais que pudessem exornar uma filha da sua raça. Era, de fato, o seu ideal de moça: inteligente, versada na Lei e, sobretudo, dócil e carinhosa. Adotada pelo casal como filha muito cara, havia sofrido amargamente em Corinto, ali deixando o pai morto e o irmão escravizado para sempre. Havia três meses que se conheciam, permutando-se as mais risonhas esperanças e, quem sabe? talvez o Eterno lhes reservasse a união conjugal, como coroamento dos sonhos sagrados da juventude. Saulo falava com o entusiasmo próprio do seu temperamento apaixonado e vibrátil. No olhar profundo, notava-se-lhe a chama viva dos sentimentos resolutos, com respeito à afeição que lhe dominava a capacidade emotiva." (p. 71-72).

O NAMORO

"[...] a afeição da sua alma era também entretecida de comentários religiosos e filosóficos, e não tinham conta as vezes

Capítulo 06

em que ambos se submergiam na contemplação da Natureza, comparando as suas lições vivas com os símbolos divinos dos Escritos Sagrados. Saulo muito lhe ajudara no cultivo das flores da fé, que Jeziel havia semeado em sua alma singela. Não era ele um homem excessivamente sentimental, dado às efusões dos carinhos que passam sem maior significação, mas, compreendera-lhe o espírito nobre e leal, que um profundo sentimento de autodomínio assinalava. Abigail estava certa de entender-lhe as aspirações mais íntimas, nos sonhos grandiosos que lhe empolgavam a mocidade. Sublime atração, essa que a impelia para o jovem sábio, voluntarioso e sincero! Às vezes, parecia-lhe áspero e enérgico em demasia. Suas concepções da Lei não admitiam meios-termos. Sabia ordenar e desagradava-lhe qualquer expressão de desobediência aos seus propósitos. Aqueles meses de convívio, quase diários, davam-lhe a conhecer o seu temperamento indômito e inquieto, a par de um coração eminentemente generoso, onde uma fonte de ignorada ternura se retraía em abismais profundezas.

Mergulhada em cismas, num gracioso banco de pedras junto dos pessegueiros em festa primaveril, viu que o carro de Saulo se aproximava ao trote largo dos animais.

Zacarias o recebeu a distância e, juntos, em conversação animada, demandaram o interior, para onde a jovem se dirigiu.

A palestra estabeleceu-se no tom de cordialidade, que se repetia várias vezes na semana, e, como de costume, os dois jovens, no deslumbramento da paisagem crepuscular, quase de mãos dadas como dois prometidos, desceram ao pomar cuja relva se constituía de espaçosos canteiros de flores orientais. O mar estendia-se à distância de muitas milhas, mas o ar fresco da tarde dava a impressão dos ventos suaves que sopram do litoral. [...].

Mais alguns passos e sentaram-se sob velhos pessegueiros floridos, respirando a longos haustos as vibrações suaves que perfumavam o ambiente. A terra cultivada e colorida de rosas de todos os matizes, exalava delicioso aroma. O fim do crepúsculo está sempre cheio de sons que passam apressados, como se a alma das coisas estivesse igualmente ansiosa pelo silêncio, amigo do grande repouso... Eram árvores frondosas que se velavam nas sombras, derradeiros passarinhos errantes que voejavam céleres e as brisas cariciosas que chegavam de longe, agitando as grandes ramarias e acentuando os doces murmúrios do vento.

Saulo, inebriado de indefinível alegria, contemplou as primeiras estrelas que sorriam no céu recamado de luz. A Natureza é sempre o espelho fiel das emoções mais íntimas, e aquelas vagas de perfume, que as virações traziam de longe, encontravam eco de misterioso júbilo no seu coração.

— Abigail — disse retendo-lhe a mãozinha entre as suas —, a Natureza canta sempre com as almas esperançosas e crentes. Com que ansiedade esperei-te no caminho da vida!... Meu pai falou-me do lar e das suas doçuras e eu aguardava a mulher que me compreendesse inteiramente.

— Deus é bom — replicou ela com enlevo — e somente agora reconheço que, depois de tantos sofrimentos, Ele me reservava, na sua misericórdia infinita, o tesouro maior da minha vida, o teu amor, na terra de meus pais. Teu afeto, Saulo, concentra todos os meus ideais. O Céu nos fará felizes. Todas as manhãs, quando estivermos casados, pedirei, em preces fervorosas, aos anjos de Deus que me ensinem a tecer a rede das tuas alegrias; à noite, quando a bênção do repouso envolver o mundo, dar-te-ei um carinho sempre novo, do meu afeto. Tomarei tua cabeça atormentada pelos problemas da vida e ungirei tua fronte com a carícia de minhas mãos. Viverei com Deus e contigo, somente. Ser-te-ei fiel por toda a vida e amarei os próprios sofrimentos que acaso o mundo possa acarretar-me, por amor à tua vida e ao teu nome.

Saulo apertou-lhe as mãos com mais enlevo, redargüindo deslumbrado:

— Dar-te-ei, por minha vez, meu coração dedicado e sincero. Abigail, meu espírito estava possuído somente do amor à Lei e a meus pais. Minha mocidade tem sido muito inquieta, mas pura. Não te oferecerei uma flor sem perfume. Desde os primeiros dias da juventude, conheci companheiros que me incitaram a lhes seguir os passos incertos na embriaguez dos sentidos, precursora da morte de nossas preocupações mais nobres neste mundo, mas nunca traí o ideal divino que me vibra na alma sincera. Depois dos estudos iniciais da minha carreira, encontrei mulheres que me acenavam, levadas por uma concepção perigosa e errônea do amor. Em Tarso, nos dias suntuosos dos jogos juvenis, após a conquista das melhores láureas, recebia, de jovens inquietas, declarações de amor e propostas de núpcias, mas, a verdade é que permanecia insensível, a esperar-te como heroína ignota do meu sonho, nas assembléias ostentosas de púrpuras e flores. Quando Deus aqui me conduziu ao teu encontro, teus olhos me falaram, num lampejo, de sublimes revelações. És o coração do meu cérebro, a essência do meu raciocínio e serás a mão guiadora das minhas edificações, em toda a vida.

Enquanto a moça, sensibilizada e venturosa, tinha os olhos mareados de pranto, o fogoso mancebo continuava:

- Viveremos um para o outro e teremos filhos fiéis a Deus. Serei a ordenação da nossa vida, serás a obediência em nossa paz. Nossa casa será um templo. O amor a Deus será sua maior coluna e, quando o trabalho exigir minha ausência do altar doméstico, ficarás velando no tabernáculo da nossa ventura. [...].

Inebriados de gozo espiritual, falaram longo tempo do amor que os identificava na mesma aspiração de ventura. Todos os comentários mais íntimos faziam de Deus o sagrado partícipe de suas esperanças no futuro que se lhes auspiciava, santificado em júbilos infinitos.

De mãos dadas extasiaram-se com o plenilúnio maravilhoso. Os eloendros pareciam sorrir-lhes. As rosas orientais, aureoladas pelos raios da lua, eram-lhes qual mensagem de beleza e perfume." (p. 77-83).

Capítulo VII

Adolescência e homossexualidade

ADOLESCÊNCIA E HOMOSSEXUALIDADE

SEXO NOS ESPÍRITOS

"Têm sexos os Espíritos?
Não como entendeis, pois que os sexos dependem da organização. Há entre eles amor e simpatia, mas baseados na concordância dos sentimentos.

Em nova existência, pode o Espírito que animou o corpo de um homem animar o de uma mulher e vice-versa?
Decerto; são os mesmos os Espíritos que animam os homens e as mulheres.

Quando errante, que prefere o Espírito: encarnar no corpo de um homem, ou no de uma mulher?
Isso pouco lhe importa. O que o guia na escolha são as provas por que haja de passar.

Os Espíritos encarnam como homens ou como mulheres, porque não têm sexo. Visto que lhes cumpre progredir em tudo, cada sexo, como cada posição social, lhes proporciona provações e deveres especiais e, com isso, ensejo de ganharem experiência. Aquele que só como homem encarnasse só saberia o que sabem os homens." (Allan Kardec, *O livro dos Espíritos*, 83. ed., perg. 200-202).

"A vida espiritual pura e simples se rege por afinidades eletivas essenciais; no entanto, através de milênios e milênios, o Espírito passa por fileira imensa de reencarnações, ora em posição de feminilidade, ora em condições de masculinidade, o que sedimenta o fenômeno da bissexualidade, mais ou menos pronunciado, em quase todas as criaturas.
O homem e a mulher serão, desse modo, de maneira respectiva, acentuadamente masculino ou acentuadamente feminina, sem especificação psicológica absoluta.
À face disso, a individualidade em trânsito, da experiência feminina para a masculina ou vice-versa, ao envergar o casulo físico, demonstrará fatalmente os traços da feminilidade em que terá estagiado por muitos séculos, em que pese ao corpo

de formação masculina que o segregue, verificando-se análogo processo com referência à mulher nas mesmas circunstâncias.

Obviamente compreensível, em vista do exposto, que o Espírito no renascimento, entre os homens, pode tomar um corpo feminino ou masculino, não apenas atendendo-se a um imperativo de encargos particulares em determinado setor de ação, como também no que concerne a obrigações regenerativas." (Emmanuel, *Vida e sexo*, 15. ed., p. 90-91).

"Não possuindo sexo, conforme os padrões da morfologia humana, os Espíritos se reencarnam ora num como noutro tipo de comportamento, masculino ou feminino, adquirindo experiências que dizem respeito, especificamente, a um ou a outro gênero de vida. As aptidões para uma reencarnação na masculinidade ou na feminilidade são sempre o resultado da conduta na forma anterior, que o Espírito vitalizou, e na qual coletou conquistas e prejuízos que cumpre multiplicar ou reparar a sacrifícios que se impõem no cadinho regenerador da carne.

Desencarnado, mantém o ser espiritual a aparência das roupagens da vida imediatamente anterior, por motivos óbvios, ou aquela na qual adquiriu mais expressiva soma de conquistas, em que imprimiu segura diretriz evolutiva e à qual é reconhecido.

Nas regiões mais densas do Mundo Espiritual, onde há maior dependência das expressões materiais do Orbe e mais significativa necessidade das sensações físicas, alguns Espíritos se apegam, inconscientemente, às reminiscências das roupagens que despiram, alguns, mesmo não admitindo sequer a hipótese de haverem vivido com outra forma ou de virem a renascer nela.

Imantados às paixões absorventes e viciosas, conservam conceitos errôneos e mantêm opiniões falsas sobre a forma pela qual se manifestam as aptidões e os impulsos da sexualidade.

Pode-se mesmo dizer que a sexualidade é um estado de Espírito, se considerarmos que extrapolando a constituição fisio-morfológica, o ser vive conforme as reminiscências fortes que se lhe imprimiram na memória e condicionaram o vestuário orgânico de que ora se utiliza para o compromisso evolutivo.

Há uma infinidade de Espíritos que, realizando demoradas vilegiaturas em determinado tipo de sexo, plasmam no mundo íntimo as injeções da situação de tal forma que, encaminhados ao labor noutra tipologia, traem a posição interior, revelando

toda a gama de aprendizagens que se lhes fizeram condição natural. Não nos referimos, aqui, as extravagâncias morais que muitos se permitem, nem tão-pouco aos problemas que se reportam à sexualidade nas suas diversas exteriorizações [...]."
(Joanna de Ângelis, *No limiar do infinito*, 3. ed., p. 72-73).

HOMOSSEXUALIDADE

"A homossexualidade, também hoje chamada transexualidade, em alguns círculos de ciência, definindo-se, no conjunto de suas características, por tendências da criatura para a comunhão afetiva com uma outra criatura do mesmo sexo, não encontra explicação fundamental nos estudos psicológicos que tratam do assunto em bases materialistas, mas é perfeitamente compreensível, à luz da reencarnação.

Observada a ocorrência, mais com os preconceitos da sociedade, constituída na Terra pela maioria heterossexual, do que com as verdades simples da vida, essa mesma ocorrência vai crescendo de intensidade e de extensão, com o próprio desenvolvimento da Humanidade, e o mundo vê, na atualidade, em todos os países, extensas comunidades de irmãos em experiência dessa espécie, somando milhões de homens e mulheres, solicitando atenção e respeito, em pé de igualdade ao respeito e à atenção devidos às criaturas heterossexuais.

A coletividade humana aprenderá, gradativamente, a compreender que os conceitos de normalidade e de anormalidade deixam a desejar quando se trate simplesmente de sinais morfológicos, para se erguerem como agentes mais elevados de definição da dignidade humana, de vez que a individualidade, em si, exalta a vida comunitária pelo próprio comportamento na sustentação do bem de todos ou a deprime pelo mal que causa com a parte que assume no jogo da delinqüência."
(Emmanuel, *Vida e sexo*, 15. ed., p. 89-90).

"A homossexualidade é a atração sexual entre pessoas do mesmo sexo. O homossexual é alguém que possui uma identidade sexual em choque com a sua formação anatômica.

A homossexualidade é uma anomalia da personalidade observável não somente neste século, mas em toda as épocas da Humanidade.

O apóstolo Paulo fez referência aos abusos da homossexualidade em Roma, em sua Epístola aos Romanos. A diferença com o passado longínquo está em que hoje, graças aos progressos imensos dos meios de comunicação, os avanços da ciência e o crescimento numérico do fenômeno, este assunto é colocado em mais evidência em todo o mundo." (Walter Barcelos, *Sexo e evolução*, 3. ed., p. 110-111).

"No [...] grupo, do homossexualismo, o ponto de interesse científico é a conotação patológica. Neste grupo consideramos todos os indivíduos, em distonias de variada ordem, que procuram atender aos sentidos com o parceiro do mesmo sexo, em práticas deformantes e desarmonizadas. Os homossexuais, além da satisfação sexual com o parceiro do mesmo sexo, poderão ter ou não uma espécie de 'atração eletiva' na posição emocional. Isto traduz a maior ou menor profundidade patológica em que se acham envolvidos.

Os homossexuais, em seus distúrbios, apresentam imensas variações cujos os detalhes serão omitidos por não pertencerem ao esquema do livro. Anotemos, entretanto, que as distonias apresentam diversificações, não só no arcabouço psicológico em evidência na zona consciente, como, também, podem alcançar os desvios hormonais mesmo o aspecto físico do indivíduo. Todas essas oscilações e graus de apresentações serão sempre a conseqüência das desarmonias na estrutura espiritual ou do inconsciente, em maiores ou menores desvios nas atitudes psicológicas ou físicas.

Consideramos, sem qualquer sombra de dúvida, que o homossexual, ao atender os sentidos em satisfação sexual, jamais estará em processo de realização conforme pensam algumas escolas. Ninguém se realiza no caminho do desequilíbrio e da desordem. A prática deformante é resultado da distonia íntima que carrega consigo, cujo processo desencadeará desajuste, principalmente no setor moral. A vivência desses mecanismos desarmônicos despertarão impulsos específicos que responderão, algum dia, pelo processo de integração na linha positiva da evolução. A reação-resposta, pela zona espiritual, estará diretamente ligada à ação desencadeante com toda a colheita das necessárias 'dores-equilíbrio'. Então, o negativo, o erro, o processo degenerativo desenvolverá sempre mecanismos de defesa e de impulsos no sentido contrário, portanto evolutivo, não conseguindo, jamais, sedimentar posições inferiores ou paralisar o processo. O grande impulso evolutivo será sempre dirigido na faixa do equilíbrio e da harmonia; da distonia fica a experiência e vivência, a fim de criar defesas para a sedimentação de novas posições mais expressivas no bem comum. Existe, após a queda, sempre possibilidades de soerguimento.

O homossexual, pelo desvio patológico, é um sofredor por excelência e pelas 'emoções esgarçadas' é um solitário. Em regra geral apresenta dificuldades de relacionamento por ser obrigado, pelas contingências da vida social, a definir-se sexualmente. Amiúde, quando as pressões sociais são mais exigentes, quase sempre o homossexual desemboca nos conflitos neuróticos. São pessoas habitualmente egoístas, embora amáveis, porém, pela fragilidade do campo emocional, apresentam caráter bastante inseguro e oscilante. Essa estrutura psicológica permite que estejam, potencialmente, em hostilidade constante para com as pessoas.

Com esse quadro, podemos avaliar a variabilidade das distonias no homossexual. Existirão homossexuais com desvios psicológicos bem acentuados do outro sexo, de modo a encontrarem-se, também, no grupo dos transexuais. Às vezes, o desvio é tão pronunciado que o próprio indivíduo exige uma definição de situação no sexo que psicologicamente carrega; por isso, deseja lançar mão das possibilidades cirúrgicas e tratamentos hormonais específicos, a fim de sentir o corpo físico mais afinizado com a sua emocionalidade psíquica.

Os homossexuais são indivíduos com intensas manifestações psicossomáticas; são frágeis, desconfiados e profundamente sensíveis, o que lhes faculta certas tendências artísticas e agudeza perceptiva, muitas vezes traduzida por inteligência. Isto não quer dizer que não existam os casos associados de inteligência." (Jorge Andréa, *Forças sexuais da alma*, 8. ed., p. 132-133).

O PROBLEMA DA HOMOSSEXUALIDADE

"Conscientemente, a ninguém passará a idéia de dizer a quem quer que seja como deverá viver ou deixar de fazê-lo, pelas estradas humanas, quando essas sugestões não venham solicitadas pelos honestamente interessados.

Entretanto, nos dias atuais da Humanidade, não têm sido poucos os que interrogam os amigos encarnados e os desencarnados acerca da situação homossexual de grande contingente de homens e de mulheres, de jovens e de idosos, a se multiplicarem nas variadas sociedades terrenas, todos arrostando tormentos similares e distintas reações, suplicantes

Capítulo 07

uns, deprimidos muitos, revoltados tantos, e entregues ao sabor dos ventos das circunstâncias um vasto número.

Provenientes dos recônditos da alma, onde se alocam reminiscências de desrespeito e de crimes hediondos, cometidos contra as leis morais que são presentes nas consciências humanas, ou, por outro modo, decorrentes de processos educacionais deletérios que se apoiaram em inclinações morais deficitárias, ainda não suficientemente amadurecidas para a verdadeira liberdade, os dramas homossexuais têm lugar na intimidade das criaturas, largamente.

Motivados, ainda, por terríveis programas obsessivos, que antigos inimigos desencarnados engendram por vingança ou, ainda, decorrentes de perturbações psiquiátricas não devidamente diagnosticadas, explodem quadros homossexuais, aqui e acolá.

A situação vem se tornando tão comum que, ao largo do tempo, vem sendo admitida como o *terceiro sexo* ou como *opção normal* daqueles que assim almejam viver." (Camilo, *Educação e vivências*, 2. ed., p. 73).

TENDÊNCIAS HOMOSSEXUAIS E REENCARNAÇÃO

"As causas profundas da homossexualidade não têm origem no hoje, mas nas vidas passadas, e somente a Lei da Reencarnação pode explicá-las. Na vida atual, o que acontece não é criar-se a homossexualidade, porém estimular-se a sua manifestação e desequilíbrio, pois os característicos sexuais profundos já nascem com o Espírito, adquiridos em experiências sexuais na esteira das reencarnações, através dos milênios. [...].

Sabemos que o Espírito tanto pode reencarnar-se em corpo de homem como de mulher; o que lhe interessa é a aquisição de experiências, o resgate das dívidas e o aperfeiçoamento. [...].

A reencarnação é a explicação única para o fenômeno da inversão da sexualidade da criatura humana, dentro da lógica, do bom senso e da justiça. O Espírito já existia antes dessa existência atual. Quando ele reencarna, traz consigo, na sua sub-consciência, um acervo imenso de experiências sexuais, valores morais, tendências, qualidades e defeitos adquiridos em múltiplas existências anteriores." (Walter Barcelos, *Sexo e evolução*, 3. ed., p. 111-113).

A LEI DE CAUSA E EFEITO E A HOMOSSEXUALIDADE

"O homem que abusou das faculdades genésicas, arruinando a existência de outras pessoas com a destruição de uniões construtivas e lares diversos, em muitos casos é induzido a buscar nova posição, no renascimento físico, em corpo morfologicamente feminino, aprendendo, em regime de prisão, a reajustar os próprios sentimentos, e a mulher que agiu de igual modo é impulsionada à reencarnação em corpo morfologicamente masculino, com idênticos fins. E, ainda, em muitos outros casos, Espíritos cultos e sensíveis, aspirando a realizar tarefas específicas na elevação de agrupamentos humanos e, consequentemente, na elevação de si próprios, rogam dos Instrutores da Vida Maior que os assistem a própria internação no campo físico, em vestimenta carnal oposta á estrutura psicológica pela qual transitóriamente se definem. Escolhem com isso viver temporáriamente ocultos na armadura carnal, com o que se garantem contra arrastamentos irreversíveis, no mundo afetivo, de maneira a perseverarem, sem maiores dificuldades, nos objetivos que abraçam." (Emmanuel, *Vida e sexo*, 15. ed., p. 91-92).

HOMOSSEXUALIDADE E EDUCAÇÃO

"Se um companheiro ou uma companheira percebe em si as inclinações homossexuais, que procure identificar nisso os gritos da expiação, induzindo à educação para que a vida seja vitoriosa.

O amor, o enternecimento, a prestação de serviços, a comunhão idealística, tudo isso contribuirá para a gradativa liberdade do ser.

Os serviços da fraternidade junto a um lar de idosos ou de crianças, os labores desenrolados em instituições de atendimentos a enfermos gerais e a doentes terminais, serão excelentes sugestões para quem necessita aplicar as próprias energias na construção de tempos novos de esperança e de paz.

Somente a partir desse esforço educativo, gradativamente alcançado, é que os velhos atormentados pela libido indisciplinada lograrão a saída gradual das frustrações e das tormentas, reconquistando a ventura de viver, olhando de frente os novos tempos de equilíbrio geral.

O Espiritismo, com as suas propostas de trabalho e renovação e com a sua benfazeja fluidoterapia, associadas aos labores da desobsessão, muito pode oferecer, como luminosa contribuição aos que anseiem por revigorar-se no regime de saúde e redenção para as próprias existências.

Entregar-se a práticas irresponsáveis e frustrantes não será o melhor roteiro para quem sonha com as paragens do Reino dos Céus, portas adentro de si mesmo.

Ouve Jesus e busca-O, sempre, uma vez que Ele anunciou que os que O buscassem jamais seriam lançados fora [...].

Se te sentes, então, sob o azorrague dessas pelejas, ouve-O e a Ele te entregues, aprendendo, amando sem cessar e trabalhando sem cansaço, enquanto, operoso e sensível, consciente e zeloso da dignidade, aguardas o dia venturoso da liberdade, resgatados os tempos de inconsciência ou de loucuras, quando poderás, por fim, rutilar como gema preciosa na coroa da Vida." (Camilo, *Educação e vivências*, 2. ed., p. 75-76).

O PAPEL DOS PAIS E EDUCADORES PERANTE A HOMOSSEXUALIDADE

"Observadas as tendências homossexuais dos companheiros reencarnados nessa faixa de prova ou de experiência, é forçoso se lhe dê o amparo educativo adequado, tanto quanto se administra instrução à maioria heterossexual. E para que isso se verifique em linhas de justiça e compreensão, caminha o mundo de hoje para mais alto entendimento dos problemas do amor e do sexo, porquanto, à frente da vida eterna, os erros e acertos dos irmãos de qualquer procedência, nos domínios do sexo e do amor, são analisados pelo mesmo elevado gabarito de Justiça e Misericórdia. Isso porque todos os assuntos nessa área da evolução e da vida se especificam na intimidade da consciência de cada um." (Emmanuel, *Vida e sexo*, 15. ed., p. 92).

PAIS E EDUCADORES: RESPEITO À ESTRUTURA PSICOLÓGICA DO ADOLESCENTE HOMOSSEXUAL

"Com a Doutrina Espírita e o Evangelho de Jesus, temos bastante luz para *aprendermos a tratar com dignidade nossos irmãos que passam temporariamente pelas duras experiências da homossexualidade.*

Com o Evangelho de Jesus nos corações, pais, educadores e técnicos da saúde humana física e psicológica muito poderão realizar em matéria de apoio e assistência aos homossexuais. As interpretações confusas da Ciência terrena não resolvem os problemas do Espírito do homossexual; nossas exigências não socorrem os seus sentimentos torturados; nosso descaso não ajuda na educação de sua personalidade.

Não queiramos modificar a estrutura psicológica, formada nos milênios, com alguns esclarecimentos verbais de alguns meses ou anos.

Para assistir os necessitados da alma, são indispensáveis, mais do que a simples bondade, os valores superiores da visão espiritual profunda e dos tesouros do amor no coração. [...].

É indispensável muita luz de entendimento nos raciocínios e riquezas de amor no coração, para ver e sentir *as profundas lutas morais dos irmãos em experiências expiatórias na homossexualidade*, como se fossem nossos familiares queridos, a fim de ajudar amando, sem exigências, sem violência e sem a tola vaidade de julgar-se com superioridade moral diante deles. [...].

Somente com o amor do Cristo no coração, haverá o amparo educativo adequado, em qualquer lugar, aos irmãos que apresentem desajustes da sexualidade.

Recebamo-los em nossos corações como se fossem um filho, um pai ou uma mãe, doando-lhes amizade sincera, diálogo fraterno, convivência cristã, compreensão, tolerância, simpatia, bondade, atenção e respeito, a fim de amarmos e servirmos, tal como um dia o Divino Mestre Jesus recebeu, no portal de luz de seu coração magnânimo, a alma de Maria de Magdala, sofrida pelas experiências sexuais sem amor, trazendo-a da viciação do instinto sexual para as alegrias perenes e sempre crescentes do amor puro aos irmãos em Humanidade." (Walter Barcelos, *Sexo e evolução*, 3. ed., p. 121-123).

COMO AUXILIAR O ADOLESCENTE COM PROBLEMAS NO CAMPO SEXUAL?

"O sexo ainda não recebeu por parte dos estudiosos do assunto, a necessária atenção. Como orientar alguém com problemas nessa área em sua variadas manifestações?

Resp.: Incontestavelmente o sexo exerce profunda influência na vida física, emocional e espiritual das criaturas.

Santuário da procriação, fonte de nobres emulações e instrumento de renovação pela permuta de estímulos hormonais, a sexualidade tem sofrido a agressão apocalíptica dos momentos transitórios da regeneração espiritual que se opera no planeta.

Transexualidade ou homossexualidade, heterossexualidade, bissexualidade e assexualidade que se exteriorizam no campo da forma ou nas sutis engrenagens da psique têm suas nascentes e funções nas tecelagens do espírito.

As expressões em que hoje a sexualidade se manifesta e recebe o ridículo ou a chacota, o aval, a imitação da sociedade, examinadas pelo lado espiritual, merecerão de futuro justo tratamento por legisladores e psicólogos, médicos e psiquiatras, educadores e sociólogos que terão corrigida a feição do problema, ensejando mais amplo entendimento nobre da vida em todas as suas manifestações e finalidades.

Singularmente vinculada à anterioridade do espírito, a problemática do sexo exige carinho e caridade, respeito e dignificação.

Organizado pela Divindade para sublimes misteres, não pode ser utilizado levianamente. Todo abuso impõe-lhe imposto de carência; qualquer desconsideração insculpe-lhe desordem e tormento...

Preserva tuas forças morais e mantém o teu equilíbrio.

Se te defrontas em campo de prova sob uma ou outra imposição psíquica ou física, espera o amanhã.

Não te apresses.

O problema não será resolvido de um golpe. Não devidamente cuidado, mais se agrava.

O problema do sexo é do espírito e somente do espírito virá, para ele, a solução." (Joanna de Ângelis, J*oanna de Ângelis responde*, perg. 60).

O INSTRUTOR DE JOVENS E O PROBLEMA DA HOMOSSEXUALIDADE

"Qual deverá ser a atitude de um evangelizador ao deparar-se com um jovem com tendências homossexuais, sabendo que o mesmo se encontra nessa situação, sentindo amor por outro do mesmo sexo?

DIVALDO:
O problema é de ordem íntima. Não temos o direito de invadir a privacidade de ninguém, a pretexto de querer ajudar os outros.

Há uma preocupação em nós, de querermos salvar os outros, antes de nos salvarmos a nós mesmos.

Devemos sempre ensinar corretamente o que a Doutrina recomenda. Se alguém vier pedir-nos ajuda, estendamo-la sem puritanismo, sem atitudes ortodoxas, porque o problema posto em pauta é de muita profundidade para uma análise de natureza superficial.

Se notamos que um dos nossos condiscípulos está numa fase de transição - e a adolescência, além de ser um período de formação da personalidade, é também de bipolaridade sexual - procuremos estimulá-lo para que canalize corretamente as suas emoções para a ação do bem, mas também sem castrar-lhe as manifestações do sentimento. Façamo-lo de forma edificante e, quando as circunstâncias nos permitirem, falemos que as Divinas Leis estabeleceram, nas duas polaridades - a masculina e a feminina - o equilíbrio para a perpetuação da espécie .

O sexo foi feito para a vida; não a vida para o sexo.

Daí, o indivíduo que sinta qualquer distúrbio na área do comportamento sexual, considere que se encontra em um educandário da vida, para corrigir desequilíbrios que devem ser conduzidos para as disciplinas de uma existência feliz, deixando que cada qual faça a sua opção, sem o puritanismo que tudo condena e sem o modernismo que tudo alberga, porque cada um vai responder pelo uso que faz da existência, conforme as suas resistências.

É muito fácil propor a alguém que suba a montanha, sem saber até onde vão as suas forças.

Em Doutrina Espírita ninguém vive as experiências alheias, como em nenhuma outra." (Joanna de Ângelis e outros Espíritos, S.O.S. família, 14. ed., p.178-179).

TERAPÊUTICA PARA A HOMOSSEXUALIDADE

"A ajuda terapêutica pode ser feita desde quando haja o desejo, por parte do próprio indivíduo, de correção e equilíbrio. O tratamento básico, para essas distonias, é tentar direcionar a mente-vontade em realizações autênticas e construtivas, ao lado de absoluta castidade em relação aos seus impulsos sexuais, de periferia, sempre atados aos sentidos. Coibir os impulsos, porém dar ao mecanismo do psiquismo um trabalho construtivo, em qualquer área, para que, na construção e no dever cumprido, possa engajar-se na trilha das realizações espirituais. Atender aos sentidos pelos impulsos pervertidos é desestruturar a organização do inconsciente ou espiritual, cujas reações-respostas serão sempre severas pelos processos da reencarnação, em virtude do envolvimento com as energias criativas da alma.

O homossexual que, pela sua condição patológica, insista na satisfação dos sentidos, absorverá, das descargas emotivas do encontro com sexo idêntico, energias da mesma polaridade; isso, logicamente, inundará, cada vez mais, os vórtices espirituais de 'substâncias' que não se entrosam e muito menos se completam. A satisfação inadequada será exclusivamente da zona física, com o desajuste, cada vez mais ampliado, da organização espiritual.

Todo movimento reencarnatório representará sempre uma busca de ordem e equilíbrio. Para o homossexual, existirá necessidade intransferível de vivência na castidade construtiva, a fim de encontrar a harmonia para as futuras formações corpóreas que as reencarnações podem propiciar. Somente assim haverá possibilidade de liberação e segura participação na estrutura evolutiva individual." (Jorge Andréa, *Forças sexuais da alma*, 8. ed., p.134-135).

CASO

Caso: DESTINO E SEXO

Livro
Loucura e obsessão, cap. 06, 4. ed.

Personagens
Lício - jovem homossexual, Mentora do grupo espiritual, Bezerra de Menezes e Manoel P. de Miranda.

LOCAL

"[...] Grupo dedicado ao bem, desfilavam seres macerados pela dor e outros que se compraziam em infligi-la, em condições, todavia, muito diversas". (p. 57).

PEDIDO DE AJUDA

"O paciente, que defrontava a Benfeitora Espiritual pela primeira vez, podia ser catalogado entre aqueles que se encontravam em luta por um lugar ao sol, disputando a oportunidade de ser feliz fora dos padrões em voga.

Não obstante a juventude, sentia fastio pelos prazeres que se lhe tornaram um estigma íntimo, a afligi-lo de dentro para fora.

- Sou uma alma em frangalhos! - desabafou, por fim, abrindo-se com total confiança. - Se continuo nesta marcha, nesta dubiedade de comportamento, vivendo duas formas de ser, enlouquecerei, se é que já não me encontro transpondo o portal do desvario. Há momentos em que não tenho discernimento para saber o que é certo ou o que se encontra errado, o que devo ou não fazer. A escala de valores está confusa na minha mente, em grave transtorno de avaliação. Venho pedir ajuda." (p. 59-60).

INFÂNCIA E PUBERDADE

"Desde criança, eu preferia que me chamassem Lícia, a Lício, que é o meu nome. A última forma me chocava, enquanto a primeira me produzia deleite. Ao espelho, despido, sempre me estranhei, passando a detestar o que eu apresentava sem sentir, anelando pelo que experimentava emocionalmente, sem possuir. As formas do corpo produziam-me estranheza... Foi, porém, na puberdade que os meus sofrimentos se agravaram, na escola, no lar, em toda parte. Eu era uma pessoa dupla: a real, era interior, enquanto que a aparente, era a visível.

Todas as minhas recordações estão assinaladas por preferências femininas e os meus interesses sempre giraram nessa órbita. A inocência não me deixava entender a variedade de sentimentos, essa dicotomia comportamental. Ainda não me assaltavam preferências físicas, já que tudo acontecia num plano ideal, platônico, se posso dizer, sem outros comuns ingredientes humanos..." (p. 60).

ENVOLVIMENTO COM O TIO

"A mente do jovem repassava as suas lembranças, que se corporificavam diante dos nossos olhos.

Ele titubeou um pouco, ante uma recordação forte, que assinalava novo e penoso período da sua existência.

Percebendo-lhe a indecisão, a Amiga espiritual estimulou-o à narrativa com palavras de entendimento, pois que isto lhe faria bem.

- Quando eu contava dez anos - recordo-me bem, como se estivesse a acontecer, novamente - , um irmão de mamãe, que morava no interior, portanto, meu tio, veio fazer Faculdade em nossa cidade, e nosso lar foi-lhe aberto, confiante, hospitaleiro. Ele, todavia, pareceu-me o mesmo, porquanto, dava-me preferência e acariciava-me com insistente dedicação. Suas mãos fortes e seus dedos vigorosos passeavam com ternura sobre minha cabeça, deslizando entre meus cabelos encaracolados... Osculava-me a face e foi-me dominando emocionalmente. Apesar de eu não saber distinguir um de outro sentimento, experimentava grande bem-estar ao seu lado e corria sempre em busca da sua companhia.

Novamente Lício aquietou-se, medindo as palavras que deveria utilizar. Logo depois continuou:

- Dói-me recordá-lo, em razão dos sentimentos controvertidos que me abatem...

Um dia, com palavras dóceis, que eu não alcançava, levou-me à sedução, à ação nefasta devastadora que me prossegue afetando. Sem saber discernir, era uma *brincadeira*, um *segredo de amor*, que manteríamos, conforme deu-me instrução para uso pessoal e junto à família. Com o tempo adaptei-me e, envergonho-me de confessá-lo, passei a amá-lo, se é que um adolescente, naquele período, sabe o que é o amor.

Em casa, em face da confiança da família e ao descuido educacional, jamais transpirou o drama que ali se desenrolava conosco.

Por mais de três anos vivemos essa terrível aventura, que se interrompeu, quando ele concluiu o curso e foi exercer a profissão noutra cidade." (p. 60-62).

OUTRAS EXPERIÊNCIAS FRUSTRANTES E ARRASADORAS

"Eu estava com quinze anos. Adicionei à dor moral, outra, decorrente do vício a que me acostumara... Sem orientação, sem coragem de buscar apoio e diretriz com que me pudesse ajudar, e temendo não os encontrar, após noite indormidas e lutas tenazes contra a idéia do suicídio que se me fixava como única solução, tombei em novas, frustrantes e arrasadoras experiências que me magoaram profundamente [...]." (p. 62).

INCONFORMAÇÃO COM O ERRO

"Por fim, vive-se hoje um momento em que quase todos afirmam a necessidade de cada um ser por fora aquilo que é por dentro. Assumir a sua realidade íntima, viver e gozar conforme as suas necessidades, e só! Isto, porém, não me convence. Há algo dentro de mim que repele a degradação, a promiscuidade, a morte dos objetivos que a vida possui. Creio em Deus e na alma, razões que me afligem a consciência, ante os tormentos que me assaltam. Valeram, indago-me, os parcos minutos de *relax* e prazer em relação aos dias e noites de ansiedade e incerteza? E depois, quando a morte advier, sempre penso, o que acontecerá, como será?

Some-se, a isso, que a lembrança do meu tio não se aparta de mim. Amo-o e odeio-o. Não voltei a vê-lo, embora, não há muito, ele tentasse, por carta que eu não respondi, uma reaproximação. Ele, agora, é pai. Como conciliar tal comportamento? No entanto, ele não me sai dos sonhos, nem das recordações que me enternecem e infelicitam.

Eis por que aqui estou pedindo socorro, a vós que tendes a visão da imortalidade, a sabedoria dos problemas humanos. Soube que, talvez, um *trabalho* de vossa parte me pudesse aliviar o sofrimento, já que não creio seja possível arrancá-lo de mim, por entender que sou um ser feminino numa forma masculina, graças a um sortilégio da Divindade, que não consigo entender. O que sei, é que necessito de uma tábua qualquer de salvação, mesmo que imaginária, qual náufrago que, em se debatendo na procela, se agarra a uma navalha que lhe dilacera as carnes, mas que é a única possibilidade de salvação ao seu alcance.

Um grande silêncio caiu no compartimento, no qual se ouviam as ânsias da alma sofrida, pedindo socorro.

A cantoria monótona, as palmas e os sons dos surdos rítmicos pareciam muito longe, não interferindo na psicosfera ambiente. Várias Entidades que envergaram a epiderme negra, assinaladas pela bondade e nobreza de propósitos, ali presentes, comoveram-se, tanto quanto nós, com a narração de Lício.

Uma onda de simpatia geral nos envolveu a todos." (p. 62-64).

CONSIDERAÇÕES DO DR. BEZERRA

"O nobre Dr. Bezerra, que acompanhava a experiência a desdobrar-se diante de nós, interveio em meu favor, explicando:

- Caro Miranda, a situação em que estagia o nosso querido irmão alcança número muito maior de criaturas, na Terra, como no Além, do que se possa imaginar... Contam-se aos milhões, no mundo, padecendo conflitos desta natureza, que ainda não encontraram compreensão adequada, nem estudo conveniente das Doutrinas que lhe investigam as causas, procurando soluções. Por enquanto, travam-se lutas entre a coarctação e a liberação do comportamento daqueles que estagiam nas áreas conflitantes do sexo. Os apologistas da proibição aferram-se a códigos morais caducos e impiedosos, nos quais a pureza é sinônimo de puritanismo, e os outros, que lideram o esforço em favor dos direitos da funcionalidade aberta, primam pela agressão moral, pela alteração de valores, pela imposição da sua conduta, nivelando todos os indivíduos em suas carências afetivas e estruturais, proclamando a hora da promiscuidade e da chalaça. Apresentam-se muitos indivíduos que se deixam conhecer, como motivo de escárnio, ao invés de lutarem pela conquista igualitária de espaço; ou de risota, ostentando deformidades que resultam dos comportamentos alienados, pedindo generalização dos costumes nos quais a conduta enfermiça deveria tornar-se padrão para todos.

O respeito e a linha de equilíbrio devem viger no homem, em qualquer compromisso de relacionamento estabelecido. Enquanto, porém, o sexo mantiver-se na condição de *produto* para venda e a criatura permanecer como *objeto* de prazer, a situação prosseguirá nos seus efeitos crescentes, mais amplos e dolorosos do que aqueles que se digladiam em nossa sociedade consumidora e inquieta. É natural que ressalvemos as exceções valiosas e nobres que há em todos os campos e áreas de ação da Humanidade." (p. 64-65).

ATITUDE FRATERNAL DA BENFEITORA ESPIRITUAL

"Nesse ínterim, a nobre Mentora daquele Grupo ergueu o médium, numa atitude que me pareceu habitual, pois que se repetiu por várias vezes durante as consultas, pôs a destra sobre a cabeça de Lício e, talvez para amenizar os impactos fortes da narração, disse-lhe em linguagem simples e carinhosa:

- De fato, os seus cabelos anelados são sedosos e muito agradáveis ao tato. São uma dádiva de Deus, ante o crescente número daqueles que os perdem desde muito cedo... Mais belos, porém, do que os pêlos que se modificam com o tempo e morrem, são os seus propósitos, meu filho, a sua inteireza moral, apesar de todas as dilacerações sofridas.

Vamos orar primeiro, enquanto lhe aplicamos recursos balsamisantes, refazentes, para iniciarmos o *trabalho* de que necessita.

Um bem-estar imenso se espraiava pela sala.

A Entidade compassiva, utilizando-se da técnica do passe longitudinal com pequenas variações, demonstrando, porém, profundo conhecimento dos centros captadores de força, no corpo e no perispírito, operou, dispersando, a princípio, as construções mentais perniciosas e desencharcando-lhe o psiquismo de fluidos prejudiciais, para, logo após, recompor-lhe o equilíbrio, mediante a doação de energia, facilmente assimilada pelo organismo." (p. 65-66).

OUTRAS CONSIDERAÇÕES DO DR. BEZERRA

"No atual estágio evolutivo do planeta terrestre, o ato sexual faz-se acompanhar de sensações e emoções, de modo que propiciem prazer, facultando o interesse entre os seres, e assim preenchendo a destinação a que se encontra vinculado. Não obstante, o vício e o abuso sempre lhe seguem empós, como decorrência da mente que se perverte e o explora, dando origem a capítulos lamentáveis de dor e sombra, que passam a assinalar a conduta daqueles que o perturbam.

Simultaneamente, devemos considerar que, em sua realidade intrínseca, o Espírito é assexuado e sem preferência ou psicologia específica para uma ou outra experiência na organização física. Por esta razão, a própria vida elaborou formas que se completam em favor da função procriativa. Ao lado dessas, em se considerando o incessante progresso dos homens, na busca da felicidade, os ideais lentamente vão suprindo, na área das emoções superiores, os prazeres que decorrem das sensações mais fortes. E, não raro, atendendo a aspirações pessoais, muitos desses indivíduos requerem, quando no plano espiritual, e têm deferido os pedidos, a reencarnação na masculinidade ou na feminilidade, sem amarras com a forma, vivendo uma sexualidade global, sem conflitos nem posses, destituída de paixões e de ímpetos descontrolados.

São aqueles que poderíamos denominar heterossexuais, porém, calmos e seguros, capazes de transitar, se for o caso, por toda a vilegiatura física com *auto-suficiência*, sem maior esforço, porque, também, sem compromissos negativos com a retaguarda nesse campo. Outros Espíritos, receosos de repetir as façanhas prejudiciais, solicitam e conseguem *formas neutras*, o que equivale possuir uma anatomia tipificadora de um ou outro gênero, com uma psicologia e uma emoção destituídas de interesse por tal ou qual manifestação, digamos, erótica. Constituem a larga faixa onde estão as pessoas brandas, cuja aparência inspira *sentimentos* nos outros, sem que se deixem enredar pelos apetites correspondentes, por serem psiquicamente assexuadas, embora possuam todo o mecanismo genésico perfeito e sejam portadoras dos hormônios correspondentes à sua fisiologia. Assim, mais facilmente executam os misteres que abraçam nos diferentes setores da existência, normalmente afeiçoadas em profundidade aos seus programas de enobrecimento, mediante os quais se elevam e promovem a Humanidade." (p. 68-69).

ORIENTAÇÕES DA BENFEITORA ESPIRITUAL A LÍCIO

"Neste momento, concluindo as suas pesquisas, realizadas em profundo recolhimento espiritual, a Entidade falou:

- Você tem razão ao afirmar que se trata de uma alma feminina encarcerada num corpo masculino. Tal ocorrência, no entanto, não é fruto de um sortilégio divino, senão dos códigos soberanos da vida, que estabelecem diretrizes, que desrespeitadas, produzem resultados concordes com a gravidade da rebeldia. Em todas as determinações superiores, porém, o amor está presente aguardando que o homem lhe aceite a inspiração e o comando, para que facilmente supere a pena a que se submete em face da insubordinação perpetrada. Cada criatura é, portanto, responsável pelo rosário das ocorrências do seu caminho evolutivo, como o agricultor que, possuindo uma gleba de terra, dela recolhe o que lhe faculta semear e conforme o trato que lhe dá.

Todos vimos de recuados tempos. Espíritos imortais que somos, reencarnamos e desencarnamos, mediante a utilização e desligamento do corpo, qual se este fosse um uniforme de uso para o educandário terrestre, cujos efeitos são transferidos de uma para outra experiência, conforme as aquisições logradas. Homem ou mulher, na forma transitória, as responsabilidades são as mesmas, apesar da infeliz discriminação que esta última vem sofrendo nas várias culturas através dos tempos ou das licenças que ora se permite em nossa sociedade enferma.

A forma, numa como noutra área, é oportunidade para aquisição de particulares conquistas de acordo com os padrões éticos que facultam a uma ou à outra. Quando são conseguidos resultados positivos numa expressão do sexo, pode-se avançar, repetindo-se a forma até que, para diferente faixa de aprendizagem, o Espírito tenta o outro gênero. No momento da mudança, em razão dos fortes atavismos e das continuadas realizações, pode ocorrer que a estrutura psicológica difira da organização fisiológica, sem qualquer risco para o aprendiz, porquanto há segurança de comportamento e nenhum desvio da libido por ausência de *matrizes psíquicas* decorrentes da degeneração imposta aos hábitos anteriores. Quando porém, o indivíduo se utiliza da função genésica para o prazer continuado sem responsabilidade, derivando para os estímulos que as aberrações da luxúria o convidam, incide em gravame que é convidado a corrigir, na próxima oportunidade da reencarnação, sob lesões da alma enferma, que se exteriorizam em disfunções genésicas, em anomalias e doenças do aparelho genital, ou na área moral, mediante os dolorosos conflitos que maceram, nos quais o ser íntimo difere *in totum* do ser físico... Seja, no entanto, qual for a ocorrência regularizadora, ela deve ser enfrentada com elevação moral e consciência tranqüila, recompondo, através dos atos corretos, a paisagem mental e emocional afetada. Não há, para essas *marcas da alma*, outro tratamento que eu conheça, senão a superação do problema mediante a abstinência, canalizando-se as forças sexuais para outros labores e aspirações, igualmente propiciadores de gozo profundo e estímulo constante para mais altos vôos e conquistas." (p. 73-74).

AS ENCARNAÇÕES ANTERIORES DE LÍCIO

"De imediato, a sábia Orientadora continuou:
- Pelo menos, nas três últimas reencarnações, você, Lício, viveu experiências femininas, utilizando-se de corpos desse gênero. Na antepenúltima, enredou-se numa trama que a paixão insensata fez enlouquecer. Logo depois, recomeçou para liberar-se das conseqüências danosas que lhe permaneciam como insegurança e necessidade, vindo a fracassar de forma rude. Não há muito, utilizou de toda a força que a atração física lhe emprestava, para usufruir e malsinar vidas que hoje se lhe enroscam, perturbando-lhe a marcha... Os efeitos emocionais lhe

dilaceraram as fibras sensíveis da aparelhagem espiritual que modelaram um corpo-presídio, no qual a forma sofre o tormento da essência e vice-versa... Nas três oportunidades, a mercê divina lhe concedeu a escolha livre do corpo - oportunidade redentora -, que foi usado para lesar e fruir, desforçar-se e triunfar, com grandes envolvimentos negativos. Agora, o mesmo Amor lhe propõe a redenção pelo reequilíbrio - provação -, a fim de que não tombe na expiação mutiladora ou alienante, caso teime perseverar na usança mórbida, delinqüente, da organização que lhe é veículo para o progresso e não para futuro encarceramento, consoante o seu livre-arbítrio eleja o caminho a percorrer.

Como é normal, infelizmente, aqueles que lhe padeceram a arrogância e a insensibilidade retornaram ao seu convívio físico ou psíquico, tanto quanto os que foram corrompidos e lhe propuseram degradação ora renteiam ao seu lado. O tio pervertido é-lhe companhia antiga, do mesmo grupo de perversão, que não teve resistências morais para vencer os impulsos físicos, que provinham dos refolhos do ser viciado, e soube identificar, embora sem compreender, a antiga companheira de alucinação. Todavia, no seu desvario, ele esteve inspirado por adversário de ambos, domiciliado em nossa esfera de ação, que aguarda ensejo para vingar-se, na condição de esposo traído e vilipendiado pelos dois... Assim, consideremos que, além da consciência autopunindo-se através dos conflitos e da inquietação permanente, soma-se a presença odiosa do vingador e de outros que se crêem prejudicados e planejam reparação a alto preço. Esta situação, todavia, existe porque os vínculos com o bem ou o mal permanecem conforme a força dos atos praticados, até que as novas ações rompam a geratriz deles, por eliminação do seu efeito, fortalecendo as correntes do dever, que permanecerão para sempre." (p. 74-75).

LÍCIO NO MOMENTO DO SONO. "OS SONHOS"

"O jovem estava comovido. A força da lógica, na explanação apresentada, e a evocação através dos quadros relatados, elucidavam Lício, a respeito dos sonhos que o assaltavam desde criança, quando cenas, que agora se explicavam, aturdiam-no, levando-o a estados de paroxismo, nos quais despertava, banhado por álgido suor e sempre aos gritos, sendo recolhido pelos pais que o assistiam, solícitos, até que passasse a crise alucinatória. Tão amiúde se repetiram esses fatos, que ele temia adormecer, já na adolescência, especialmente quando o tio o iniciou no desvio da ação sexual. Via-se perseguido por seres hediondos e animalescos, ou em bacanais em que, elegido como hetera dominante, era exposto ao servilismo abjeto dos promíscuos e dissolutos convivas presentes. O horror dominava-o, ameaçando enlouquece-lo, tal a continuidade do acontecimento." (p. 75-76).

SOLUÇÃO PARA LÍCIO

"Lício sentia-se um pouco reconfortado, como se vislumbrasse débil claridade a distância, apontando-lhe a saída do abismo. Ignorando, todavia, os procedimentos a que se devia submeter, indagou:

- Que *trabalho* me será feito, a fim de que me reajuste e me liberte desta situação confrangedora?

A Entidade sorriu, embora com muito carinho, ante a indagação ingênua e respondeu:

- Será um imenso e demorado *trabalho*, meu filho, a que ambos nos submeteremos. Não esqueça que a solução de um problema exige sempre o tempo que a sua gravidade nos impõe. As coisas simples são atendidas com rapidez, o mesmo não ocorrendo com as mais complicadas. Além do mais, a diagnose de uma doença não indica que a medicação ainda não aplicada já esteja a fazer efeito. E mesmo quando o processo enfermiço se faz debelado, a convalescença do paciente propõe o tempo necessário à restauração da saúde. Destarte, preparemo-nos para uma ação contínua e demorada. Como é certo que identificar um inimigo e o lugar onde ele se encontra é grande auxílio para a vitória do combate, somente a boa luta, perseverante e sem trégua, é que leva ao êxito. Tudo, ou melhor dizendo, a parte mais grave desta refrega vai depender de você. Prometemos auxilia-lo, sem tomar-lhe o fardo que você próprio arrumou ao largo do tempo e que deverá desfazer com amor e alegria. Haverá momentos muito difíceis, que você ultrapassará, caso persevere nas indicações que lhe daremos, nunca, porém, se sentirá ao desamparo.

- E por onde começar? - indagou, honestamente interessado.

- Pela reeducação mental, corrigindo o conceito de prazer e felicidade, e essa ideação regularizará os hábitos viciosos e avançará sob disciplina severa, <u>exercitando a abstinência</u>. Assim, logrará, a largo prazo, interromper os vínculos com os maus Espíritos que lhe exploram a emoção e lhe roubam energias sexuais valiosas. Para esse cometimento, exercite-se na oração-monólogo com Deus, até conseguir um diálogo íntimo restaurador de forças; busque preencher a mente com figurações otimistas e idéias elevadas, calmantes; recorde-se dos homens, igualmente sofredores, em outras áreas, e ajude-os conforme puder. O bem que se faz é conquista que se logra em paz interior. Por fim, volte aqui, se lhe aprouver, ou onde creia que pode ser socorrido, sem que lhe seja facultado permanecer cultivando os hábitos atuais, tormentosos... Lício identificou-se amado pelo nobre Espírito. Estranhos sentimentos de amor, a que não estava acostumado, dominaram-no, e, tocado pela irradiação de carinho que vinha da Benfeitora, gaguejou, embaraçado, e arrematou:

- Desculpe minha ignorância. Muito obrigado!
- Deus o abençoe, meu filho!

O jovem saiu envolto num halo de suave luminosidade que a simpatia de todos nós lhe endereçávamos [...]." (p. 75-80). (GRIFO NOSSO).

Capítulo VIII

Adolescência e a mídia

O ADOLESCENTE E A MÍDIA

PALAVRAS DE JESUS

"Disse Jesus aos discípulos: É impossível que não venham escândalos, mais ai daquele por quem vierem!" Jesus (Lucas, 17: 01).

O ESCÂNDALO

"No sentido evangélico, a acepção da palavra escândalo, tão amiúde empregada, é muito mais geral, pelo que, em certos casos, não se lhe apreende o significado. Já não é somente o que afeta a consciência de outrem, é tudo que resulta dos vícios e das imperfeições humanas, toda reação má de um indivíduo para outro, com ou sem repercussão. O escândalo neste caso, é o *resultado efetivo do mal moral*.

É preciso que haja escândalo no mundo, disse Jesus, porque, imperfeitos como são na Terra, os homens se mostram propensos a praticar o mal, e porque, árvores más, só maus frutos dão. Deve-se, pois, entender por essas palavras que o mal é uma conseqüência da imperfeição dos homens e não que haja, para estes, a obrigação de praticá-lo.

É necessário que o escândalo venha, porque, estando em expiação na Terra, os homens se punem a si mesmos pelo contacto de seus vícios, cujas primeiras vítimas são eles próprios e cujos inconvenientes acabam por compreender. Quando estiverem cansados de sofrer devido ao mal, procurarão remédio no bem. A reação desses vícios serve, pois, ao mesmo tempo, de castigo para uns e de provas para outros. É assim que do mal tira Deus o bem e que os próprios homens utilizam as coisas más ou as escórias." (Allan kardec, *O Evangelho segundo o Espiritismo*, 105. ed., p. 160).

A INFLUÊNCIA DA MÍDIA DESDE A INFÂNCIA

"[...] a mídia, desde os primeiros dias da sua infância, vem exercendo sobre ele uma influência marcante e crescente.
De um lado, no período lúdico, ofereceu-lhe numerosos mitos eletrônicos, agressivos e cruéis em nome do mal que

investe contra o bem, representados por outros seres de diferentes planetas que pretendem salvar o universo, utilizando-se, também, da violência e da astúcia, em guerras de extermínio total. Embora a prevalência do ídolo representativo do bem, as imagens alucinantes do ódio, da perversidade e das batalhas intérminas plasmam no inconsciente da criança mensagens de destruição e de rancor, de medo e de insegurança, de fascínio e interesse por essas personagens míticas que, na sua imaginação, adquirem existência real.

Outros modelos da formação da personalidade infantil, apresentados pela mídia, têm como características a beleza física, que vem sendo utilizada como recurso de crescimento econômico e profissional, quase sempre sem escrúpulos morais ou dignidade pessoal. O pódio da fama é normalmente por eles logrado a expensas da corrupção moral que viceja em determinados arraiais dos veículos da comunicação de massa. É inevitável que o conceito de dignidade humana e pessoal, de harmonia íntima e de consciência seja totalmente desfigurado, empurrando o jovem para o campeonato da sensualidade e da sexualidade promíscua, em cujo campo pode surgir oportunidade de triunfo... triunfo da aparência, com tormentos íntimos sem conta." (Joanna de Ângelis, *Adolescência e vida*, 6. ed., p. 74-75).

A INFLUÊNCIA DA MÍDIA NO PERÍODO JUVENIL

"A grande importância que é dada pela mídia ao crime, em detrimento dos pequenos espaços reservados à honradez, ao culto do dever, do equilíbrio, estimula a mente juvenil à aventura pervertida, erguendo heróis-bandidos, que se celebrizam com a rapidez de um raio, que ganham somas vultosas e as atiram fora com a mesma facilidade, excitando a imaginação do adolescente." (Joanna de Ângelis, *Adolescência e vida*, 6. ed., p. 75).

A IMAGEM

"As emoções fortes sempre deixam marcas no ser humano, e a mídia é, essencialmente, um veículo de emoções, particularmente no seu aspecto televisivo, consoante se informa *que uma imagem vale mais que milhares de palavras*, o que, de certo, é verdade. Por isso mesmo, a sua influência na formação e na estruturação da personalidade, da identidade do jovem é relevante nestes dias de comunicação rápida.

As cenas de violência, associadas às de deboche, às de supervalorização de indivíduos exóticos e condutas reprocháveis, de palavreado chulo e de aparência vulgar ou agressiva, com aplauso para a idiotia em caricatura de ingenuidade, despertam, no adolescente, por *originais* e perversas, um grande interesse, transformando-se um modelos aplaudidos e aceitos, que logo se tornam copiados.

É até mesmo desculpável que, na área dos divertimentos, apresentem-se esses biótipos estranhos e alienados, mas sem que sejam levados à humilhação, ao ridículo... O desconcertante é que enxameiam por todos os lados e alguns deles se tornam líderes de auditórios, vendendo incontável número de cópias das suas gravações e cerrando os espaços que poderiam ser ocupados por outros valores morais e culturais, que ficam à margem, sem oportunidade." (Joanna de Ângelis, *Adolescência e vida*, 6. ed., p. 76).

A ADOLESCÊNCIA

"Em um mundo que, a cada instante, apresenta mudanças significativas, o processo de identificação do adolescente faz-se mais desafiador, em razão das diferenças de padrões éticos e comportamentais.

Os modelos convencionais, vigentes, para ele, são passíveis de críticas, em razão do conformismo que predomina, e aqueles que são apresentados trazem muitos conflitos embutidos, que perturbam a visão da realidade, não sendo aceitos de imediato.

Tudo, em torno do jovem, caracteriza-se por meio de formas de inquietação e insegurança.

No lar, as imposições dos pais, nem sempre equilibrados, direcionados por caprichos e interesses, muitas vezes, mesquinhos, empurram o jovem, desestruturado ainda, para o convívio de colegas igualmente imaturos. Em outras circunstâncias, genitores irresponsáveis transferem os deveres da educação a funcionários remunerados, ignorando as necessidades reais dos filhos, e apresentando-se mais como fornecedores de equipamentos e recursos para a existência, do que pessoas afetuosas e interessadas na sua felicidade, dão margem a sentimentos de rancor ou de imediatismo contra a sociedade que eles representam. Ademais, nas famílias conflituosas, por dificuldades financeiras, sociais e morais ou todas simultaneamente, o adolescente é obrigado a um amadurecimento precipitado, direcionando o seu interesse exclusivamente para a sobrevivência *de qualquer forma*, em considerando a situação de miséria na qual moureja.

Eis aí um caldo de cultura fértil para a proliferação de desequilíbrios, expressando-se nos mais variados conflitos, que podem levar à timidez, ao medo, às fugas terríveis ou à agressividade, ao desrespeito dos padrões éticos que o jovem não compreende, porque não os vivenciou e deles somente conhece as expressões grosseiras, decorrentes das interpretações doentias que lhe são apresentadas.

A soma de aflições que o assalta é grande, aturde-o, trabalhando a sua mente para os estereótipos convencionais de *desgarrados, indiferentes, rebeldes, dependentes*, que encontra em toda parte, e cujo comportamento de alguma forma lhe parece atraente, porque despreocupado e vingativo contra a sociedade que aprende a desconsiderar." (Joanna de Ângelis, *Adolescência e vida*, 6. ed., p. 73-74).

INSPIRAÇÃO PARA PROGRAMAS DE TELEVISÃO E PROPAGANDA

"Oportunamente, visitáramos alguns desses Núcleos onde a hediondez superava tudo que a imaginação em desequilíbrio pudesse conceber... Ali estagiavam, à noite, sob coação, diversos indivíduos encarnados, que as drogas alucinavam - a elas conduzidos por sutilezas de inspiração perniciosa produzida por comparsas do Além - e que, no contubérnio existente, encontravam estímulo para a divulgação, na Terra, dos estereótipos dos desconcertos morais e emocionais, que as suas *expressões artísticas* canalizavam.

Posturas exóticas, música estridente e primitiva, gestos selvagens e caracterizações aberrantes, em açodamento às manifestações do sexo ultrajado, naqueles redutos se originavam, recambiados para os palcos do mundo, em bem urdida propaganda para alcançar as mentes juvenis desarmadas dos recursos defensivos, a estimular-lhes os instintos, anulando-lhes os mecanismos da razão...

Ases da informática moderna, que lideram larga faixa de desavisados, pelos veículos de comunicação de massa, solicitando mais ampla, sempre infinita liberdade para o vulgar, o agressivo, o servil, eram, por sua vez, vítimas desses severos títeres do Mundo Espiritual inferior, que se locupletavam na rapina de energia daqueles que se lhes vinculavam, espontaneamente.

Campeões do cinismo, sempre vanguardeiros da corrupção e da insensibilidade para com os valores éticos da vida, técnicos na ironia e no menosprezo às conquistas da moral e da justiça, eram freqüentadores habituais, por sintonia psíquica, daqueles grupos, onde renovavam experiências sórdidas, retornando, depois, ao corpo, sempre ansiosos e insatisfeitos pelo vivido, padecendo irrefreável avidez pelo novo gozar." (Manoel P. de Miranda, *Loucura e obsessão*, 4. ed., p. 55-56).

ORIENTAÇÕES PARA OS PAIS E EDUCADORES

"Os inquietantes impulsos sexuais que surgem na puberdade aumentam a dificuldade do adolescente em nossa cultura, nestes tempos de transição: saímos de um período em que predominava uma moral rígida e um total silêncio acerca dos temas ligados ao sexo, para um momento de liberação de costumes, com a utilização ampla de motivos sensuais pelos meios de comunicação.

De um lado, o cinema e a televisão mostram abertamente, na linguagem visual, a experiência do amor erótico; do outro lado, a família e a escola, instituições encarregadas da educação e da orientação do jovem, ainda contaminadas pela moral rígida em vigor até bem pouco tempo, manifestam extrema dificuldade para dialogar sobre o assunto. Assim, o sexo, em nossa cultura, *'é reprimido como prática natural, boa, humana e estimulado e propagandeado como instrumento comercial ou pornografia. O conceito de sexualidade que resulta dessa ideologia pode prejudicar todo o desenvolvimento afetivo do indivíduo'*. [...].

A ausência de orientação adequada resulta em conseqüências que acabam atingindo mais duramente o jovem. Impelido a buscar a realização dos impulsos sexuais, tende ele a encontrar na prática habitual da masturbação ou no relacionamento inconseqüente com alguém tão pouco experiente quanto ele mesmo, o alívio para as pressões que experimenta. O final dessa história pode ser a viciação, a gravidez indesejada, o aborto e outras experiências que podem ser evitadas." (Dalva Silva Souza, *Os caminhos do amor*, 2. ed., p. 137-138).

Capítulo 08

A MÍDIA

A INFLUÊNCIA DA TELEVISÃO

"O advento da televisão, não nos cabendo aqui adentrar-nos em mais amplas considerações, trouxe, para a intimidade doméstica, as altas cargas de informações, que nem sempre podem ser *digeridas* com facilidade. Como a mesma se transformou em poderoso veículo de recreação, em muitos lares encontra-se colocada na alcova, propiciando que dali se assistam programas portadores de carregadas mensagens negativas, que despertam o interesse, prendendo a atenção. Quando vai desligada, o telespectador nem sempre se libera da película, de cujo conteúdo emocional participou, ou das últimas notícias que recebeu... Como é natural, agita-se durante o processo do sono, detendo-se nas cogitações não superadas ou partindo em direção das sugestões que foram captadas, com sérios distúrbios para o equilíbrio, a paz pessoal." (Manoel P. de Miranda, *Nas fronteiras da loucura*, 5. ed., p. 193-194).

PROPAGANDA

"*Atualmente a propaganda tem uma grande credibilidade junto ao público, até porque existem órgãos de defesa do consumidor que não permitem abusos. Como será a credibilidade da propaganda junto ao público dos cenários futuros?*

O ser humano avança para a conquista da consciência lúcida, portanto, da responsabilidade. O período de ludíbrio, da marginalidade, vai sendo substituído pelo da razão e do respeito aos direitos alheios, que um dia dominarão as paisagens do mundo. Assim sendo, cada produto conquistará o consumidor conforme a sua qualidade, de acordo com o valor que possui, e não somente pelas apregoadas nas propagandas bombásticas e inautênticas.

Havendo respeito pelo consumidor, serão cuidados mais a legitimidade do produto e seus conteúdos, independendo da apresentação, da embalagem, às vezes belas, porém sem corresponderem ao que é divulgado." (Vianna de Carvalho, *Atualidade do pensamento espírita*, perg. 133).

"*Com o desenvolvimento da realidade virtual e o avanço da informática multimídia, as técnicas de vendas sofrerão mudanças? Como a propaganda será afetada por estas novas tecnologias?*

O progresso é inestancável, apresentando-se sob vários aspectos e propondo mudanças, às vezes, radicais, no comportamento das criaturas e nas suas atividades.

É natural, portanto, que as novas conquistas da área da comunicação proponham mudanças estruturais de técnicas para as vendas. Já podemos observar que as velhas fórmulas de propaganda cederam lugar à velocidade das informações, modificando completamente os métodos de mercado.

Assim também, à medida que se desenvolver uma área de conhecimento, outra será aberta para complementação do trabalho que não cessa.

Dessa forma, serão criadas novas técnicas de propaganda, conforme ora sucede, sempre baseadas no respeito ao consumidor, que se torna cada vez mais exigente, discernindo entre o que deve ou não adquirir, como efeito do conhecimento dos produtos que lhe são apresentados." (Vianna de Carvalho, *Atualidade do pensamento espírita*, perg. 134).

"O desenvolvimento dos sistemas de comunicação informatizados elimina as distâncias físicas, as fronteiras dos países e dificulta ou impede a retenção de informações secretas com segurança. Existe alguma tendência no sentido de se tornar a vida material semelhante à vida descrita nos planos espirituais?

Sem dúvida avançamos para a Unidade. Todas as informações, nos diferentes campos do conhecimento, têm por objetivo equipar o homem de esclarecimentos que lhe facultem o crescimento na direção de Deus. Da mesma forma, as tecnologias modernas, que objetivam o progresso, são inspiradas por Missionários que reencarnam com objetivos de aproximar a vida na Terra àquela que pulsa fora do corpo físico nas esferas espirituais.

Graças aos recursos da Eletrônica e da Física Quântica se pode ter uma idéia das ondas e vibrações que compõem o mundo parafísico, no qual os Espíritos vivem.

A existência física se sutiliza cada vez mais, lentamente assemelhando-se à vida espiritual embora a distância vibratória que ainda as medeia." (Vianna de Carvalho, *Atualidade do pensamento espírita*, perg. 131).

Capítulo 08

"Como usar a força dos meios de comunicação, na construção de uma sociedade menos massificada?

A preservação da individualização do ser humano será sempre efeito da educação em bases de profundo respeito pela criatura e pela sua identidade. Enquanto prevaleçam os preconceitos e as diferenças de classes na estrutura da sociedade, essa, naturalmente, estabelecerá parâmetros separatistas, envolvendo todos aqueles que não lhe compartem as regalias em uma expressão massificada, a fim de ser facilmente manipulada. Infelizmente, os meios de comunicação têm exercido esse papel amputador dos valores individuais e da dignidade pessoal.

À medida que o homem se desenvolva moralmente perceberá que a vida é um direito à disposição de todos e que lhe cumpre o dever inalienável de auxiliar aqueles que se encontram em estágio de menor desenvolvimento, a fim de que possa crescer e contribuir mais vigorosamente em favor do progresso geral. Para tanto, utilizando-se da educação por intermédio dos veículos de comunicação que, sem perderem a sua finalidade informativa, promotora de interesses pessoais e de grupos, também contribuirá para a iluminação das consciências e harmonia dos sentimentos humanos. As suas programações terão finalidades elevadas, buscando sempre a edificação moral e não apenas a sensação que nivela os seres pelo inferior; auxiliarão no desenvolvimento das aptidões inatas - as de natureza divina que jazem no imo dos seres - erguendo-os para a conquista da sua realidade espiritual.

Assim, é possível uma proposta para programas pelos veículos de comunicação como fórmula ideal para a construção de uma sociedade menos massificada, menos perturbada." (Vianna de Carvalho, *Atualidade do pensamento espírita*, perg. 128).

OUTROS MEIOS DE COMUNICAÇÃO

"Com o surgimento e crescimento de novos meios de comunicação, como por exemplo as redes de computadores e vídeo-conferências, qual será o destino da mídia impressa (jornais e revistas) nas próximas décadas?

Não nos encorajamos a fazer futurologia. Não obstante, os periódicos - jornais e revistas - sobreviverão às admiráveis conquistas da moderna comunicação, facultando análise dos fatos com mais calma e possibilidades amplas de reflexão. Ao mesmo tempo, em razão da facilidade de serem conduzidos, propiciarão melhor intercâmbio de idéias. Constata-se que, embora o grandioso progresso da Informática e demais ciências encarregadas de simplificar a comunicação, aumenta o número de títulos e a tiragem de periódicos, que se multiplicam com velocidade, em tipos, propostas culturais e áreas de informação. É provável que se adaptem a novas fórmulas e apresentação, conforme já vem sucedendo." (Vianna de Carvalho, *Atualidade do pensamento espírita*, perg. 126).

O PODER DA MÍDIA

"Nos dias atuais, tem-se observado uma verdadeira guerra comercial nos canais de TV pela penetração da religião nas residências. A permanecer este estado de coisas, no amanhã poderemos entender que haverá uma separação de veículo na mídia por produtos diferenciados, atendendo à segmentação (produtos comerciais e conteúdo programático) que a religião está provocando?

Os Espíritos Lúcidos e os Benfeitores Nobres não compartem dos métodos que são apresentados nas televisões com o objetivo de levar a mensagem de vida eterna aos interessados.

Não se pode divorciar a proposta da religião da ética de apresentá-la. Somente os meios dignos podem responder pelas realizações dignificadoras.

Algumas das técnicas que vêm sendo apresentadas, em determinados setores das denominadas religiões eletrônicas, ferem frontalmente a qualidade do ensino de Jesus às criaturas, que jamais se utilizou de *lavagem cerebral* ou de mecanismos equivalentes para atrair simpatizantes. A Sua autoridade e profundidade dos conceitos por Ele emitidos, cativavam e despertavam para a realidade transcendente da vida. Quando faltam esses valores, apelam-se para os recursos da sugestão, do engodo, do fanatismo e da acusação em nome da Verdade.

Igualmente, a utilização da proposta religiosa para a distribuição e venda de produtos terrenos, com a possibilidade de enriquecimento dos seus líderes agride o Evangelho, que preconiza a renúncia aos bens materiais, a superação das ambições desordenadas que a ganância desenfreada propõe." (Vianna de Carvalho, *Atualidade do pensamento espírita*, perg. 124).

Capítulo 08

"Considerando-se o imenso poder da mídia em nosso tempo e também o atual estágio da Humanidade, onde ainda preponderam os vícios sobre as virtudes, como se dará a evolução conquanto forças antagônicas exerçam total controle sobre a mídia?

O progresso é inevitável no processo de desenvolvimento da sociedade. O que hoje se apresenta como desafio ou sonho, amanhã se tornará realidade, abrindo espaços para conquistas ainda mais audaciosas. O fanal do ser humano é a plenitude. O estágio atual, mesmo se apresentando caótico, também revela extraordinárias conquistas que beneficiam sobremaneira o ser, ampliando-lhe os horizontes da vida e diminuindo-lhe inúmeros sofrimentos que antes lhe constituíam verdadeiras tragédias.

Certamente, no que diz respeito à mídia, vive-se o período de transição e da conquista de novos valores.

O abuso leva ao cansaço do uso e, por conseqüência, ao abandono do recurso perturbador.

Desse modo, surgem, a cada momento, propostas renovadoras e realidades inesperadas que vão modificando a estrutura da comunicação e propondo a melhora das anteriores apresentações, que já não têm como renovar-se para manter-se no estágio em que se encontram." (Vianna de Carvalho, *Atualidade do pensamento espírita*, perg. 125).

CASO

CASO : JOVEM SACERDOTE MAURO

Livro
Sexo e obsessão, cap. 02

Personagens
Manoel P. de Miranda, Anacleto, Sacerdote Mauro, e a mãe de Mauro.

PADRE MAURO

"Explicou-nos o condutor da empresa que, inicialmente, iríamos atender a um jovem sacerdote que se encontrava um momento muito grave da sua existência, lutando com tenacidade contra as tendências infelizes do passado, que o assaltavam agora com pertinaz incidência. Embora forjado em sentimentos humanitários e cristãos, perdia lentamente as forças na imensa pugna travada contra as más inclinações que lhe predominavam no íntimo e porque também estava sob indução espiritual perversa e perigosa.

Quando chegamos ao local em que deveríamos iniciar as atividades socorristas, encontramos um jovem religioso mergulhado em terrível conflito interior. Não obstante se encontrasse ajoelhado, orando em desespero, o seu pensamento turbilhonado, exteriorizava imagens atormentadoras de que se desejava libertar.

Aparentava trinta anos de idade, era portador de boa constituição orgânica e apresentava-se com harmonia física e mesmo alguma beleza nos traços que lhe delineavam a face." (p. 28-29).

BUSCA PELO REFÚGIO NA RELIGIÃO

"- O nosso Mauro é um jovem que buscou a Religião sem qualquer inclinação legítima, tentando fugir dos tormentos que o sitiam desde a adolescência. Sentindo-se dominado pelo desvario das tendências sexuais infelizes procurou refúgio na Religião, na qual poderia esconder-se e deter os desejos infrenes que o aturdem, buscando o Seminário onde pensava disciplinar os instintos e corrigir as más inclinações. Infelizmente não foi bem sucedido, porquanto, no lugar onde esperava encontrar paz e orientação, defrontou-se com diversos companheiros portadores de desequilíbrios equivalentes, que também buscavam a fuga ao invés do enfrentamento no século, resvalando, a pouco e pouco, para comportamentos esdrúxulos e insanos." (p. 29-30).

CONTATOS COM ALGUNS VEÍCULOS DE COMUNICAÇÃO

"Silenciou por um pouco, e logo prosseguiu:
- Concluindo o curso e sendo ordenado sacerdote, a princípio tentou manter-se distante dos hábitos doentios, procurando exercer o ministério com atitudes saudáveis. Todavia, lentamente o cerco das paixões se fez inexorável, e o contato com alguns veículos de informação, especialmente a televisão, foi-lhe quase impossível deixar de anestesiar-se outra vez pelas sensações grosseiras dos desejos incoercíveis. Foi-se permitindo arrastar pelos programas vulgares, recheados de paixões e vilanias, embriagando-se com as cenas portadoras de obscenidades e aberrações, passando à convivência mental com outros insensatos e enfermos morais, utilizando-se de fotografias para prosseguir no tormento que ora o despedaça interiormente." (p. 30).

Capítulo 08

A BUSCA DO AUXÍLIO

"A fé ingênua da infância, que o cinismo do comportamento tisnou, vem-lhe retornando à mente, de forma que, tomado de sincero desejo de ter diminuídas as angústias, cada dia mais sincera se lhe torna a súplica, que chegou até aos nossos Centros de Comunicação Oracional, graças a cuja diretriz aqui nos encontramos. [...].

- As orações, embora expressando desespero, atingem o nosso Departamento de captação?

- É claro que sim - respondeu, generoso - Todo apelo que procede do coração, mesmo quando as possibilidades emocionais não permitem melhor entrosamento entre o sentimento e a razão, atingem o fulcro para o qual é direcionado. Nosso Mauro, depois de delinqüir, inspirado pela mãezinha, conforme já acentuamos, dá-se conta do caminho sem volta por onde segue e, na falta de outra alternativa, vem buscando o concurso do Céu, apesar dos clamorosos erros que prossegue cometendo sob a guarda da fé religiosa na qual se oculta. [...]." (p. 32, 35).

Adolescência - Um desafio para pais e educadores

Capítulo IX

O adolescente e os tormentos obsessivos

O ADOLESCENTE E OS TORMENTOS OBSESSIVOS

O JOVEM LUNÁTICO

"Um homem, dentre a multidão, respondeu: Mestre, trouxe-te o meu filho, possesso de um espírito mudo.

Este, onde quer que o apanha, lança-o por terra e ele espuma, range os dentes, e vai-se secando. Roguei aos teus discípulos que o expulsassem, mas não puderam.

Jesus respondeu: Ó geração incrédula! Até quando estarei convosco? Até quando vos sofrerei? Trazei-mo.

Eles o trouxeram. Quando o espírito viu a Jesus, logo agitou o menino com violência. Caindo ele por terra, revolvia-se espumando.

Perguntou Jesus ao pai do menino: Quanto tempo há que lhe sucede isto? Respondeu ele: Desde a infância.

Muitas vezes o tem lançado no fogo e na água, para o matar. Mas se tu podes fazer alguma coisa, tem compaixão de nós, e ajuda-nos.

Disse-lhe Jesus: Se tu podes! Tudo é possível ao que crê.

Imediatamente o pai do menino exclamou: Eu creio; ajuda-me a vencer a minha falta de fé.

Vendo Jesus que a multidão concorria, repreendeu o espírito imundo, dizendo-lhe: Espírito mudo e surdo, eu te ordeno: Sai dele, e nunca mais entres nele.

O espírito, clamando, e agitando-o com violência, saiu, deixando-o como morto, ao ponto de muitos dizerem: Morreu.

Mas Jesus, tomando-o pela mão, o ergueu, e ele se levantou." (Marcos, 09: 17-27).

TORMENTOS DA OBSESSÃO

"Epidemia virulenta que grassa ininterruptamente a obsessão prolifera na atualidade com vigoroso impacto que faz recordar as calamidades pestilenciais de épocas transatas. Apresenta-se sob disfarce de variada configuração, concitando psicólogos e teólogos, filósofos e sociólogos interessados nos magnos assuntos do homem e da coletividade ao estudo das suas causas, com o objetivo de combatê-la com a eficiência necessária para estancar, em definitivo, a onda de sofrimentos que produz, erradicando-a terminantemente...

Remontando-se, porém, às mais antigas Civilizações, nelas encontramos sempre presente a manifestação obsessiva zurzindo látego impiedoso, dilacerando, implacável, os corações e desalinhando, zombeteira, as mentes.

Nos diversos fastos da História, os vultos mais representativos, sejam os expoentes da arte, da cultura, do pensamento, da administração sofreram-lhe o estilete cortante em forma de presença coercitiva... Fenômenos dolorosos de possessão foram experimentados por Nabucodonosor, Alexandre, César, Domício Nero, aparecendo e irrompendo, freqüente, em forma de **justiça enlouquecida** ao alcance de mãos alienadas do Mundo Espiritual inferior. Assim, lamentáveis expressões esquizofrênicas, fizeram-se tormento de longo curso em Franz Liszt. Nijinski, Van Gogh, Schumann...

Através do Evangelho, entretanto, encontramos o antídoto eficiente contra a sua proliferação: o amor! que, aplicado em qualquer das manifestações sob que se apresente, consegue o **milagre** da tranqüilidade, porquanto obsessores e obsessos sempre estiveram presentes nas exposições e atos de Jesus, quando da Sua jornada entre nós.

Ei-la presente em toda parte: aqui na feição de sexolatria desvairada; ali em absurdas manifestações onzenárias, que se fazem fatores preponderantes da miséria de muitos, jazendo em poucas mãos; mais adiante, na expressão voluptuosa dos entorpecentes e barbitúricos, fomentando a hecatombe social e a loucura das mentes moças; mais além, na exteriorização das renhidas disputas do poder transitório, e, mais longe, ainda, eclodindo nas questiúnculas dissolventes do egoísmo - do egoísmo, todas essas facetas, pois que, pela porta dilatada do egoísmo penetram os miasmas fétidos, pestilenciais, que causam as alucinações obsessivas.

Considerando a energia mental - no atual momento da ciência em complexos estudos, - comparemos a mente que vibra a um ciclotrão torpedeando com partículas **beta** a intimidade do átomo, com o objetivo de encontrar-lhe o núcleo; configuremos a organização perispiritual como sendo o centro que objetivamos atingir e teremos a vibração mental transformada em partícula torpedeante que, em processo contínuo, termina por alcançar os núcleos das moléculas que a constituem, harmonizando-as ou desarranjando-as conforme a qualidade de onda que enviamos e teremos a obsessão ou o auxílio socorrista a expressar-se em linguagem simples.

Instalando-se, mente a mente, por tal processo, a obsessão se assenhoreia dos centros de comunicação do Espírito com o corpo, através do perispírito, instalando a alienação dolorosa. A princípio, em forma de transmissão de idéias-padrões estereotipadas que terminam por fixar-se, transformadas em monoidéias tormentosas, dilatando-se como fascinação desta ou daquela natureza, colimando na subjugação portentosa que atira nos resvaladouros escuros da anarquia interior o ser que lhe cai inerme nas malhas traiçoeiras.

Entretanto, a Doutrina que estuda as obsessões, as suas causas preponderantes e predisponentes - o Espiritismo -, possui os recursos excepcionais capazes de vencer essa epidemia cruel que, generalizada, invade hoje a Terra em todos os seus pontos. São eles: o conhecimento das leis da reencarnação hauridos no Evangelho de Jesus Cristo e nas revelações espirituais, a oração e a humildade, a paciência e a resignação, mediante os quais elabora pela iluminação interior a prática da caridade em todas as expressões - meios enobrecedores capazes de poupar o homem às sortidas do seu pretérito culposo, no qual se encontram as causas da sua atual aflição, retidas nas mãos infelizes dos Espíritos desassisados e perversos que pululam na regiões inferiores da Erraticidade.

Desde que já conheces a lição do Cordeiro de Deus, corporificada no largo período da Manjedoura ao Gólgota, impregna-te dessa mensagem libertadora, permeando mente e coração no exercício da caridade edificante. Nem o pavor pernicioso nem o desaviso perigoso, mas sintonia com Jesus, em perfeita identificação com Ele através da oração, como metodologia e terapêutica eficientes para a preservação da própria paz.

Aquele que encontrou Jesus já começou o processo de libertação interior e de desobsessão natural. Conquanto emparedado no casulo carnal, torna-se espírito livre que pode flutuar além e acima das vicissitudes, em perfeita alegria ante a primavera eterna do Mundo Espiritual, de que já participa, na busca do Sol do amor que é o Supremo Governador da Terra, nosso modelo e guia: Jesus!" Eurípedes Barsanulfo (Ditado por diversos Espíritos, *Sementes de vida eterna*, p.187-190).

OBSESSÃO E MEDIUNIDADE

"- Todo obsidiado é um médium, na acepção legítima do termo?

O instrutor sorriu e considerou:

- Médiuns, meu amigo, inclusive nós outros, os desencarnados, todos o somos, em vista de sermos intermediários do bem que procede de mais alto, quando nos elevamos, ou portadores do mal, colhido nas zonas inferiores, quando caímos em desequilíbrio. O obsidiado, porém, acima de médium de energias perturbadas, é quase sempre um enfermo, representando uma legião de doentes invisíveis ao olhar humano. Por isto mesmo, constitui, em todas as circunstâncias, um caso especial, exigindo muita atenção, prudência e carinho." (André Luiz, *Missionários da luz*, 14. ed., p. 297).

"Entre os escolhos que apresenta a prática do Espiritismo, cumpre se coloque na primeira linha a *obsessão*, isto é, o domínio que alguns Espíritos logram adquirir sobre certas pessoas. Nunca é praticada senão pelos Espíritos inferiores, que procuram dominar. Os bons Espíritos nenhum constrangimento infligem. Aconselham, combatem a influência dos maus e, se não os ouvem, retiram-se. Os maus, ao contrário, se agarram àqueles de quem podem fazer suas presas. Se chegam a dominar algum, identificam-se com o Espírito deste e o conduzem como se fora verdadeira criança." (Allan Kardec, *O livro dos médiuns*, 33. ed., p. 297).

O PROCESSO OBSESSIVO

"Iniciando-se de forma sutil e perversa, a obsessão, salvados os casos de agressão violenta, instala-se nos painéis mentais através dos delicados tecidos energéticos do perispírito até alcançar as estruturas neurais, perturbando as sinapses e a harmonia do conjunto encefálico. Ato contínuo, o quimismo neuronial se desarmoniza face à produção desequilibrada de enzimas que irão sobrecarregar o sistema nervoso central, dando lugar aos distúrbios da razão e do sentimento. Noutras vezes, a incidência da energia mental do obsessor sobre o paciente invigilante irá alcançar, mediante o sistema nervoso central, alguns órgãos físicos que sofrerão desajustes e perturbações, registando distonias correspondentes e comportamentos alterados. Quando se trata de Espíritos inexperientes, perseguidores desestruturados, à ação magnética se dá automaticamente, em razão da afinidade existente entre o encarnado e o desencarnado, gerando descompensações mentais e emocionais. Todavia, à medida que o Espírito se adestra no comando da mente da sua vítima, percebe que existem métodos muito mais eficazes para uma ação profunda, passando, então, a executá-la cuidadosamente. Ainda, nesse caso, aprende com outros compares mais perversos e treinados no mecanismo obsessivo, as melhores técnicas de aflição, agindo conscientemente nas áreas perispirituais do desafeto, nas quais implanta delicadas células acionadas por controle remoto, que passam a funcionar como focos destruidores da arquitetura psíquica, irradiando e ampliando o campo vibratório nefasto, que atingirá outras regiões do encéfalo, prolongando-se pela rede linfática a todo o organismo, que passa a sofrer danos nas áreas afetadas.

Estabelecidas as fixações mentais, o hóspede desencarnado lentamente assume o comando das funções psíquicas do seu *hospedeiro*, passando a manipulá-lo a bel-prazer. Isso, porém, ocorre, em razão da aceitação parasitária que experimenta o enfermo, que poderia mudar de comportamento para melhor, dessa forma conseguindo anular ou destruir as induções negativas de que se torna vítima. No entanto, afeiçoado à acomodação mental, aos hábitos irregulares, compraz-se no desequilíbrio, perdendo o comando e a direção de si mesmo. Enquanto se vai estabelecendo o contato entre o assaltante desencarnado e o assaltado, não faltam a este último inspiração para o bem, indução para mudança de conduta moral, inspiração para a felicidade. Vitimado em si mesmo, pela autocompaixão ou pela rebeldia sistemática, desconsidera as orientações enobrecedoras que lhe são direcionadas, acolhendo as insinuações doentias e perversas que consegue captar." (Manuel P. de Miranda, *Tormentos da obsessão*, 2. ed., p. 66-68).

ADOLESCÊNCIA E MEDIUNIDADE

"Que é o que motiva a mudança que se opera no caráter do indivíduo em certa idade, especialmente aos sair da adolescência? É que o Espírito se modifica?

É que o Espírito retoma a natureza que lhe é própria e se mostra qual era.

Capítulo 09

Não conheceis o que a inocência das crianças oculta. Não sabeis o que elas são, nem o que o foram, nem o que serão. Contudo, afeição lhes tendes, as acariciais, como se fossem parcelas de vós mesmos, a tal ponto que se considera o amor que uma mãe consagra a seus filhos como o maior amor que um ser possa votar a outro." (Allan Kardec, *O livro dos Espíritos*, 83. ed., perg. 385).

"No período da adolescência, porém, em pleno desabrochar das forças sexuais, a mediunidade se apresenta pujante, necessitando de educação conveniente e diretriz adequada para ser controlada e produtiva.

No momento em que a glândula pineal libera os fatores sexuais complementares, e as demais do sistema endocrínico contribuem para o desenvolvimento da libido, a primeira, que era veladora da função genésica, transforma-se num fulcro de energia portador de possibilidades de captação parapsíquica, que dá lugar a uma variada gama de manifestações.

Os conflitos comportamentais do adolescente, naturais, nesse período, abrem espaço para um mais amplo intercâmbio com os Espíritos, que se comprazem em afligir e em perturbar, considerando a ignorância da realidade em que se demoram.

Tratando-se de ser humano em progresso com um passado a reparar, o adolescente é convidado ao testemunho evolutivo, por cujo meio se retempera no exercício do bem e das disciplinas morais, fortalecendo-se para desempenhos futuros de alto coturno.

Nesse estágio de capacitação intelectual, o intercâmbio psíquico com os desencarnados torna-se mais viável e fecundo, merecendo cuidados especiais, que orientem o sensitivo para o ministério de amor e de iluminação dele próprio, assim como do seu próximo e da sociedade como um todo.

É expressiva a relação dos adolescentes que foram convidados a atividades missionárias através da mediunidade, confirmando a existência do mundo espiritual e o seu intercâmbio incessante com as criaturas humanas que habitam o mundo físico.

Joana d'Arc, aos quatorze anos de idade, manteve demorados diálogos com os Espíritos que se diziam Miguel Arcanjo, Catarina e Margarida, considerados santos pela Igreja católica, que a induziram ao comando do desorganizado exército francês para as lutas contra os ingleses, culminando com a coroação de Carlos VII, em Reims, que a abandonaria depois ao próprio destino de mártir...

Bernadette Soubirous, aos quatorze anos, na gruta de Massabiélle, em Lourdes, na França, teve dezoito contínuos encontros com uma Entidade luminosa, que lhe afirmou ser Maria de Nazaré.

Três crianças, na gruta da Iria, em Fátima, Portugal, igualmente mantiveram contato e dialogaram com outro ser espiritual, que informava ser a mesma Senhora.

Catarina e Margarida Fox tornaram-se instrumento da comunicação lúcida com o mundo espiritual, em Hydesville, nos Estados Unidos, e inauguraram a Era Nova para a comunicabilidade com os seres de além-túmulo.

Allan Kardec acompanhou e estudou as excelentes mediunidades das adolescentes irmãs Baudin, de Aline Carlótti, de Japhet e de Ermance Dufaux, que contribuíram expressivamente para as incomparáveis páginas de ciência, filosofia e religião que constituem a Codificação do Espiritismo.

Florence Cook, também com quatorze anos, buscou o apoio do notável físico Sir William Crookes, em Londres, para que a estudasse e investigasse exaustivamente, produzindo extraordinárias manifestações de ectoplasmia, nas quais se apresentava materializado o Espírito Katie King." (Joanna de Ângelis, *Adolescência e vida*, 6. ed., p. 109-110).

BRINCADEIRAS PERIGOSAS

"[...] *nessa fase, 'brincam' com 'o fenômeno do copo' ou outros similares.* São brincadeiras um tanto perigosas que consistem em entrar em contato com os Espíritos, utilizando copos, letras do alfabeto, chaves, livros, etc. Os jovens se reúnem e fazem uma evocação sob forma de prece e o copo se movimenta sem contacto, indicando as letras que compõem as respostas às perguntas que são formuladas. Sabemos que os movimentos do copo são produzidos com utilização de energia ectoplasmática dos próprios adolescentes, mas por trás disso pode estar a presença invisível de um Espírito que se aproveita da situação, para manifestar-se.

Outra variante dessa é a brincadeira de se amarrar um livro a uma chave, que será apoiada nos dedos de dois jovens, ficando o livro pendurado. Com a evocação, o livro gira, de acordo com código previamente estabelecido: uma volta, significa sim; permanecer imóvel, significa não. Também aí, os movimentos serão produzidos com utilização da energia que o grupo oferece, mas a possibilidade da interferência de uma inteligência estranha é real. A prova disso é que se obtêm muitas vezes respostas, cujos conteúdos não são do conhecimento de nenhum dos jovens presentes. Além disso, algumas vezes, o objeto 'teima' em permanecer ativo, embora o desejo manifesto dos participantes de encerrarem a brincadeira, demonstrando que há uma vontade que se contrapõe à dos elementos visíveis.

O perigo está em que essas individualidades, não sendo espíritos elevados, não têm nenhum compromisso com a verdade. Adverte Allan Kardec que *'as evocações feitas estouvadamente e por gracejo constituem verdadeira profanação, que facilita o acesso aos Espíritos zombeteiros ou malfazejos.'* [...]. Encontramos aí uma porta que se abre à obsessão, fenômeno estudado com profundidade pelo Espiritismo e que se resume na interferência que um Espírito mau pode exercer sobre um indivíduo encarnado." (Dalva Silva, *Os caminhos do amor*, 2. ed., p. 124-125).

OBSESSÃO NA ADOLESCÊNCIA

"Inúmeros fenômenos, portanto, que ocorrem no desenvolvimento do adolescente - conflitos fóbicos, transtornos neuróticos e psicóticos, insegurança, insônia, instabilidade sexual - além das conhecidas causas genéticas, psicológicas, psicossociais, também podem ter sua origem nas obsessões, que são interferências de Espíritos sem orientação no comportamento do jovem, como desforços de dívidas pretéritas ou mecanismos de burilamento interior para o próprio progresso moral." (Joanna de Ângelis, *Adolescência e vida*, 6. ed., p.111).

"Nas manifestações da 'crise da adolescência', não poderá existir influenciação espiritual obsessiva? Como distinguir tal ocorrência e como agir em tais situações?

Em qualquer fase da vida do indivíduo pode irromper um processo obsessivo capaz de estorvar a marcha da pessoa. Muitas vezes a obsessão tem lugar no período que coincide com a eclosão da adolescência, por motivos quase sempre bem visíveis.

A fase em que o encarnado começa a recobrar o seu passado psíquico, por meio das *reminiscências* que vive, ao mesmo tempo que se lhe eclodem velhas sensações e anseios, em virtude do amadurecimento das glândulas sexuais (gônadas), também se presta a que muitas entidades desencarnadas *redescubram* velhos inimigos ou comparsas de aventuras em que tais entidades desejam prosseguir.

Vivendo numa sociedade em que é fácil conviver com os vícios variados, em que é mais fácil receber incentivos para prostituir-se - em sentido amplo -, do que para dignificar-se, é comum que o adolescente, vivendo seu período de intensos conflitos psicológicos, biológicos, sociais e espirituais, se perturbe, se desgoverne, rebelando-se contra todas as estruturas que suponha poderem limitá-lo de algum modo, estabelecendo com essa tormenta íntima ligações mentais com entidades exploradoras desses estados da alma.

É bom relembrar, como ensinam os Nobres Mentores, que quanto mais tenha sido negligenciada a infância, mais preocupante é a adolescência, uma vez que quando o espírito reencarnado recobra o seu pretérito, vê-se impotente para apresentar qualquer resistência baseada em valores sócio-morais aprendidos e desenvolvidos na presente jornada carnal.

A distinção de casos de obsessão, quando não são episódios de intensa nitidez, poderá ser feita por meio da observação da conduta comum do adolescente. Verificam-se surtos de euforia ou turbulência que o levam ao despautério; crises de depressão, com alternâncias de normalidade e rebeldia. Às vezes, podem dar-se casos em que o adolescente se bandeia para determinados hábitos, que não lhe eram comuns, até então, como o tabagismo, o alcoolismo, a sexolatria, a cleptomania, a violência, do que se arrepende momentos após o cometimento, não achando resistências morais, contudo, para recompor-se.

Em se constatando coisas assim, recomendam-se os cuidados do diálogo franco e justo, com as providências espirituais indispensáveis como a fluidoterapia, a oração no lar e a confiança irrestrita no Pai Criador." (Camilo, *Desafios da educação*, 6. ed., p. 48-50).

CONSEQÜÊNCIAS DA OBSESSÃO

"- Como a inspiração espiritual se faz em todos os fenômenos da Natureza, inclusive nas atividades humanas, é compreensível que, além das tormentosas obsessões muito bem catalogadas por Allan Kardec - simples, por fascinação e subjugação - os objetivos mantidos pelos perseguidores sejam muito variados. Eis porque as suas maldades abarcam alguns dos crimes hediondos, tais como: autocídios, homicídios, guerras e outras calamidades, face à intervenção que realizam no comportamento de todos aqueles que se afinizam com os seus planos nefastos. Agindo mediante hábeis programações adrede elaboradas, vão conquistando as resistências do seu dependente mental, de forma que, quase sempre, porque não haja uma reação clara e definitiva por parte da sua vítima, alcançam os objetivos morbosos a que se entregam enlouquecidos.

Quando das suas graves intervenções no psiquismo dos seus *hospedeiros*, suas energias deletérias provocam taxas mais elevadas de serotonina e noradrenalina, produzidas pelos neurônios, que contribuem para o surgimento do transtorno psicótico-maníaco-depressivo, responsável pela diminuição do humor e desvitalização do paciente, que fica ainda mais à mercê do agressor. É nessa fase que se dá a indução ao suicídio, através da hipnose contínua, transformando-se em verdadeiro assassínio, sem que o enfermo se dê conta da situação perigosa em que se encontra. Sentindo-se vazio de objetivos existenciais, a morte se lhe apresenta como solução para o mal-estar que experimenta, não percebendo a captação cruel da idéia autocida que se lhe fixa na mente. Não poucas vezes, quando incorre no crime infame da destruição do próprio corpo, foi vitimado pela força da poderosa mentalização do adversário desencarnado. Certamente, há, para o desditoso, atenuantes, em razão do processo malsão em que se deixou encarcerar, não obstante as divinas inspirações que não cessam de ser direcionadas para as criaturas e as advertências que chegam de todo o lado, para o respeito pela vida e sua conseqüente dignificação." (Manoel P. de Miranda, *Tormentos da obsessão*, 2. ed., p. 68-69).

TERAPIA DESOBSESSIVA

"Conforme o quadro da alienação, variam os recursos terapêuticos.

Sabendo-se que o agente é um ser que pensa e age movido por uma razão que lhe parece justa, qualquer política de ilaqueação da honestidade torna-se improfícua, aumentando a hostilidade e a tenacidade do perseguidor.

O principal mister deve ser o de concentrar no enfermo desencarnado as atenções, tratando-o com bondade e respeito, mesmo que se não esteja de acordo com o que faz.

Conquistar para a íntima renovação o agente infeliz, porquanto toda ação má procede sempre de quem não está bem, por mais escamoteie e disfarce os sentimentos e o próprio estado, é o primeiro definitivo passo.

Evitar-se a discussão inoperante, forrado de humildade real, na qual transpareça o interesse amoroso pelo bem-estar do outro, que terminará por envolver-se em ondas de confiança e harmonia, de que se beneficiará, mudando de atitude em relação aos propósitos mantidos até então.

Simultaneamente, educar-se à luz do Evangelho o paciente, insistindo junto a ele com afabilidade, pela transformação moral e criando em torno de si condições psíquicas harmônicas, com que se refará emocionalmente, estimulando-se a contribuir com a parte que lhe diz respeito.

Atraí-lo a ações dignificantes e de beneficência, com que granjeará simpatias e vibrações positivas, que o fortalecerão, mudando o seu campo psíquico.

Estimular-lhe o hábito da oração e da leitura edificante, ao mesmo tempo trabalhando-lhe o caráter, que se deve tornar maleável ao bem e refratário ao vício.

As mentes viciosas encharcam-se de vibriões e parasitas extravagantes, dementadas pelo desdobrar dos excessos perniciosos.

Ao lado dessa psicoterapia, é necessária a aplicação dos recursos fluídicos, seja através do passe ou da água magnetizada, da oração intercessória com que se vitalizam os núcleos geradores de forças, estimulantes da saúde, com o poder de desconectarem os plugs das respectivas matrizes, de modo a que o endividado se reabilite perante a Consciência Cósmica pela aplicação dos valores e serviços dignificadores.

Não ocorrem milagres em misteres que tais como noutros de qualquer natureza. O acontecimento miraculoso, quando parece suceder, é o resultado de uma ação muito bem programada, cujos efeitos são registados e cujas causas não são necessariamente, no momento, conhecidas.

Toda pessoa que deseje contribuir na esfera do socorro desobsessivo, que se não descure da conduta íntima, nem das suas ligações com o Plano Espiritual Superior, donde fluem os recursos lenificadores, salutares para os cometimentos do amor.

Recordando Jesus, diante dos obsidiados e dos obsessores, busquemos a Sua ajuda e inspiração na condição elevada que Ele ocupa como 'Senhor dos Espíritos'." (Manoel P. de Miranda, *Nas fronteiras da loucura*, 5. ed., p. 17-18).

ORIENTAÇÃO AOS PAIS E EDUCADORES

"Há pessoas que ficam confusas, quando se deparam com o problema da manifestação mediúnica em sua família, sobretudo se ocorre com crianças ou adolescentes. Se não são espíritas, terão até mesmo dificuldade para interpretar os fatos que a vida lhes coloca ante os olhos mas, mesmo entre os espíritas, encontramos a desorientação nesses casos. É bom entendermos, a partir do estudo espírita, que não devemos interpretar as ocorrências normais de fenômenos mediúnicos na infância ou adolescência como indícios da necessidade de encaminharmos nossos filhos às reuniões de desenvolvimento mediúnico. A participação em reuniões desse tipo pode provocar excitação da imaginação e abalos psíquicos que seriam perniciosos a um indivíduo ainda em formação e sem maturidade para julgar os fatos com conhecimento de causa.

Se a faculdade é espontânea, ela será encarada com naturalidade pela criança que não fará disso um problema. Não devem os pais também fazer nenhum alarde ou demonstrarem excesso de preocupação, como também não devem desconsiderar as informações que o filho lhes traz, interpretando-as como fantasias ou mentiras. Muitos adolescentes se vêem diante de dificuldades que não conseguem superar sozinhos e não se sentem encorajados a buscar ajuda nos pais, por não sentirem, da parte deles, a necessária receptividade.

Algumas ocorrências de desdobramento durante o sono físico, freqüentes na adolescência, são mesmo assustadoras, porque, embora a consciência esteja conservada, o corpo em transe letárgico não permite qualquer movimento. A pessoa tem noção de que não está dormindo, mas não sabe dizer em que estado está, pois não consegue abrir os olhos, mover a boca para falar e pedir ajuda, ou fazer qualquer movimento por menor que seja. O fenômeno pode ser agravado, se houver a presença de Espíritos inferiores na psicosfera familiar, pois eles tentarão se aproveitar da situação e, criando imagens aterrorizantes, procurarão instalar o desequilíbrio. O fenômeno de desdobramento, geralmente, não dura mais que alguns segundos, mas abala consideravelmente e, dependendo das características que assume, pode levar o adolescente até a ter medo de dormir, a precisar de companhia constantemente, a sentir-se inseguro, perturbado e infeliz. Toda a família pode ser envolvida na dificuldade que então se estabelece.

Para resolver esse problema, a primeira providência será cuidar de melhorar o ambiente espiritual da família, pela vigilância nas conversações, evitando-se o palavreado inconveniente, o xingamento, as explosões de raiva; buscar a harmonia nas relações familiares, pelo diálogo equilibrado e fraterno; iniciar o culto do Evangelho no lar, se ele ainda não foi instituído. O segundo passo é o encaminhamento do filho ao estudo espírita, colocando-o em um grupo adequado à sua idade, a fim de que ele possa informar-se e, aos poucos, adquirir condições para interpretar os fenômenos que lhe ocorrem.

Nos raros casos de manifestações mais ostensivas, devemos observar com atenção todos os fatos e oferecer condições para que o exercício da mediunidade se dê sob a orientação de pessoas experientes. Segundo depreendemos das informações kardequianas, a prática mediúnica requer habilidade, para que se possam evitar as mistificações provenientes da intenção má dos Espíritos inferiores." (Dalva Silva Souza, *Os caminhos do amor*, 2. ed., p. 128-130).

"Sendo a adolescência uma etapa importante na determinação dos caminhos do indivíduo, porque é quando ele define sua profissão e escolhe seu parceiro ou parceira de vida afetiva, nunca será demais lembrar o cuidado que se deve ter em observar com atenção o adolescente, seus companheiros visíveis e invisíveis, se pretendemos apóia-lo em seu desenvolvimento nesta encarnação, não só para que seja um bom cidadão, mas principalmente para que possa cumprir a tarefa que o trouxe de novo à vida." (Dalva Silva Souza, *Os caminhos do amor*, 2. ed., p. 127).

CASOS

CASO 1: HISTÓRIA DE ALMÉRIO
Livro
Tormentos da obsessão, cap. Contato precioso, 2. ed.

Capítulo 09

Personagens
Almério e Manoel P. de Miranda

Local
Sanatório Esperança

QUEM ERA ALMÉRIO?

"Um voluntário, que ali se encontrava, ofereceu-se para conduzir-me à sala, elucidando-me que estava em estágio, na fase do atendimento, a fim de preparar-se para iniciar estudos especiais sobre a problemática do comportamento humano, quando se encontrasse habilitado.

Muito simpático, logo informou-me que houvera desencarnado, fazia vinte anos, havendo sido atendido naquele Nosocômio, onde despertara em lamentável estado de perturbação espiritual, de que se foi libertando, graças ao amparo e empenho dos médicos e enfermeiros que o atenderam, até que pôde ensaiar os primeiros passos pelo ambiente, dando-se conta da realidade da vida e procurando adaptar-se ao novo habitat, embora as saudades dilaceradoras que conservava em relação à família e aos seres amigos, bem como às tarefas interrompidas que ficaram no domicílio carnal." (p. 75).

INFÂNCIA

"Recordo-me que, desde criança, vez por outra, era acometido de clarividências, detectando seres infantis, que se me acercavam em festa, convivendo com os mesmos por alguns minutos. Outras vezes, defrontava monstros pavorosos que me ameaçavam, levando-me ao desespero e a desmaios, dos quais acordava banhado por álgido suor. O carinho vigilante de minha mãe sempre me socorria, defendendo-me desses *fantasmas* terrificantes.*"* (p. 76-77).

ADOLESCÊNCIA

"Por algum breve período tive a impressão de que amainara a ocorrência, para, a partir dos catorze anos, distúrbios nervosos tomarem-me com certa periodicidade, fazendo-me tremer e quase convulsionar. Fui levado ao médico que, após exames superficiais, atribuiu tratar-se de epilepsia, havendo-me receitado medicamentos que mais me atordoavam, e que, de alguma forma, diminuíam aquele desagradável tormento." (p. 77).

ENCAMINHAMENTO AO CENTRO ESPÍRITA

"Tomando conhecimento do que sucedia comigo, uma vizinha nossa sugeriu aos meus pais que me encaminhassem a um Centro Espírita, por acreditar que se tratava de um distúrbio no campo mediúnico, portanto, de uma obsessão que estivesse em processo de instalação. Embora meus genitores estivessem vinculados à religião católica, não titubearam, conduzindo-me ao Núcleo que fora indicado, por ser aquele da freqüência da generosa amiga." (p. 77).

TRATAMENTO ESPIRITUAL E ESTUDOS ESPÍRITAS NA MOCIDADE

"Almério fez uma pausa, como se estivesse recapitulando páginas importantes do livro da sua existência mais recente, após o que, tranqüilamente continuou:

- A primeira visita foi inesquecível, porque, atendido carinhosamente pela diretora da Casa, enquanto conversávamos fui acometido da crise, facilitando-lhe o diagnóstico espiritual. Conhecedora dos tormentos da obsessão, D. Clarice usou de palavras bondosas para com o perturbador, enquanto me aplicava a bio-energia através de passes vigorosos em clima de oração. De imediato, retornei ao estado de paz, de modo que a entrevista foi encerrada, após ser-me oferecida a terapia para o equilíbrio da saúde, que consistia em fazer parte de um grupo juvenil de estudos espíritas, a fim de que me pudesse iniciar no conhecimento da Doutrina, após o que, e somente então, me seria permitido participar das atividades mediúnicas.

Na minha condição juvenil, felizmente, não tivera tempo para derrapar nas viciações que estão ao alcance da mocidade. Não obstante, cometera os equívocos pertinentes à condição de jovem, por fazerem parte do cardápio comportamental destes tumultuados dias da Humanidade." (p. 77-78).

A MEDIUNIDADE E A OBSESSÃO

"A mediunidade, em razão da freqüência à Instituição Espírita, talvez, pelo clima psíquico ali existente, irrompeu com melhor definição, assegurando-me tratar-se de um compromisso sério, que deveria abraçar, mas, para o qual seria necessário abandonar a mesa farta dos prazeres, que se encontrava diante de mim, convidativa, e que eu não estava disposto a fazê-lo. Preparava-me para o vestibular, numa tentativa de conseguir uma vaga na Faculdade de Farmácia, quando fui acometido por uma crise mais forte, que me deixou prostrado, acamado, exigindo a presença da devotada diretora da Casa Espírita, que me socorreu com fluidoterapia e palavras de muito encorajamento, recomendando-me a leitura saudável de O Evangelho segundo o Espiritismo, de Allan Kardec, para robustecer-me moralmente, ajudando-me a superar a agressão espiritual.

A Entidade, que insistia em me afligir, estava-me vinculada por fortes laços do passado próximo, quando fora molestada pela minha irresponsabilidade e não se encontrava interessada em liberar-me com facilidade da sua sujeição. Tornava-se indispensável que, mediante a minha reforma íntima demonstrasse-lhe a mudança que se operara dentro de mim, e do esforço empreendido para reparar os males que lhe houvera feito. Esse programa de iluminação interior iria exigir-me um grande tributo, porque anelava por viver como as demais pessoas, amealhar um bom pecúlio para, mais tarde, construir família e desfrutar dos favores da vida. O meu passado espiritual, porém, era muito severo, e fui constrangido a trabalhar-me para algumas adaptações à circunstâncias que então se apresentava...

Eis, pois, como me iniciei no Espiritismo, através das bênçãos do sofrimento, que não soube aproveitar o quanto deveria." (p. 79-80).

DESEQUILÍBRIOS SEXUAIS

"Estimulado, e desculpando-se, Almério deu continuidade:
- Graças ao apoio de pessoas abnegadas na Casa Espírita, dos meus pais e do meu Guia espiritual, consegui adentrar-me na Faculdade e iniciar o curso que desejava. Concomitantemente, continuei participando das atividades da Juventude, porém, quase indiferente pelo estudo da Doutrina e a sua incorporação interior na conduta diária. O ambiente tumultuado da Faculdade, as minhas predisposições para comprometimentos na área sexual, facultaram-me compromissos perturbadores e vinculações com Entidades enfermas que enxameiam nos antros de prostituição, nos motéis da moda, freqüentados por semelhantes encarnados que ali dão vazão aos seus instintos primários e tendências pervertidas.

Já participava das atividades mediúnicas, ao lado de pessoas enobrecidas e caridosas, sem que os seus exemplos repercutissem nos meus sentimentos exaltados pelo sexo em desvario e por falsa necessidade que lhe atribuía. Tornei-me, desse modo, portador de psicofonia atormentada, que o carinho dos dirigentes encarnados e espirituais tentaram a todo esforço equilibrar, mas as minhas inclinações infelizes dificultavam esse saudável empreendimento. Acredito que a generosa D. Clarice percebia o meu conflito, porém, honrada e discreta, esperava que o meu discernimento e as orientações espirituais que me chegavam em abundância me despertassem para a realidade, que não podia ser postergada." (p. 80-81).

O MATRIMÔNIO

"Foi nesse ínterim que, orando fervorosamente, supliquei auxílio aos Céus, prometendo-me alteração de conduta e vinculação mais segura com o compromisso aceito espontaneamente... E a minha oração foi ouvida, porquanto, nessa mesma semana, conheci Annette, que seria mais tarde a carinhosa esposa que me auxiliaria na educação das forças genésicas.

O amigo deve saber quanto é importante a disciplina sexual na vivência mediúnica. Como as energias procriativas e vitais não devem ser desperdiçadas, mas canalizadas com propriedade e sabedoria. O seu uso indevido, além de produzir conexões viciosos com Espíritos enfermos e vampirizadores, debilita os centros de captação psíquica, dificultando o correto exercício da faculdade. O casamento, portanto, constituiu-me verdadeira dádiva de Deus, que me impeliu a uma conduta melhor em intercâmbio enobrecido.

As lutas prosseguiram com certa harmonia, até quando me diplomei e consorciei-me com a mulher amada. O nosso relacionamento foi muito equilibrado e, conhecedora dos meus compromissos, Annette não teve qualquer dificuldade em acompanhar-me aos estudos espíritas e participar das reuniões doutrinárias, a princípio, e depois, das sessões práticas e de socorro espiritual aos desencarnados. [...].

- Não obstante todo o empenho a que me entregava - esclareceu, com sinceridade - para a renovação interior e o desempenho das tarefas em andamento, um ano após o casamento passei a experimentar inexplicável impotência sexual, gerando-me graves conflitos e dificuldades em torno do relacionamento conjugal. Sentindo-me fracassado e sem

Capítulo 09

esperanças, procurei ajuda médica, após uma grande relutância, fruto da ignorância e da conceituação machista, e o especialista nada detectou na minha constituição orgânica, que justificasse o problema, encaminhando-me a um sexólogo que, inadvertidamente, me recomendou extravagante terapia, perturbando-me além do que já me encontrava transtornado. Nesse período, o exercício mediúnico tornou-se-me penoso e angustiante, por dificuldades de concentração e de equilíbrio emocional.

Foi quando resolvi pedir socorro ao Mentor de nossa Sociedade que, solícito, através da mediunidade sonambúlica de Eduardo, por quem se comunicava desde há muito tempo, aconselhou-me a reconquistar o equilíbrio mediante a confiança em Deus, explicando-me tratar-se de uma disfunção psicológica, em cuja raiz estava a influência perversa da minha adversária espiritual...

Equipado com o esclarecimento oportuno, procurei reanimar-me, elucidando a esposa em torno da terapia em desdobramento, e pedindo-lhe a compreensão, que nunca me foi negada, já que sempre se conduziu como digno exemplo de companheira ideal e madura, embora contasse apenas vinte e quatro anos de idade. A tentativa de renovação interior, porém, não havendo proporcionado resultados imediatos, diminuiu de intensidade, enquanto a volúpia do desejo incontrolado, me inquietava em angústia crescente.

Nesse período, em que a mente se encontrava agitada, passei a vivenciar sonhos eróticos, nos quais a lascívia me dominava, particularmente com uma mulher que se me apresentava, ora linda e maravilhosa, noutros momentos, desfigurada e perversa. Muitas vezes arrastava-me a antros de perversão, onde me sentia exaurir, despertando, socorrido pela esposa que percebia minha agitação e lamentos, e sentindo-me tão depauperado quão perdido em mim mesmo. Não experimentava a necessária coragem para narrar-lhe o pandemônio em que me debatia, evitando que identificasse os meus tormentos mentais... O drama prolongou-se por mais de seis meses, quando algo inusitado ocorreu." (p. 81-84).

A OBSESSORA

"O amigo silenciou brevemente, concatenando as idéias, após o que prosseguiu:
- Participando das reuniões mediúnicas de socorro aos desencarnados, fui instrumento de terrível comunicação, que

acredito era necessária para o esclarecimento da minha provação, certamente providenciada pelos Benfeitores espirituais. Tratava-se de Entidade feminina que se dizia minha vítima, de quem abusara, explorando-a sexualmente até arruiná-la. Pior do que isso, informava que eu era casado naquela ocasião, mas vivia clandestinamente com jovens seduzidas em orgias e alucinações. Não fora ela a primeira... No entanto, havia sofrido muito sob os impositivos das minhas perversões. Duas vezes, sucessivamente, concebera, e, sentindo-se feliz pelo fato, esperava receber apoio, que lhe neguei, sem qualquer compaixão, levando-a ao abortamento insensato. Na primeira ocasião do crime, ela pôde ceder sem maior relutância, por manter a ilusão de que eu possuísse algum sentimento de afetividade e prazer em conviver ao seu lado, mesmo que fugazmente. Todavia, na segunda concepção, recusando-se ceder à minha insistência, foi levada, quase à força, quando já se encontrava no quinto mês de gravidez, para o hediondo infanticídio, que se transformou numa tragédia de alto porte. A inabilidade do médico, na clínica sórdida onde recebia as clientes infelizes, ao extrair o feto, provocou uma hemorragia, não conseguindo deter o fluxo sanguíneo, e, embora transferida de emergência para o Pronto Socorro da cidade, menos de duas horas depois seguia pela morte o destino da filhinha covardemente assassinada... Narrou, então, os sofrimentos indescritíveis que experimentou, e a sede de vingança que tomou conta da sua mente... No entanto, perdeu-se num dédalo de aflições sem nome. Só mais tarde, quando eu me encontrava na passada reencarnação, no período infantil, é que conseguiu, com a ajuda de alguns especialistas em obsessão, reencontrar-me, o que lhe houvera proporcionado infinito prazer. Desde então, continuou explicando, me seguia, e pretendia levar a cabo o plano de interromper-me a existência carnal, auxiliada como se encontrava por outros Espíritos a quem eu prejudicara, e que estavam igualmente dispostos a conseguir o mesmo fanal.

 A lúcida doutrinadora tudo fez para explicar-lhe o erro em que se movimentava, não havendo conseguido resultados expressivos. Envolvendo-a, por fim, após diversas tentativas de esclarecimentos, em ternura e vibrações de paz, a atormentada inimiga retirou-se do campo mediúnico em que se comunicava. Mas não se desvinculou de mim, porquanto, onde se encontra o devedor, aí estagia o cobrador... Terminada a reunião, fui elucidado quanto aos meus deveres imediatos em favor da libertação, beneficiando o Espírito infeliz, quanto a mim próprio. No entanto, os vícios do pretérito tornaram-se-me grilhões indestrutíveis, que eu não conseguia romper." (p. 84-86).

Capítulo 09

A DEPRESSÃO

"Mantendo a mente aturdida pelos desejos que o corpo não atendia, lentamente derrapei em perigosa depressão, que se tornou grave, graças às reações que me acometiam, maltratando a família, os amigos, e deixando-me sucumbir cada dia mais, ao ponto de recusar-me prosseguir nas atividades espirituais e profissionais, mergulhando no fosso profundo e escuro da subjugação, que poderia ter sido evitada, caso me houvesse resolvido pela luta.

Novamente interrompeu a história. Respirou, quase penosamente, e vendo-o sofrido, propus-lhe que deixasse para próximo encontro a conclusão do seu drama, ao que ele redargüiu:

- Apesar da angústia que me produz a lembrança, desta vez, face a espontaneidade com que brotam da alma as evocações, experimento um certo bem-estar, como se me conscientizasse em definitivo dos graves erros, sem escamoteamento das próprias responsabilidades, nem fugas injustificáveis do enfrentamento, que são passos decisivos para o recomeço em clima de renovação legítima." (p. 86).

O SUICÍDIO

"- Naquele transe, sob a indução cruel, que me houvera conduzido ao transtorno psicótico-maníaco-depressivo, em uma noite de alucinação, porquanto podia ver a mulher-verdugo de minha existência e os seus asseclas, fui induzido a ingerir algumas drágeas de sonífero, quase automaticamente, sem qualquer reflexão, a fim de apagar da mente aqueles terríveis *pesadelos* e libertar-me dos vergonhosos doestos que me atiravam à face, humilhando-me, escarnecendo-me, e sempre mais me ameaçando. À medida que as substâncias passaram a atuar no meu organismo, um cruel torpor e enregelamento tomou-me todo, produzindo-me a parada cardíaca, e a desencarnação..." (p. 86-87).

O SOCORRO ESPIRITUAL

"Muito difícil explicar os sofrimentos que então passei a experimentar. No princípio, era o pesadelo do morrer-e-não-estar-morto, a vida sem vida, as sensações da matéria em decomposição e a crua perseguição que não cessava.

Não saberia dizer por quanto tempo estive sob as torpes e excruciantes vinganças daqueles irmãos mais desditosos. As preces da esposa sofrida, dos meus genitores e dos amigos da Instituição religiosa, passaram, então, a alcançar-me como orvalho refrescante no tórrido padecimento que não diminuía. Um dia, que ainda não posso identificar, senti-me sair do antro para onde fora levado pelas mãos perversas que me induziram ao suicídio, embora sem a minha concordância, o que representava um atenuante para a desdita, passando a dormir sem a presença dos sicários, e a despertar, para logo adormecer, até que a memória e o discernimento ressurgiram, auxiliando-me no processo de recuperação. E senti-me amparado neste verdadeiro santuário. Graças a Deus e aos Bons Espíritos, aos corações amigos e caridosos, aqui me encontro abraçando um novo trabalho com vistas ao futuro, que a Terra-mãe me concederá, pela nímia misericórdia do Céu.

Tenho orado em favor daqueles que sofreram a minha perversão e loucura, propondo-me espiritualmente socorrê-los, quando as circunstâncias o permitirem. Somente o perdão com a reconciliação real, edificando os sentimentos das vítimas com os algozes, conseguirá produzir a paz e a lídima fraternidade.

Almério agora, quando encerrara a narração, apresentava-se corado, e sorria, exteriorizando real alegria. Deixava-me a impressão que houvera retirado um peso da consciência e, talvez, por primeira vez, encarara-se sem constrangimento nem desculpas em relação aos atos conturbadores praticados." (p. 87-88).

CASO 2: JOVEM ESTER

Livro
Grilhões partidos, cap. 01, 02, 17, 19, 9. ed.
Personagens
Ester, Coronel e Senhora Constâncio Medeiros de Santamaria, Enfermeira.

AMBIENTE

"A festa fora programada nos mínimos detalhes, há mais de um mês, com requinte e carinho. Os convites foram dirigidos a pessoas gradas, recatadas, que evitavam o tumulto do denominado *café-society*, no entanto, realmente *raffinée*, pertencentes aos tradicionais clãs da família brasileira e de outras nacionalidades.

O apartamento fora decorado especialmente para o evento e o seleto *buffet* seria servido por distinta Casa, cuja tradição se firmava na excelência da qualidade dos repastos opíparos e dos funcionários discretos. A bebida, em abundância, obedecia à exigência do cardápio cuidadosamente selecionado.

O mestre de cerimônias e recepcionistas de uniforme postavam-se desde a porta do elevador social, que se abria no hall privado, seguidos dos anfitriões em traje de gala.

A pouco e pouco, o luxo e a elegância disputavam primazia entre as damas adereçadas por jóias de alto preço e *toilettes* custosas.

Os vários grupos, unidos por afinidades, espalhavam-se pelas diversas dependências da elegante residência, em cujos tapetes persas desapareciam os ruídos dos movimentos incessantes.

Canapés servidos habilmente e bebidas conduzidas por *garçons* distintamente enfarpelados eram distribuídos em abundância, entusiasmando os convidados risonhos, que se disputavam chamar a atenção, como acontecer em circunstâncias que tais." (p. 25-26).

MOTIVOS DA FESTA

"O Coronel e senhora Constâncio Medeiros de Santamaria exultavam, não sopitando a felicidade de conseguirem tão seleto convívio, na oportunidade em que deveriam apresentar a filha à sociedade do Rio de Janeiro, na data em que completava quinze anos [...].

Encaminharam antes a filha a uma Casa de Modas e boas maneiras, onde a jovem candidata recebera instrução e orientação própria para momento de tal envergadura, naqueles dias em que determinadas profissões, como as de mannequin, modelos para poses de fotografias e modas, eram mal vistas pelas famílias tradicionais. Todavia, fazia-se mister preparar a jovem para os grandes cometimentos sociais, exatamente no momento em que se destacavam já as vantagens das citações nas colunas especializadas dos jornais de grande circulação, como primeiro passo para promoção entre as classes abastadas da capital do país.

A moçoila freqüentava o Curso Clássico de excelente Colégio, onde se preparava para a Faculdade de Filosofia, que ambicionava. (p. 26).

A AGRESSÃO - PRINCÍPIO DO PROCESSO OBSESSIVO

"Às 21:30 horas, notificado pela esposa ansiosa, o sr. Coronel avisou que a filha seria trazida à sala imensa, preparada para o desfile pessoal da jovem, enquanto um grupo de violinistas, colocados em palco improvisado, dava início formalmente à recepção.

Vestindo delicado longo de *tulle* e *mousseline* franceses, esvoaçantes, como se fora uma fada mitológica, saída de algum recanto paradisíaco, apareceu a debutante.

Delgada e jovial estampava sorriso de júbilo nos lábios bem delineados; as faces levemente coradas contrastavam com os olhos transparentes, azulados; e a cabeleira bem trabalhada, cingida por delicado diadema de brilhantes, caía artisticamente sobre os ombros no vestido branco, alvinitente.

Dir-se-ia uma visão de sonho.

A música enchia a sala de amplas janelas abertas na direção do mar imenso, à frente, e o ruidoso aplauso dos felizes convivas se misturavam, efusivos.

Todos eram unânimes em ressaltar a beleza diáfana da menina-mulher, enquanto os pais exultavam incontidamente com essa felicidade que todos perseguem, enquanto na Terra, mas que é transitória, passando sempre breve e deixando sulcos profundos, não poucas vezes de amargura inexplicável.

Logo após, removida a passarela, o genitor tomou a filha pelo braço e, sob ovação generalizada, dançou a primeira valsa.

Os violinos, artisticamente modulados, entonteciam de emoção os dois valsantes, que, atingidos pela dúlcida alegria do momento, voavam pela imaginação aos diversos sítios dos próprios interesses. Ele, evocando a juventude, os sonhos da mocidade, as ambições de militar honesto e dedicado, o primeiro amor, o matrimônio, a guerra de que participara - sim, a guerra adveio-lhe à memória, que procurou expulsar, - a realidade, a vida... Ela, na primavera dos dias, sentia a vida estuar e sonhava, sonhava naquele instante, que desejava se perpetuasse por todo o sempre, numa perene promessa de felicidade.

Outros pares se juntaram e a festa tomou corpo entre júbilos e rios de cognac, licores finos, bebidas e acepipes vários.

Ao momento próprio o *maître* anunciou que a ceia estaria servida dentro de poucos, rápidos momentos.

Nesse instante, o sr. Coronel convidou a filha a um solo ao piano, como homenagem aos convidados.

- Bravos! - gritaram todos.

Foram colocadas cadeiras em volta do *Pleyel* brilhante. Após as damas tomarem lugar, acolitadas pelos cavalheiros, a jovem Ester sentou-se e, tomada pela tranqüilidade da segurança pessoal, começou a dedilhar suave melodia de Brahms, delicada música de câmara, envolvente e enternecedora. O teclado submisso fazia que o poema dos sons cantasse festivo, dominando as atenções.

O casal de anfitriões não cabia de felicidade, de indizível júbilo. O semblante aberto, em sorriso tranqüilo, parecia oferecer excesso de prazer.

Àquela hora, suave brisa vinha do mar, diminuindo o calor, até então desagradável.

De repente, tudo mudou.

Foi um impacto, qual um golpe inusitado, aplicado à face de todos.

Ester se perturbou momentaneamente, o corpo delicado pareceu vergar sob inesperado choque elétrico. Ela se voltou, de inopino, e fixou os olhos muito abertos, quase além das órbitas, no genitor. Estava desfigurada: palidez marmórea cobria-lhe o semblante. Na testa maquilada e por todo o rosto, o suor começou a porejar abundante. Ergueu-se algo cambaleante, fez-se rígida. O *fácies* era de tresloucada.

As pessoas, tomadas pela surpresa, ficaram sufocadas, inermes.

A adolescente avançou na direção do pai aparvalhado, sem ânimo de a acudir, e, sem maior preâmbulo, acercou-se dele, estrugindo-lhe na face ruidosa bofetada. Este se ergueu, congestionado, ao tempo em que a filha novamente o agrediu pela segunda vez.

Armou-se tremendo escândalo. Algumas damas mais sensíveis puseram-se a gritar, e o senhor Coronel, atoleimado, revidou o golpe automaticamente, surpreendendo-se a si mesmo, ante gesto tão infeliz. A menina, alucinada, pôs-se a gritar, sendo, à força, conduzida à alcova.

Um médico presente prontificou-se atendê-la. Foram tomadas as primeiras providências e se lhe aplicou um sedativo injetável de quase nenhum efeito imediato. Nova dose de calmante foi providenciada e, enquanto a festa se desmanchava de forma dolorosa, surpreendentemente, a família mergulhou em abissal mundo de aflições sem nome.

O desequilíbrio de pronto assumira proporções alarmantes.

Agitada, Ester blasfemava, esbordoando moralmente o genitor, mediante expressões lamentáveis. Os verbetes infamantes escorriam-lhe dos lábios, insultuosos, ferintes, desconexos. A presença do pai mais a exaltava, como se fora acometida de loucura total, na qual se evidenciava rancor acentuado, de longo curso, retido a custo por muito tempo e que espocava voluptoso, assustador.

Somente pela madrugada, em estado de cansaço extenuante, caiu em torpor agitado, sacudida de quando em quando por convulsões muito dolorosas.

A estranha agressão sombreou de pesados crepes a família surpreendida, transformando em quase tragédia os festivos júbilos da noite requintada.

São as surpresas que convocam a acuradas meditações e inevitáveis buscas espirituais.

Os últimos convidados desde logo se afastaram discretos uns, tumultuados outros. Acompanhados apenas pelo médico da família, os anfitriões se recolheram ao leito, profundamente macerados no moral e fisicamente abatidos, em desfalecimento, sem compreenderem o ocorrido." (p. 27-29).

A SITUAÇÃO DE ESTER

"Ester não recobrou a lucidez. Embora a prostração que a dominara, após os sedativos, as crises voltaram terrificantes, enquanto a débil mocinha, transfigurada, tornou-se o espécime legítimo da desequilibrada. Palavras obscenas e gestos vis repetiam-se ininterruptamente; gritos e gargalhadas constantes terminaram por enrouquecê-la. Muito pálida, com olheiras arroxeadas e manchas nas faces, tinha os lábios escuros e a expressão de olhar dura, sem luminosidade. Sacudida a cada momento por convulsões torturantes, traduzia no rosto conturbado as dores inextricáveis que experimentava.

Capítulo 09

Saindo desse estado, por instantes, parecia recobrar a claridade da razão, desvairando de imediato, a elucidar que alguém a lapidava com longo relho de que não se conseguia evadir. Nesse comenos tornava-se rubra e, se fosse observada mais detidamente, poder-se-ia verificar que alguns vergalhões lhe intumesciam a pele delicada e marcavam a face em congestão.

Logo retornava ao desequilíbrio, ao sarcasmo, e as ofensas se sucediam mordazes como se as *Fúrias* a estivessem cavalgando.

O clínico, facultativo de larga experiência, durante a primeira crise ocorrida à noite, elucidara que, se houvesse recidiva, seria de todo conveniente convidar um especialista em doenças nervosas, pois tudo indicava tratar-se de uma crise histeropata, com agravantes para um longo curso. Aquele, dissera, era o período da transição, em que se fixam os caracteres da personalidade e nos quais desbordam as expressões da sexualidade, em maior intensidade. E, como bom discípulo das doutrinas freudianas, teceu considerações sobre a libido e sua ação enérgica nas engrenagens da emotividade.

Os pais, alarmados, não sabiam exatamente como proceder. Convidado, porém, o médico da família, este confirmou literalmente a diagnose do colega: tratava-se de um problema histérico com alarmantes sinais tendentes a complicações mais graves. O psiquiatra se fazia necessário." (p. 31-32).

A SITUAÇÃO DA FAMÍLIA

"Os genitores desesperados não sabiam para que apelar.

Sem formação religiosa segura, acostumados à tradição e ao convencionalismo da fé, entregaram-se a orações formuladas por palavras que redundavam em exorbitantes exigências à Divindade, sem que conseguissem lenir o coração na prece confortadora, no intercâmbio salutar com as Fontes Geradoras da Vida. Objetivando apenas a cura da filha, mediante o concurso da oração, de que se utilizavam, como alguém que, através da prece, paga um imposto a Deus e de tal mister desagradável se desobriga. Infelizmente, não possuíam o hábito superior do dulçuroso convívio da meditação, em que se haurem expressões de vida e paz indispensáveis ao equilíbrio no carro somático, retornando das experiências e vilegiaturas religiosas com o espírito ressequido e o sentimento revoltado. Surda mágoa contra tudo e todos aumentava-lhes o aniquilamento íntimo." (p. 33).

"A realidade é que o problema psíquico de Ester se enquadrava noutra diagnose, dificilmente constatada pelos métodos tradicionais do agrado puro e simples do academicismo dos que se permitem a fatuidade, evitando o aprofundamento nas questões que dizem respeito à vida espiritual, à sobrevivência ao túmulo, à obsessão!" (p. 40).

A DOUTRINAÇÃO DO OBSESSOR

"- Doente, eu?! - reagiu, gargalhando -. Você é quem está louco. Odeio aquele homem e ele sabe o porquê. Nunca o perdoarei. O mal que a mim e aos meus ele propiciou será cobrado lentamente. A morte seria para ele umas férias agradáveis... Eu lhe concederei o prazer do suplício demorado: ver ou não ver, sabendo, porém, que a filha morre a pouco e pouco em minhas mãos, enquanto lhe instilo ódio... Se quiser fugir pelo suicídio como já lhe sugeri, melhor para o meu programa... Verás, infeliz, como é bom suicidar... E se ficar, dará no mesmo... Pensava que eu morri? Também eu não sabia o que aconteceu... Como demorou, até que eu tomasse conhecimento do ocorrido! Agora mudamos de posição. Eu sou a segurança, ele a incerteza; eu o trunfo, ele nada... [...].

- Pois, bem, chamo-me Matias. Morri na guerra por ordem dele... Pergunte-lhe. Talvez não recorde. Quem lembraria de um reles soldado raso, infeliz? Fui, porém, seu ordenança, seu escravo [...]. Chamavam-me 'o baiano'... Ele era, então, capitão e dava a impressão que a guerra era dele... Estávamos na Itália... Era dezembro de 1944... O inverno cruel nos desgraçava em Monte Castelo... E a guerra em volta... Algumas batalhas haviam redundado em pesadas baixas para nossas forças... O dia 12 não chegou a raiar, tão frio, úmido, brumoso, de chuvas contínuas... As ordens eram para tomar a Cordilheira de Monte Castelo em anterior tentativa fracassada... Eu participara da última batalha e retornava ao combate... Então... [...].

- Nunca morri de amores por ele, apesar disso sempre o servi com respeito... No íntimo experimentava surda antipatia que sufocava, considerando a sua posição de relevo...

Fez uma pausa, como a ordenar as lembranças tumultuadas na mente aturdida.

- Prossegue, meu irmão. - Estimulou-o o diretor. - Estamos interessados em conhecer todas a extensão do teu drama, para melhor ajuizar as tuas angústias e ajudar-te com mais segurança. Prossegue!

Sentindo-se menos desesperado, graças ao auxílio que recebia de ambos os planos da Vida, pigarreou, dando continuidade:

- Sempre acreditei em sonhos... Pois eu sonhara que ia morrer naquele dia. Dormira quase nada e, mesmo assim, me viera o aviso. Rezei, e dirigi-me ao capitão a pedir-lhe para ser colocado em qualquer serviço, menos ser mandado para a linha de fogo... Expliquei-lhe o motivo. Ele zombou de mim, e gritou que todos estávamos ali para morrer... Esse era o nosso dever: dar a vida pela Pátria e aquela era a hora.

É claro que eu compreendia mas... Sem saber como, eu lhe pedi um favor. Se eu morresse conforme eu acreditava que ia acontecer, eu lhe suplicava que ajudasse minha mãe e uma irmã, que deixara na minha terra... Ele me olhou sério e compreendeu a gravidade do meu pedido... Prometeu que o faria. Anotou meu número de identidade, o endereço da minha família... Foi um momento solene para mim... [...].

Pois bem: segui e tombei... Não há palavras para exprimir o que me aconteceu... Nunca soube realmente como foi... Era somente a zoada na cabeça, a dor, o sangue a jorrar, a agonia, o clarão e a morte... O clarão e a zoada... Perdia a consciência para acordar na mesma desgraçada situação... Gritava e outros gritos abafavam o meu... Segurava os pedaços do corpo que estourara... Não sei, não sei! Durou a eternidade...

Um dia, - quando? - não sei quando, ouvi um choro e o meu nome sendo chamado... Tudo em mim eram dores e eu era frangalhos... Alguém me chamava com tanto desespero que me despertou, me arrastou. Subitamente, vi de joelhos minha mãe gritando por mim. Ninguém pode avaliar o que foi isso.

Corri para ela, cambaleante. Respondi-lhe: estou vivo, mamãe, estou doente, mas não morri!... Ela não me ouvia... Eu a sacudi, então, gritei mais, desesperei-me... e nada. Ataquei os transeuntes para que lhe dissessem que eu estava vivo... Tudo inútil. Fiquei pior... Ela falava em pranto: 'Oh! Senhor, se meu Matias fosse vivo nós não estaríamos nesta miséria: nem eu nem Josefa...

Adolescência - Um desafio para pais e educadores

Josefa era minha irmã. Onde andava? Notei que mamãe tornara-se uma sombra do que eu deixara, embora fosse ela mesma. E Josefa? Passei a deblaterar, na esperança de que ela me ouvisse... Tudo isso na rua...

O que aconteceu... foi superior à minha capacidade de entender... Não sabendo o que se passava comigo, já que eu estava vivo, senti-me arrastar por desconhecida força e deparei-me numa casa de cômodos, próxima ao cais do porto... Mulheres andrajosas, descabeladas, ferozes, brigavam e xingavam, numa desenfreada perdição... Era uma casa de pecado... Subi as escadas impelido por uma desesperada busca... Parei num quarto, que era mais um chiqueiro e dali, olhando o mar, estava minha irmã... Crescera... Mudara tanto! Dela, somente os olhos grandes, negros, tristes e os cabelos...

Não podia ser... Às minhas dores se juntavam, agora, novos horrores... Ela chorava e devia estar pensando em mim... Eu sentia pelo coração que ela me chamava com saudade, com mágoa... E tossia... Transparente e fraca, quase a desfalecer, deixava as lágrimas caírem... Aproximei-me, toquei-a, também, em pranto, sem forças... Ela estremeceu... chamei-a, chamei-a... Ela ficou com o olhar de louca, agitou-se, enquanto eu a chamava... Creio que me viu porque deu um grito e saiu a correr... O alvoroço tomou conta do lunapar infeliz... Então, minha irmã estava ali... Não suportei e desmaiei... [...].

- Num momento de ódio vigoroso, senti-me desvairar... Aos gritos e imprecações, desejando encontra-lo, senti o mesmo imã desconhecido arrastar-me e encontrei-me na sala rica onde ele, mais velho, forte, feliz, sorridente, exibia a filha...

Agredi-o diversas vezes, sem que ele o percebesse... Havia, ali, outros *mortos* como eu e piores do que eu, misturados aos convidados...

Quando a filha começou a tocar... Da idade de Josefa e tão diferente!... Aproximei-me e senti que ela me sentiu... Segurei-a e ela tremeu... Agarrei-lhe os braços e percebi que os seus ficaram nos meus braços... Entonteci-me e ela cambaleou... Pensei e ela atendeu... Levantei-a e caminhamos... Esbofeteei-o e enlouqueci de ódio, de vingança, de alegria, descobrindo-a louca comigo, misturados...

Assim estamos, e assim seguiremos...

Agora, pergunte-lhe se sabe quem sou eu?" (p.152, 166, 169, 170-171, 173).

Capítulo 09

O adolescente e os tormentos obsessivos

Adolescência - Um desafio para pais e educadores

Capítulo X

O adolescente, a depressão e o suicídio

O ADOLESCENTE, A DEPRESSÃO E O SUICÍDIO

A MELANCOLIA

"Sabeis por que, às vezes, uma vaga tristeza se apodera dos vossos corações e vos leva a considerar amarga a vida? É que vosso Espírito, aspirando à felicidade e à liberdade, se esgota, jungido ao corpo que lhe serve de prisão, em vãos esforços para sair dele. Reconhecendo inúteis esses esforços, cai no desânimo e, como o corpo lhe sofre a influência, toma-vos a lassidão, o abatimento, uma espécie de apatia, e vos julgais infelizes.

Crede-me, resisti com energia a essas impressões que vos enfraquecem a vontade. São inatas no espírito de todos os homens as aspirações por uma vida melhor; mas, não as busqueis neste mundo e, agora, quando Deus vos envia os Espíritos que lhe pertencem, para vos instruírem acerca da felicidade que Ele vos reserva, aguardai pacientemente o anjo da libertação, para vos ajudar a romper os liames que vos mantêm cativo o Espírito. Lembrai-vos de que, durante o vosso degredo na Terra, tendes de desempenhar uma missão de que não suspeitais, quer dedicando-vos à vossa família, quer cumprindo as diversas obrigações que Deus vos confiou. Se, no curso desse degredo-provação, exonerando-vos dos vossos encargos, sobre vós desabarem os cuidados, as inquietações e tribulações, sede fortes e corajosos para os suportar. Afrontai-os resolutos. Duram pouco e vos conduzirão à companhia dos amigos por quem chorais e que, jubilosos por ver-vos de novo entre eles, vos estenderão os braços, a fim de guiar-vos a uma região inacessível às aflições da Terra." (Allan Kardec, *O Evangelho segundo o Espiritismo*, 105. ed., p. 125).

A DEPRESSÃO

"- A depressão é hoje classificada como sendo uma perturbação do humor, uma perturbação afetiva, um estado de mal estar que se pode prolongar por tempo indeterminado. [...]. A depressão, seja como for considerada, é sempre um distúrbio muito angustiante pelos danos que proporciona ao paciente:

dores físicas, taquicardias, problemas gástricos, inapetência, cefalalgia, sentimento de inutilidade, vazio existencial, desespero, isolamento, ausência total de esperança, pensamentos negativos, ansiedade, tendência ao suicídio... O enfermo tem a sensação de que todas as suas energias se encontram em desfalecimento e as forças morais se diluem ante a sua injunção dolorosa [...].

A perturbação depressiva ainda pode apresentar-se como grave e menos grave, crônica ou distímica, cuja fronteira é muito difícil de ser estabelecida. Somente através dos sintomas é que se pode defini-las, tendo-se em vistas as *perturbações* que produz nos pacientes. Nesses sentido, a somatização, decorrente de estigmas e constrangimentos que lhe facultam a instalação, pode dar lugar ao que Freud denominou perturbação *de conversão*, graças à qual um conflito emocional se converte em cegueira, mudez, paralisia ou equivalentes, enquanto outros psicoterapeutas, discordando da tese, acreditam que esses fenômenos resultem de perturbações físicas não identificadas...

Por outro lado, a fadiga tem sido analisada como responsável por vários estados depressivos, especialmente a de natureza crônica, que se apresenta acima do nível tolerável de gravidade." (Manoel P. de Miranda, *Tormentos da obsessão*, 2. ed., p. 276-277).

"Resumindo o conceito, poderíamos dizer o seguinte: depressão é um estado de espírito de melancolia, tristeza ou desespero. A intensidade e a duração deste estado dependem da personalidade, dos fatores que desencadeiem o processo e da situação atual da vida do paciente." (Izaías Claro, *Depressão: causas, conseqüências e tratamento*, 10. ed., p. 25).

CAUSAS DA DEPRESSÃO

"As influências básicas para a síndrome depressiva são muitas, e podem ser encontradas nas crenças religiosas, nos comportamentos sociais, políticos, artísticos, culturais e nas mudanças sazonais. Por outro lado, a hereditariedade é fator decisivo na ocorrência inquietante, tanto quanto diversos outros de natureza ambiental e social, como guerras, fome, abandono, seqüelas de enfermidades dilaceradoras... Pode-se, portanto, informar que é também multifatorial. Do ponto de vista psicanalítico, conforme eminentes estudiosos quais Freud, Abrahan e outros, a depressão oculta uma *agressão contra a pessoa ou o objeto oculto*. Numa análise biológica, podemos considerar como fatores responsáveis pelo desencadear do distúrbio depressivo, as alterações do quimismo cerebral, no que diz respeito aos neurotransmissores como a serotonina e a noradrenalina. Em uma análise mais cuidadosa, além dos agentes que produzem *stress*, incluímos entre os geradores da depressão, os hormônios esteróides, estrênios e andrógenos, relacionados com o sexo, que desempenham papel fundamental no humor e no comportamento mental.

É claro que não estamos relacionando todas as causas que predispõem ou que dão origem à depressão, antes desejamos referir-nos mui superficialmente a somente algumas daquelas que desencadeiam esse processo alienante. Nosso objetivo essencial neste momento é identificar o fator de natureza preponderante para depois concluirmos pelo de natureza predisponente. E esse, essencial, importante, é o próprio Espírito reencarnado, por nele se encontrarem ínsitas as condições indispensáveis para a instalação do distúrbio a que faz jus, em razão do seu comportamento no transcurso das experiências carnais sucessivas.

O Espírito é sempre o semeador espontâneo, que volve pelo mesmo caminho, a fim de proceder à colheita das atividades desenvolvidas através do tempo. Não bastassem as suas próprias realizações negativas para propiciar o conflito depressivo e as suas ramificações decorrentes, que geraram animosidades, mágoas e revoltas em outros seres que conviveram ao seu lado e foram lesados nos sentimentos, transformado-se em outro tipo de razão fundamental para a ocorrência nefasta.

Ao reencarnar-se o Espírito, o seu perispírito imprime no futuro programa genético do ser os requisitos depurativos que lhe são indispensáveis ao crescimento interior e à reparação dos gravames praticados. Os genes registram o desconserto vibratório produzido pelas ações incorretas no futuro reencarnante, passando a constituir-se um campo no qual se apresentarão os distúrbios do futuro quimismo cerebral. Quando se apresentam as circunstâncias predisponentes, manifesta-se o quadro já existente nas intrincadas conexões neuroniais, produzindo por fenômenos de vibração eletroquímica o transtorno, que necessitará de cuidadosa terapia específica e moral. [...].

Nunca será demasiado repetir que, na raiz de todo processo de desequilíbrio mental e emocional, nas psicopatologias variadas, as causas dos distúrbios são os valores morais negativos do enfermo em processo de reeducação, como decorrência das ações pretéritas ou atuais praticadas. Não existindo efeito sem causa, é compreensível que toda ocorrência infeliz de hoje resulte de atividade agressiva e destrutiva anterior.

Não poucas vezes, também se pode identificar na gênese da depressão o fator responsável pelo funcionamento sexual deficiente, receoso, frustrante, que induz o paciente ao desinteresse pela vida, à fuga da realidade...

Desse modo, a depressão, mesmo quando decorra de uma psicogênese bem delineada, seja pela hereditariedade ou pelos fatores psicossociais e outros, sua causa profunda se encontra sempre no Espírito endividado que renasce para liberar-se da injunção penosa a que se entregou.

Assim sendo, aproxima-se o dia, no qual, a ciência acadêmica se dará conta da realidade do ser que transcende a matéria, e cujas experiências multifárias através dos renascimentos corporais responde pelo binômio saúde-doença." (Manoel P. de Miranda, *Tormentos da obsessão*, 2. ed., p. 279-280, 282-283).

CONSEQÜÊNCIAS DA DEPRESSÃO

a) Enfermidades orgânicas

"Enfermando o espírito, como já mencionado, as forças orgânicas, sem resistências e com as defesas comprometidas, serão dominadas pelos *invasores*. Vencidas as resistências orgânicas, o corpo terminará por enfermar-se, também.

Por esta razão, um depressivo, sobretudo se grave o seu estado, poderá vir a sofrer, dentre outros males, estes: distúrbios digestivos; úlceras (estômagos e duodeno); disritmia cardíaca; problemas hepáticos; disfunções intestinais, manifestações cancerígenas; estados degenerativos graves; infecções lamentáveis; alergias; oscilação de pressão; comprometimento do metabolismo em geral; agravamento dos problemas já existentes; e, finalmente, profundo desgaste.

Ocorrerá, ou poderá ocorrer, com o depressivo, a chamada *somatização*, isto é, os distúrbios emocionais/espirituais terminarão por se projetar no *universo* orgânico. Quando isto ocorrer, não será suficiente o tratamento orgânico (cuidando-se somente dos efeitos), sendo necessário, sobretudo, socorrer a alma, assim eliminando a causa desencadeadora do efeito." (Izaías Claro, *Depressão: causas, conseqüências e tratamento*, 10. ed., p. 101).

"A depressão, ainda, em muitos padecentes, é responsável por estas situações:
- Solidão mórbida daqueles que preferem fugir para o isolamento emocional;
- Domínio dos receios íntimos. Receio de novas agressões, de contato com novas pessoas...;
- Sentimento de injustiça, que passam a nutrir. [...].
- Cansaço. Os depressivos sentem-se cansados da *batalha* diária;
- Indiferença ao amor. Os depressivos cerram a porta do coração à solidariedade;
- Mágoa facilmente instalada." (Izaías Claro, Depressão: causas, conseqüências e tratamento, 10. ed., p. 107).

b) Suicídio

"Induvidosamente, é esta a conseqüência mais terrível da depressão: o suicídio.

Quando ele ocorre, deixa marcas profundas, dificilmente superáveis, nos familiares e amigos. Estes, atravessarão largo período da existência se perguntando: o que aconteceu para que ele/ela fizesse isto? E agora, o que será de nosso ente querido? Como ficaremos nós, sem a sua presença amada e com esta profunda dor? Onde e como teremos falhado para com ele/ela?...

O suicídio, consoante magistério da Doutrina Espírita, pode ser *direto/indireto*, ou *consciente/inconsciente*." (Izaías Claro, *Depressão: causas, conseqüências e tratamento*, 10. ed., p. 107).

A DEPRESSÃO INFANTIL E JUVENIL

"Não obstante, a depressão também se manifesta em crianças e jovens, estruturada em fatores endógenos e outros de natureza sociológica, decorrentes do relacionamento entre pais e filhos, do convívio familiar e comunitário conflitivo..." (Manoel P. de Miranda, *Tormentos da obsessão*, 2. ed., p. 277).

PERFIL DO ADOLESCENTE DEPRESSIVO

"Você, talvez, esteja perguntando: *como identificar os sinais característicos da depressão ou do depressivo ou, noutras palavras, - como se comporta alguém, vítima de depressão?*

Capítulo 10

Menciono, para você, a seguir, desdobrando-os ao máximo, quinze sinais ou características, que podem estar presentes no depressivo. Evidente que não há necessidade de que os quinze sinais estejam presentes, para que a depressão seja considerada como tal; alguns sinais, os mais graves e importantes, principalmente, já bastarão para que se identifique o depressivo. São estas as características que comumente estão presentes no enfermo:

- Aparência triste e abatida;
- Os movimentos se tornam mais lentos, diminui a gesticulação que acompanha a fala e o andar;
- A pessoa fala pouco e o tom de voz é baixo; tem poucos assuntos para conversar;
- Preocupações constantes com doenças físicas;
- Perda ou ganho significativo de peso, fora de períodos de dieta. Ou, ainda, aumento ou diminuição de apetite, quase todos os dias. Frise-se, porém, que portadores de graves enfermidades poderão perder peso sem que estejam com depressão, o mesmo podendo ocorrer com as crianças que, em determinados períodos, apresentam alguma incapacidade de aumentar o peso;
- A pessoa passa muitas horas por dia sentada ou deitada;
- Redução marcante de interesse ou prazer em todas ou quase todas as atividades a maior parte do dia, quase todos os dias. Nas crianças e nos adolescentes, este comportamento depressivo poderá apresentar-se como uma irritação constante, permanente;
- O deprimido não reconhece que está deprimido;
- A pessoa não tem capacidade de recuperar sozinha as atividades normais, daí a importância do apoio e da compreensão da família, dos amigos, do apoio do profissional especializado, do Centro Espírita e de outras Instituições mais;
- Fadiga ou perda de energia quase todos os dias;
- Sensações de desvalorização ou culpa excessiva ou inadequada, exagerada. A pessoa se sente sem valia alguma, e passa a nutrir este tipo de sentimento;
- Diminuição da capacidade de pensar ou de se concentrar ou, ainda, indecisão, quase todos os dias;

Por último, este sinal que serve para identificarmos o portador de depressão:

- Vontade de morrer (pensamento de morte). Ou, ainda, pensamentos em torno do suicídio, idéias suicidas recorrentes (que surgem, que desaparecem e que ressurgem na mente da pessoa). Tentativa de suicídio também serve para identificar o depressivo.

Aos que lêem estas páginas, lembro que não basta sentir - é bom que se frise - um ou mais sintomas para se concluir, apressadamente, que a pessoa esteja com depressão.

Baseado nos estudiosos, e nas observações longamente elaboradas no atendimento aos sofredores, posso dizer que a depressão começa a ser identificada quando o quadro, ou estes sinais aqui mencionados, se mantém por, pelo menos, algumas semanas, sem o que não se poderá, ainda, falar em depressão patológica.

Assim, além de cuidadosos exame do caso, verificar sempre se os sinais observados não são reflexos de doenças orgânicas, sem que a alma tenha sido realmente afetada.

De qualquer maneira, os sinais relacionados são um sério indício de depressão já instalada ou em vias de instalar-se. Também pode ocorrer que a pessoa apresente um ou outro distúrbio e esteja com depressão, sem que o comportamento depressivo (ostensivo) se tenha verificado." (Izaías Claro, *Depressão: causas, conseqüências e tratamento*. 10. ed., p. 28-29).

SINAIS DO DEPRESSIVO

"Em determinado paciente pode expressar-se como um estado de excessivo bom humor, de exaltação da emotividade, em contraste com os acontecimentos vivenciados no momento, logo regredindo com rapidez para a depressão, as lágrimas, envolvendo sentimentos contraditórios, que passam dos risos excitados aos prantos pungentes. No momento de exacerbação o enfermo delira, acreditando-se messias, gênio da política, da arte, com demasiada valorização das próprias possibilidades. Vezes outras, experimenta estados de temor, por acreditar que existe conspiração contra sua vida e seus desejos, seus valores especiais. Apresenta-se em determinado momento palrador, mudando de conduta com muita freqüência, ou então deixa-se ao abandono, sem higiene, aparecendo, noutras vezes, de maneira extravagante e vulgar. Nessa fase, torna-se sexualmente excitado, exótico, irresponsável, negando-se a aceitar a enfermidade e mesmo a submeter-se ao tratamento adequado." (Manoel P. de Miranda, *Tormentos da obsessão*, 2. ed., p. 278).

Capítulo 10

O SUICÍDIO

"Ato de extrema rebeldia, reação do orgulho desmedido, vingança de alto porte que busca destruir-se ante a impossibilidade de a outrem aniquilar, o suicídio revela o estágio de brutalidade moral em que se demora a criatura humana...

Por um minuto apenas, a revolta atira o ser no dédalo do desvario, conseguindo um tentame de desdita que se alonga por decênios lúridos de amarguras e infortúnios indescritíveis.

Por uma interpretação precipitada, o amor-próprio ferido arroja o homem que se deseja livrar de um problema no poço sem fundo de mais inditosas conjunturas, que somente a peso de demorados remorsos e agonias consegue vencer...

Sob a constrição de injustificável ciúme, a criatura desforça-se da vida, naufragando em águas encrespadas que a afogam sem a acalmar, de cuja asfixia incessante e tormentosa não logra liberar-se...

Em nome da dignidade atirada por terra se arroja a pessoa geniosa na covarde fuga pela estrada-sem-fim da cavilosa ilusão, em que carpe, inconsolável, o choro do arrependimento tardio...

Evitando a enfermidade de alongada presença que conduzirá à morte, o impaciente antecipa o momento da libertação e através desse gesto se escraviza por tempo infindável ao desespero e à dor que o afligiam, agravados pela soma dos novos infortúnios infligidos à existência que lhe não compete exterminar...

Temendo o sofrimento o suicida impõe-se maior soma de aflições, no pressuposto de que o ato de cobardia encetado seria sancionado pelo apagar da consciência e pelo sono do nada...

... No fundo de todas as razões predisponentes para o autocídio, excetuando-se as profundas neuroses e psicoses de perseguição, as maníaco-depressivas - que procedem de antigas fugas espetaculares à vida e que o espírito traz nos refolhos do ser como predisposições à repetição da falência moral - se encontra o orgulho tentando, pela violência, solucionar questões que somente a ação contínua no bem e a sistemática confiança em Deus podem regularizar com a indispensável eficiência.

Condicionado para os triunfos de fora, não se arma o homem para as conquistas interiores, mediante cujas realizações se imunizaria para as dificuldades naturais da luta com que se encontra comprometido em prol da própria ascensão.

Mudam-se as circunstâncias, alteram-se os componentes, variam as condições por piores que se apresentem, mediante o concurso do tempo.

À desdita sobrepõe-se a ventura, ao desaire a alegria, ao infortúnio resignado a esperança, quando se sabe converter os espinhos e pedrouços da estrada em flores e bênçãos.

O homem está fadado à ventura e à plenitude espiritual.

Não sendo autor da vida, não obstante se faça o usufrutuário nem sempre responsável, é-lhe vedada a permissão de aniquilá-la.

Rompe-lhe, pelo impulso irrefletido, a manifestação física, jamais, porém, destrói as engrenagens profundas que lhe acionam a exteriorização orgânica.

Toda investida negativa se converte em sobrecarga que deve conduzir o infrator do código de equilíbrio, que vige em todo lugar.

Alguns que se dizem religiosos mas, desassisados, costumam asseverar, irrefletidos, que preferem adiar o resgate, mesmo que seja constrangidos ulteriormente a imposições mais graves... Incapazes, no entanto, de suportarem o mínimo, se atribuem possibilidades de, após a falência, arcarem com responsabilidades e encargos maiores. Presunção vã e justificativa enganosa para desertarem do dever!

A si mesmos iludem os que debandam dos compromissos para com a vida. Não morrerão.

Ninguém se destrói ante a morte.

Províncias de infortúnio, regiões de sombras enxameiam em ambos os lados da vida. Da mesma forma prosseguem além da morte os estados de consciência ultrajada, de mente rebelada, de coração vencido...

Em considerando a problemática das graves quão imprevisíveis desgraças decorrentes do suicídio, convém examinemos, também, a larga faixa dos autocidas indiretos, daqueles que precipitam a hora da desencarnação, mediante os processos mais variados.

São, também, suicidas, os sexólatras inveterados, os viciados deste ou daquele teor, os que *ingerem* altas cargas de tensão, os que se envenenam com o ódio e se desgastam com as paixões deletérias, os glutões e ociosos, os que cultivam o pessimismo e as enfermidades imaginárias..." (Joanna de Ângelis, *Após a tempestade*, 6. ed., p. 84-85).

Capítulo 10

CAUSAS DO SUICÍDIO

"Donde nasce o desgosto da vida, que sem motivos plausíveis, se apodera de certos indivíduos?
Efeito da ociosidade, da falta de fé e, também, da saciedade.

Para aquele que usa de suas faculdades com fim útil e *de acordo com as suas aptidões naturais*, o trabalho nada tem de árido e a vida se escoa mais rapidamente. Ele lhe suporta as vicissitudes com tanto mais paciência e resignação, quanto obra com o fito da felicidade mais sólida e mais durável que o espera." (Allan Kardec, *O livro dos Espíritos*, 83. ed., perg. 943).

OCIOSIDADE

"Ser ocioso é gastar o tempo inultimente, sem proveito; é disperdiçá-lo inativamente.

Trazemos a ociosidade para as nossas cogitações, numa abordagem dirigida ao aproveitamento do tempo nas realizações que impulsionam a nossa evolução espiritual.

Convenhamos que, nesse aspecto decisivo, somos todos ainda ociosos, isto é, gastamos o nosso valoroso tempo em muita coisa inútil ao progresso do nosso espírito.

O trabalho é uma lei imperiosa da Criação, tudo se desenvolve, caminha, evolui, produz-se como conseqüência dele, e como tal o que a ele se opõe é nocivo, prejudicial." (Ney Prieto Peres, *Manual prático do espírita*, 13. ed., p. 112).

FALTA DA FÉ

"A incredulidade, a simples dúvida sobre o futuro, as idéias materialistas, numa palavra, são os maiores incitantes ao suicídio; ocasionam a *covardia moral*. Quando homens de ciência, apoiados na autoridade do seu saber, se esforçam por provar aos que os ouvem ou lêem que estes nada têm a esperar depois da morte, não estão de fato levando-os a deduzir que, se são desgraçados, coisa melhor não lhes resta senão se matarem? Que lhes poderiam dizer para desviá-los dessa conseqüência? Que compensação lhes podem oferecer? Que esperança lhes podem dar? Nenhuma, a não ser o nada. Daí se deve concluir que, se o nada é o único remédio heróico, a única perspectiva, mais vale buscá-lo imediatamente e não mais tarde, para sofrer por menos tempo.

A propagação das doutrinas materialistas é, pois, o veneno que inocula a idéia do suicídio na maioria dos que se suicidam, e os que se constituem apóstolos de semelhantes doutrinas assumem tremenda responsabilidade. Com o Espiritismo, tornada impossível a dúvida, muda o aspecto da vida. O crente sabe que a existência se prolonga indefinidamente para lá do túmulo, mas em condições muito diversas; donde a paciência e a resignação que o afastam muito naturalmente de pensar no suicídio; donde, em suma, a *coragem moral.*" (Allan Kardec, *O Evangelho segundo o Espiritismo*, 105 ed., p. 113).

A FÉ

"A fé robusta dá a perseverança, a energia e os recursos que fazem se vençam os obstáculos, assim nas pequenas coisas, que nas grandes. Da fé vacilante resultam a incerteza e a hesitação de que se aproveitam os adversários que se têm de combater; essa fé não procura os meios de vencer, porque não acredita que possa vencer.

Noutra acepção, entende-se como fé a confiança que se tem na realização de uma coisa, a certeza de atingir determinado fim. Ela dá uma espécie de lucidez que permite se veja, em pensamento, a meta que se quer alcançar e os meios de chegar lá, de sorte que aquele que a possui caminha, por assim dizer, com absoluta segurança. Num como noutro caso, pode ela dar lugar a que se executem grandes coisas.

A fé sincera e verdadeira é sempre calma; faculta a paciência que sabe esperar, porque, tendo seu ponto de apoio na inteligência e na compreensão das coisas, tem a certeza de chegar ao objetivo visado. A fé vacilante sente a sua própria fraqueza; quando a estimula o interesse, torna-se furibunda e julga suprir, com a violência, a força que lhe falece. A calma na luta é sempre um sinal de força e de confiança; a violência, ao contrário, denota fraqueza e dúvida de si mesmo." (Allan Kardec, *O Evangelho segundo o Espiritismo*, 105. ed., p. 314).

CONSEQÜÊNCIAS DO SUICÍDIO

"*Quais, em geral, com relação ao estado do Espírito, as conseqüências do suicídio?*

Capítulo 10

Muito diversas são as conseqüências do suicídio. Não há penas determinadas e, em todos os casos, correspondem sempre às causas que o produziram. Há, porém, uma conseqüência a que o suicida não pode escapar; é o *desapontamento*. Mas, a sorte não é a mesma para todos; depende das circunstâncias. Alguns expiam a falta imediatamente, outros em nova existência, que será pior do que aquela cujo curso interromperam.

A observação, realmente, mostra que os efeitos do suicídio não são idênticos. Alguns há, porém, comuns a todos os casos, de morte violenta e que são a conseqüência da interrupção brusca da vida. Há, primeiro, a persistência mais prolongada e tenaz do laço que une o Espírito ao corpo, por estar quase sempre esse laço na plenitude da sua força no momento em que é partido, ao passo que, no caso de morte natural, ele se enfraquece gradualmente e muitas vezes se desfaz antes que a vida se haja extinguido completamente. As conseqüências deste estado de coisa são o prolongamento da perturbação espiritual, seguindo-se à ilusão em que, durante mais ou menos tempo, o Espírito se conserva de que ainda pertence ao mundo dos vivos. [...].

A afinidade que permanece entre o Espírito e o corpo produz, nalguns suicidas, uma espécie de repercussão do estado no corpo do Espírito, que, assim, a seu mau grado, sente os efeitos da decomposição, donde lhe resulta uma sensação cheia de angústias e de horror, estado esse que também pode durar pelo tempo que devia durar a vida que sofreu interrupção. Não é geral este efeito; mas, em caso algum, o suicida fica isento das conseqüências da sua falta de coragem e, cedo ou tarde, expia, de um modo ou de outro, a culpa em que incorreu. Assim é que certos Espíritos, que foram muito desgraçados na Terra, disseram ter-se suicidado na existência precedente e submetido voluntariamente a novas provas, para tentarem suportá-las com mais resignação. Em alguns, verifica-se uma espécie de ligação à matéria, de que inutilmente procuram desembaraçar-se, a fim de voarem para mundos melhores, cujo acesso, porém, se lhes conserva interdito. A maior parte deles sofre apesar de haver feito uma coisa inútil, pois que só decepções encontram.

A religião, a moral, todas as filosofias condenam o suicídio como contrária às leis da Natureza. Todas nos dizem, em princípio, que ninguém tem o direito de abreviar voluntariamente a vida. Entretanto, por que não se tem esse direito? Por que não é livre o homem de pôr termo aos seus sofrimentos?

Ao Espiritismo estava reservado demonstrar, pelo exemplo dos que sucumbiram, que o suicídio não é uma falta, somente por constituir infração de uma lei moral, consideração de pouco peso para certos indivíduos, mas também um ato estúpido, pois que nada ganha quem o pratica, antes o contrário é o que se dá, como no-lo ensinam, não a teoria, porém os fatos que eles nos põe sobre as vistas." (Allan Kardec, *O livro dos Espíritos*, 83. ed., perg. 957).

TERAPÊUTICA PARA O SUICÍDIO

"Não apenas se fará imprescindível o acompanhamento do terapeuta especializado, mas também a psicoterapia da renovação moral e espiritual através da mudança de comportamento e da compreensão dos deveres que devem ser aceitos e praticados. [...].

Instalado o plugue na tomada perispiritual, o intercâmbio doentio prosseguirá atingindo paciente até o momento quando seja atendido por psicoterapia especial, qual seja a bioenergética, por intermédio dos passes, da água fluidificada, da oração, das vibrações favoráveis à sua restauração, à alteração da conduta mental em comportamental, que contribuíram para anular os efeitos morbosos da incidência alienadora. Simultaneamente, a desobsessão, mediante cujo contributo o perseguidor desperta para as próprias responsabilidades, modifica a visão espiritual, ajudando-o a resolver-se pela mudança de atitude perante aquele que lhe foi adversário, entregando-o, e assim mesmo se oferecendo, aos desígnios insondáveis do Pai Criador." (Manoel P. de Miranda, *Tormentos da obsessão*, 2. ed., p. 280-282).

"Terapêutica eficiente para tais pacientes deflui da vivência evangélica em forma de otimismo, atividade fraternal edificante, olvido das ofensas expresso em forma de solidariedade para com o ofensor, oração - que é fixação mental nos sublimes ideais da vida -, e vigilância, - que é disciplina correta imposta aos pensamentos e atos com que se plasma programas de santificação e liberdade.

O homem é o depositário, o legatário das próprias atividades.

Os latinos, mediante conceito **veneratio vitae**, concitavam o homem à auto valorização por meio de esforço acendrado em prol da dignificação de si mesmo.

Capítulo 10

Respeito à vida deve ser linha de comportamento íntimo, não se permitindo agasalhar idéias deprimentes ou beligerantes, raciocínios de astúcia e de desprezo, arremessando dardos mentais destrutivos em direção ao próximo, assim mesmo, ou agasalhando, por processo de sintonia perfeita, os que são emitidos por aqueles que sincronizam com as mesmas faixas em que se fixam...

A leitura nobre, a conversação salutar, a meditação, a par das outras terapêuticas funciona como **lubrificante** perfeito nas peças descontroladas da organização fisiológica, reparando-as, acondicionando-as, equilibrando-as.

Recurso precioso para a saúde sobre qualquer aspecto considerado é o esforço otimista e cristão de que ninguém se pode escusar." Carneiro Campos. (Ditado por diversos Espíritos, *Sementes de vida eterna,* p. 47).

TIPOS DE TERAPÊUTICA

a) Trabalho

"- Convenço-me, cada vez mais - informou-nos Dr. Orlando - que ao lado de todos os tratamentos especializados para a cura da depressão, assim como de outros distúrbios de comportamento, o trabalho desempenha um papel terapêutico fundamental. [...]. O trabalho é recurso muito valioso para fazer o tempo passar, informa a tradição terrestre, mas, sobretudo, para que passe de maneira saudável e dignificadora, acentuamos nós. Felizmente, a praxiterapia vem sendo utilizada com propriedade, colhendo resultados positivos. [...].

Sempre quando atendia um cliente portador de distúrbio depressivo, após as recomendações terapêuticas acadêmicas, propunha-lhe qualquer tipo de laborterapia, a começar por quase insignificantes esforços no próprio lar, no jardim, na reparação de objetos ou móveis quebrados até os serviços de beneficência em favor da comunidade. Os resultados, apesar das permanentes negativas do mesmo em executá-los, explicando que lhe era quase impossível atender-lhe, redundavam sempre positivos. Renascia-lhe o interesse pela vida, o desejo de prosseguir, a diminuição da ansiedade, a autoconfiança, claro que lentamente. O importante era demonstra-lhe as imensas possibilidades que lhe estavam à disposição e que, por momentos se encontravam adormecidas, aguardando somente o despertar da vontade e do esforço." (Manoel P. de Miranda, *Tormentos da obsessão*, 2. ed., p. 286-288).

b) Crença em Deus

"Como passo seguinte procurava identificar-lhe a confissão religiosa, a fim de estimulá-lo à crença em Deus, eliminando as propostas fanatizantes das diversas religiões, ensinando que o apoio Divino nunca falta, quando a criatura se entrega ao Criador, Ele corresponde-lhe com segurança e amor. Esse meu comportamento causava estranheza em muitas famílias, nas quais se encontravam os problemas depressivos, bem como entre os colegas, quase sempre aferrados a terrível convicção materialista. No entanto, a observância de tal procedimento terapêutico conferia-me estatística valiosa, quantitativa e qualitativamente, confirmando-me a sua excelência nos resultados favoráveis à recuperação da saúde." (Manoel P. de Miranda, *Tormentos da obsessão*, 2. ed., p. 288).

c) A oração

"- A oração, por sua vez, produz uma interação mente-corpo, espírito-matéria, de incontáveis benefícios.[...] a oração, que é estruturação do pensamento em comunhão com as elevadas fontes do Amor Divino, permite que a mente sintonize com os campos de vibração sutil e elevada, realizando o mesmo processo, somente que de natureza saudável e reconfortante. Captadas essas ondas pelo psiquismo, irradiam-se do espírito ao perispírito, que aumentam a resistência energética, vitalizando as células dos campos organizados da matéria, modificando-lhes a estrutura para o equilíbrio, a harmonia.

Quando alguém ora, torna-se um dínamo gerador de força, a emitir ondas de teor correspondente à qualidade da energia assimilada de incomparável resultado terapêutico, a oração é, também, ponte de ligação com a Divindade, na qual se haure coragem e bem-estar. O exemplo mais dignificante vem de Jesus. Sempre que o cansaço Lhe tomava o organismo, Ele buscava oração afim de comungar com Deus, reabastecendo-se de vitalidade. E era Ele quem conseguia alterar os campos de energia com a simples vontade, direcionando-a conforme Lhe aprouvesse." (Manoel P. de Miranda, *Tormentos da obsessão*, 2. ed., p. 289-291).

d) A Evangelhoterapia

"[...] Evangelhoterapia é o recurso precioso para produzir a recuperação do equilíbrio das criaturas, preservá-la naquele que já o possui e irradiá-lo na direção de quem se encontra necessitado.

Partindo-se do princípio através do qual todos reconhecemos que o paciente mental necessita de compreensão, bondade e estímulo constante, nas lições do Evangelho de Jesus [...] o Evangelho, face à sua linguagem simples e profunda, ética e atual, dá-nos a impressão que foi elaborado para este momento tormentoso que se vive no planeta terrestre, atendendo a todas as necessidades do ser humano. A sua leitura calma, com reflexão, objetivando entender as ocorrências existenciais, constitui incomum medicamento para o Espírito que se recupera da ansiedade e dos distúrbios que o afetam, repousando na alegria de viver. Ademais, sua proposta de saúde fundamenta-se no amor, em todo o bem que se pode fazer, no deslocamento do eu para o nós, do isolamento em que arroja o enfermo para a solidariedade que aguarda a sua parcela de cooperação.

Com essas disposições interiores, altera-se para melhor a paisagem íntima, e Espíritos nobres, interessados no bem-estar de toda a humanidade acercam-se da pessoa, envolvendo-a em ondas de amor, de autoconfiança, de bem-estar, não poucas vezes apresentando-se nos estados oníricos, quando a reconfortam e a estimulam ao prosseguimento da jornada." (Manoel P. de Miranda, *Tormentos da obsessão*, 2. ed., p. 291-292).

e) **Jesus: psicoterapeuta excepcional da Humanidade**

"- Não há como negar-se: Jesus-Cristo é o Psicoterapeuta excepcional da Humanidade, o único que pôde penetrar psiquicamente do âmago do ser, auxiliando-o na reestruturação da personalidade, da individualidade, facultando-lhe uma perfeita identificação entre *o ego* e *o self*, harmonizando-o para que não mais incida em compromissos degenerativos. Pôr isso mesmo, todos aqueles que Lhe buscaram o conforto moral, a assistência para a saúde combalida ou comprometida, física ou mental, defrontaram a realidade da vida, alterando a forma existencial do comportamento que lhes seria de inapreciado valor nas futuras experiências carnais.

A Ele, o afável Médico das almas e dos corpos, a nossa sincera gratidão e o nosso apelo para que nos inspire na equação dos dramas que afligem a humanidade, tornando a Terra um lar melhor para se crescer moral e espiritualmente, onde os sofrimentos decorrentes das enfermidades de vária gênese cedam lugar ao equilíbrio e à produção da vera fraternidade assim como da saúde integral." (Manoel P. de Miranda, *Tormentos da obsessão*, 2. ed., p. 283-284).

ORIENTAÇÃO PARA PAIS E EDUCADORES

"Quando o lar se tornar escola de real educação, e a escola se transformar em lar de formação moral e cultural, a realidade do Espírito fará parte das suas programações éticas, sem o caráter impositivo de doutrina religiosa compulsivo-obsessiva, porém com a condição de disciplina educativa-moralizadora que é, da qual ninguém se poderá evadir ou simplesmente ignorar, então o suicído na adolescência cederá lugar à resistência espiritual para enfrentar as vicissitudes e os desafios, mediante amadurecimento íntimo e compreensão dos valores éticos que constituem a vida.

Através de uma visão correta sobre a realidade do ser, do seu destino, de seus objetivos na Terra, o adolescente aprenderá a esperar, semeando e cuidando d gleba na qual prepara o futuro, a fim de colher os frutos especiais no momento próprio, frutos esses que não lhe podem chegar antes do tempo.

Descartando-se as impulsões autodestrutivas, que resultam de psicopatologias graves, mas que também podem ser devidamente tratadas, as ocorrências que levam ao suicídio na adolescência serão sanadas, e se alterará a paisagem emocional do jovem, a fim de que ele desenvolva o seu processo reencarnatório em paz e esperança, ganhando conhecimentos, adquirindo sabedoria e construindo o mundo novo no qual o amor predominará, a infância e a juventude receberão os cuidados que merecem na sua condição de perenes herdeiros do futuro." (Joanna de Ângelis, *Adolescência e vida*, 6. ed., p. 134-135).

CASOS

CASO 1: ADOLESCENTES SUICIDAS

Livro
Mãos estendidas, cap. 24, 4. ed.

Capítulo 10

Personagens
Luiz Sérgio, Leandro, Sandrinha, Frida

AMBIENTE:

"Quando os encontramos, o médico nos convidou a visitar uma outra ala de suicidas, que abrigava adolescentes de onze a dezesseis anos, ainda bastante perturbados." (p. 115).

JOVEM LEANDRO

"Enquanto enfermeiros faziam os curativos, aproximei-me de um dos socorridos, o Leandro, e perguntei:
- Como vai?
Ele me olhou, segurando o estômago. Suicidara-se ingerindo barbitúricos.
- Sinto tanta dor aqui, moço! - Mostrou-me o órgão afetado.
- Por que você tomou tanto remédio? - Perguntei.
- Porque queria morrer. Meu pai vivia me xingando; todas as vezes que ele brigava com minha mãe, ofendia-me também e muito. Não suportei a dor do desprezo e preferi a morte; só que nunca mais vi meu pai e por isso sofro mais ainda.
Nisso, aproximou-se de nós uma bela mulher, Frida, a enfermeira alemã, que com carinho cuida dessas crianças sofridas.
- Querido piá, como estás? - falou com sotaque.
Retirei-me, deixando-os. Era muito amor para ser incomodado." (p. 115).

SANDRINHA - GAROTA DE 14 ANOS.

"Mais adiante, aproximei-me de uma garota de quatorze anos e, com ternura, fui puxando conversa.
- Você está bem?
- Mais ou menos. Hoje estou melhor, o sangramento está diminuindo - mostrou-me o pulso que fora cortado com gilete.
Nada lhe perguntei, mas ela foi-me relatando o trágico episódio. Vivia, com suas amigas, sob severa vigilância dos pais. Divertiam-se lendo revistas e livros pornográficos sobre sexo e anti-concepcionais, às escondidas. Enfim, a proibição dos pais aguçava-lhes cada vez mais a curiosidade sobre a

vida sexual. Brincavam entre si, procurando suprir a falta do contato masculino. Esta garota, vivendo situação conflitante - uma, em que a curiosidade falava mais alto e outra onde lhe apresentavam um Deus que castiga -, temendo a punição, quis fugir de si mesma, por considerar-se indigna. Assim, depois de uma tarde de sexo com suas amigas, resolveu fugir da realidade através do suicídio.

Abracei-a forte.

- Por que irmã, não procurou alguém para lhe aconselhar?

- Quem escuta sem acusar? Todos gostam de atirar pedras, ninguém procura saber porque alguém caiu. Só sabem culpar a fraqueza do próximo.

Calei-me. Ela estava com a razão. Poucos ouvem e ajudam, muitos ouvem e só sabem criticar. Recordei-me de um local, onde o jovem é amado, compreendido e respeitado pelos espíritos e por alguns companheiros; sabemos que existem muitos que não desejam amá-los mas temos a esperança de que um dia esses adultos voltarão a ser crianças. Esperamos, eu e principalmente, Irmã Francisca Thereza. É bem pouco o que os jovens nos pedem: respeito, só isso. Elogiar o seu trabalho, demonstrando-lhes que os amamos, é necessário para o dia de amanhã. Mostrarmo-nos indiferentes é sinal de que não atingimos ainda a faixa de respeito à dignidade alheia. Somos uma falange que espera que cada ser plante um jardim de esperanças para que os Miosótis não deixem de florir.

- Até outro dia, Sandrinha. Espero que você se restabeleça; voltarei a visitá-la. Até.

- Não, não vás embora, não! Gostei de ti, és tão legal!

Acariciei-a e ainda permaneci conversando por algum tempo mais." (p. 116).

MENINO DE DOZE ANOS

"Quando a deixei, fui direto até um menino que aparentava doze anos. Tinha um orifício feito por bala na fronte. Apesar de já haver sido medicado, o sangue corria em profusão.

- Como vai, camarada?

Olhou-me com ódio, nada respondendo. Sentei-me ao seu lado, abri o Evangelho como quem nada queria. Ele, meio sem jeito, disse-me:

Capítulo 10

- Desculpe-me, amigo, ando meio nervoso. Suicidei-me, pensando ficar livre de tudo e veja o meu estado: cada vez mais preso ao remorso.

- O que aconteceu com você?

- Fiquei 'cheio' dos velhos, desejei dar uma de vítima para chamar a atenção e olhe o que restou do meu corpo...

- Mas só por isso?

- Você acha pouco ser filho único e desprezado pelos pais? Eles só se amavam, em nenhum momento lembravam que eu existia. Meu pai não me queria. Quando minha mãe ficou grávida e depois do meu nascimento, fui sendo desprezado pelo seu ciúme, e cada vez mais me revoltava. Sentia no olhar de meu pai o desejo de que eu saísse de casa. Ele queria viver sozinho com minha mãe; eu era como um fardo pesado para eles.

- E sua mãe, não era sua amiga?

- Que nada! Às vezes, parecia que me amava, mas só a meu pai ela agradava.

- E aí você resolveu suicidar-se?

- Queria apenas dar um susto neles, mas acabei acertando em cheio e nada os médicos puderam fazer.

- E eles, como estão?

- Na deles. Nem ligaram. Só no início ficaram chocados. Não esqueça que eu era demais naquela casa.

- É inacreditável que existam casais que renegam o próprio filho!

- Meu amigo, como o meu caso, existem muitos aqui. Aquela garota ali, por exemplo, a mãe a odiava e o pai lhe era indiferente.

Saí, imaginando os lares despreparados para receber um filho." (p.   116-117).

CASO 2: RELATO DE UMA JOVEM SUICIDA

Livro
Vozes do grande além, cap. 39, 4. ed.,

Personagem
Hilda

"Obsidiada fui eu, é verdade.

Jovem caprichosa, contrariada em meus impulsos afetivos, acariciei a idéia da fuga, menoscabando todos os favores que a Providência Divina me concedera à estrada primaveril.

Acalentei a idéia do suicídio com volúpia, e, com isso, através dela, fortaleci as ligações deploráveis com os desafetos de meu passado, que falava mais alto no presente.

Esqueci-me dos generosos progenitores a quem devia ternura; dos familiares, junto dos quais me empenhara em abençoadas dívidas de serviço; olvidei meus amigos, cuja simpatia poderia tomar por valioso escudo em minha justa defesa, e desviei-me do campo de sagradas obrigações, ignorando deliberadamente que elas representavam os instrumentos de minha restauração espiritual.

Refletia no suicídio com expectação de quem se encaminhava para uma porta libertadora, tentando, inutilmente, fugir de mim mesma.

E, nesse passo desacertado, todas as cadeias do meu pretérito se reconstituíram, religando-me às trevas interiores, até que numa noite de supremo infortúnio empunhei a taça fatídica que me liquidaria a existência na carne.

Refiro-me a essa hora terrível e inolvidável, para fortalecer em vosso espírito a responsabilidade do pensamento criado, alimentado, e vivido...

No momento cruel, um raio de luz clareou-me por dentro!...

Eu não deveria morrer assim - comecei a pensar.

Cabia-me guardar nos ombros, por título de glória a cruz que o Senhor me confiara!...

Imensa repugnância pela deserção, de súbito, iluminou minha alma; entretanto, na penumbra do quarto, rostos sinistros se materializaram de leve e braços hirsutos me rodeara.

Vozes inesquecíveis e cavernosas infundiram-me estranho pavor, exclamando: - <<É preciso beber.>>

A benção do socorro celeste fora como que abafada por todas as correntes de treva que eu mesma nutrira.

Debalde minha mão trêmula ansiou desfazer-se do liquido fatal.

Esvairam-se-me as forças. Senti-me desequilibrada e, embora sustentasse a consciência do meu gesto, sorvi, quase sem querer, a poção com que meu corpo se rendeu ao sepulcro.

Em verdade, eu era obsidiada...

Sofri a perseguição de adversários, residentes na sombra, mas perseguição que eu mesma sustentei com a minha desídia e ociosidade mental.

Corporificara, imprevidente, todas as forças que, na extrema hora, me facilitaram a queda.

Conservando a idéia lamentável, acabei lamentando a minha própria ruína.

Em razão disso, padeci, depois do túmulo, todas as humilhações que podem rebaixar a mulher indefesa...

Agora, que se me refazem as energias, recebi a graça de acordar nos amigos encarnados a noção de «responsabilidade» e «consciência», no campo das imagens que nós mesmos criamos e alimentamos, serviço esse a que me consagrei, até que novo estágio entre os homens me imponham a recapitulação total da prova em que vim a desfalecer.

É por essa razão que terminamos as nossas frases despretenciosas, lembrando a vós outros que o pensamento deplorável, na vida intima, é assim como detrito que guardamos irrefletidamente em nosso templo doméstico.

Se somos atenciosos para com a higiene exterior, usando desisfetantes e instrumentos de limpeza, assegurando a saúde e a tranqüilidade, movimentemos também o trabalho, a bondade e o estudo, contra a dominação do pensamento feliz, logo que o pensamento infeliz se esboce levemente na tela de nossos desejos imanifestos.

Cumpramos nossas obrigações, visitemos o amigo enfermo, atendamos à criança desventurada, procuremos a execução de nossas tarefas, busquemos o convívio do livro nobre, tentemos a conversação robusta e edificante, refugiemo-nos no santuário da prece e devotemo-nos à felicidade do próximo, instalando-nos sobre a tutela do bem e agindo sempre contra o pensamento insensato, porque, através dele, a obsessão se insinua, a perseguição se materializa, e, quando acordamos, diante da própria responsabilidade, muitas vezes a nossa consciência chora tarde demais." (p. 164-166).

Capítulo XI
O adolescente e a Casa Espírita - A mocidade

O ADOLESCENTE E A CASA ESPÍRITA – A MOCIDADE

AOS JOVENS ESPÍRITAS

O JOVEM E O CENTRO ESPÍRITA

"Um amigo declarou-nos, recentemente, que, pela primeira vez na história da Humanidade, os jovens dedicados às lides religiosas e espirituais têm ensejo de projetar os próprios talentos filosóficos, graças à instituição das chamadas **Juventudes Espíritas**. Não fora isso e se perderiam preciosos cabedais trazidos pela juventude ao reencarnar, porque esses jovens espíritas não seriam jamais conhecidos, nem aproveitados os seus valores pessoais a benefício da Doutrina Espírita e da coletividade humana. E que, por isso, era pela amplitude da instituição, que deverá crescer sempre mais.

Também aplaudimos a instituição disciplinada das Juventudes e Mocidades Espíritas, pois sinceramente entendemos que ela é um bem e muito auxiliará os moços a se firmarem para os gloriosos destinos espirituais, que muitos certamente alcançarão em breve etapa. Todavia, é bom raciocinar que essa instituição existiu desde os primeiros dias do Cristianismo e do Espiritismo, senão com a feição hoje apreciada em nossa Doutrina, pelo menos muito significativamente estabelecida pela própria legislação celeste." (Yvonne A. Pereira, *À luz do consolador*, 3. ed., p. 52).

JOVENS: EXEMPLOS DE VIRTUDES INESQUECÍVEIS

"Partindo do Cristianismo, observaremos que o seu fundador, Jesus de Nazaré, ao ser crucificado, era um jovem que contaria trinta e três anos de idade, talvez menos, segundo os fundamentos históricos de ilustres investigadores e historiadores. Igualmente jovem seria João Batista, o seu grande precursor, cuja idade orçaria pela do Mestre. Dos doze apóstolos por ele, o Mestre, escolhidos, apenas dois teriam sido de idade madura, segundo os mesmos historiadores e as afirmativas das obras mediúnicas: - Simão, o zelote, e Tiago, filho de Alfeu, porque o próprio Simão Barjonas (Pedro) seria homem de apenas quarenta anos de idade por ocasião da morte do Mestre, segundo os mesmos historiadores e a observação em torno dos Evangelhos e dos Atos dos Apóstolos. Os demais, Judas Iscariotes inclusive, seriam personalidades de vinte e tantos e trinta e poucos anos de idade, enquanto João Evangelista contaria vinte anos, por ocasião do Calvário, um adolescente, portanto, que se iniciou no apostolado com menos de vinte.

João Marcos, por sua vez, outro evangelista, era um rapazote ao tempo de Jesus, adolescente quando se iniciou nos serviços do Cristo com seu amigo e instrutor Simão Pedro. Estevão, a mais doce e comovente figura daqueles dias difíceis, o primeiro mártir do Cristianismo, depois do próprio Jesus, era pouco mais que adolescente ao ser lapidado. Jovem também era o grande Paulo de Tarso, ao se dedicar à causa de Jesus para todo o sempre: - '... e as testemunhas (da morte de Estevão), tomando-lhe as vestes, as puseram aos pés de um mancebo chamado Saulo', esclarecem os versículos 55 a 58 de Atos dos Apóstolos. Muito moço ainda, senão propriamente jovem, seria o evangelista Lucas, a julgar pela intensidade de suas lides. O Cristianismo primitivo, nos dias de trabalho, de testemunhos, de difusão e de martírio está repleto de referências a pessoas jovens convertidas ao apostolado cristão, jovens que não fraquejaram na fé pelo seu ideal nem mesmo à frente das feras, nos Circos de Roma. As obras mediúnicas que se reportam a esses tempos são incansáveis nas referências a jovens cristãos possuídos do ideal sublime da renovação pelo Amor, cujo desempenho heróico é oferecido à Humanidade hodierna como padrão de honradez, fidelidade e nobreza moral.

Igualmente jovens foram, ao se projetarem no mundo como exemplos de virtudes inesquecíveis, Francisco de Assis, chamado **O Cristo da Idade Média**, o qual contava vinte anos de idade quando vozes espirituais o advertiram, lembrando-lhe os compromissos firmados com o Senhor, ao reencarnar; e Antônio de Pádua, aquele angelical **Fernando de Bulhões**, que aos dezesseis anos deixou os braços maternos para se iniciar na Ciência Celeste e se tornar o poderoso médium de transporte em corpo astral, o paladino da oratória religiosa numa época de cavalaria e guerras, e cuja ternura pelas crianças ainda hoje inspira corações delicados ao mesmo afã, sete séculos depois da sua passagem pelo mundo. Jovem de dezoito primaveras foi Joana d'Arc, figura inconfundível do início da Renascença, médium passivo por excelência, cuja vida singular atrai nossa atenção como a luz de uma estrela que não se apagou ainda... E também Vicente de Paulo, iniciando seu inesquecível apostolado aos vinte e quatro anos de idade, e, se rebuscássemos as páginas da História, com vagar, outros encontraríamos para reforçar a nossa exposição.

A história do Espiritismo não é menos significativa, com a impressionante falange de juventude e mocidade convocada para os misteres da Revelação Celeste, que caminha sempre:

- Jovens de catorze e quinze anos de idade foram as irmãs Fox, as célebres médiuns de Hydesville, ao iniciarem compromissos mediúnicos com o Alto, compromissos que abalaram os alicerces de uma civilização e marcaram a aurora de etapa nova para a Humanidade. Jovens também, alguns dos principais instrumentos mediúnicos de Allan Kardec, e cuja missão singular muitos espíritas esqueceram: - Mlle. Japhet, Mlle. Alline, Mlle. Boudin... Jovem de vinte e poucos anos era o médium norte-americano James, citado por Aksakof, o qual prosseguiu o romance 'O Mistério de Edwin Drood', de Charles Dickens, deixado inacabado pelo autor, que falecera, fato único na história da mediunidade, até hoje. Jovem, a célebre médium de Alexandre Aksakof, Elizabeth d'Espérance, que desde menina falava com os desencarnados e que se tornou, posteriormente, ainda na juventude, um dos maiores médiuns de efeitos físicos e materializações de Espíritos, de todos os tempos. Jovem também a não menos célebre médium de William Crookes, que materializava o Espírito de Katie King, Florence Cook, que, com a sua extraordinária faculdade, ofertou ao Espiritismo e ao mundo páginas fulgurantes e inesquecíveis com aquelas materializações, tão jovem que só mais tarde contraiu matrimônio. Também desfrutando plena mocidade foi a lúcida intérprete do Espírito do Conde Rochester, Condessa W. Krijanovsky, obteve os romances brilhantes, que arrebanharam para o Espiritismo tantos adeptos. Jovem de vinte e uma primaveras era Léon Denis, o grande pensador espírita, que tanto enalteceu a causa, ao iniciar seu labor no seio da Doutrina dos Espíritos, e também Camilo Flammarion, o astrônomo poeta, outro médium de Allan Kardec." (Yvonne A. Pereira, *À luz do consolador*, 3. ed., p. 52-55).

JOVENS ESPÍRITAS BRASILEIROS

"No Brasil, não menos jovem, de vinte e uma primaveras, ao se iniciar no intercâmbio com o Invisível, foi o médium Frederico Júnior, cujo apostolado quase sublime é desconhecido

Capítulo 11

da geração espírita da atualidade. Muito moços ainda, se não propriamente jovens, eram Fernando de Lacerda, o psicógrafo mecânico, que escrevia com as duas mãos páginas de clássicos portugueses, enquanto conversava com amigos ou despachava papéis na repartição em que trabalhava, e Carlos Mirabelli, produtor dos mais significativos casos de materialização de espíritos em nossa pátria, pois que ambos nem mesmo esperaram a velhice para desencarnar. E jovem também era Zilda Gama, ao se projetar, em 1920, com o seu primeiro livro mediúnico, 'Na Sombra e na Luz'.

Jovem de vinte e um anos de idade era Francisco Cândido Xavier ao se revelar ao mundo com o livro 'Parnaso de Além-Túmulo', para prosseguir numa ascensão mediúnica apostolar, que não findou ainda. E, finalmente, jovem também era Yvonne A. Pereira [...], que aos doze anos de idade escrevia mediunizada sem saber, que aos quinze recebia páginas de literatura profana sob controle mediúnico da entidade espiritual **Roberto de Canalejas**, que a acompanhava desde a infância, e que antes dos vinte tinha a seu cargo a tremenda responsabilidade de um **Posto Mediúnico** para receituário e curas de obsessão, e já esboçados três dos livros que posteriormente publicaria. Ambos, Francisco Cândido Xavier e Yvonne A. Pereira, já aos cinco anos de idade viam os Espíritos desencarnados e com eles falavam, supondo-os seres humanos, tal como Elizabeth d'Espérance. Daí pra cá, então, os jovens espíritas começaram a ser preparados através das **Juventudes e Mocidades** espíritas constituídas dentro dos Centros como seus departamentos infanto-juvenis, orientados e assistidos por confrades esclarecidos, experientes e idôneos, exercendo as funções de mentores.

Entre inúmeros jovens outros que poderíamos ainda citar, temos Leopoldo Cirne que, aos 21 anos de idade, foi eleito vice-presidente e aos 31 presidente da maior organização espiritista do mundo - a Federação Espírita Brasileira.

Como vemos, pois, Cristianismo e Espiritismo são doutrinas também facultadas a jovens... e, mercê de Deus, parece que todos eles, pelo menos os acima citados, não negligenciaram na multiplicação dos talentos pelo Senhor confiados aos seus cuidados. Acreditamos que as instituições denominadas **Juventudes e Mocidades Espíritas** facilitarão, sim, muitíssimo, as tarefas dos jovens da atualidade e do futuro, tarefas, que, para os do passado, foram cercadas de espinhos e sacrifícios, de dramas e até de tragédias.

Que Deus vos abençoe, pois jovens espíritas! Tende a mão no arado para lavrar os múltiplos campos da Seara Espírita. Elevai bem alto esse farol imortal, que recebestes imaculado das mãos dos vossos predecessores! Sede fiéis guardiães dessa Doutrina que tudo possui para tornar sábia e feliz a Humanidade! O futuro vos espera, fremente de esperanças! E o passado vos contempla, animado pela confiança." (Yvonne A. Pereira, *À luz do consolador*, 3. ed., p. 55-57).

O ADOLESCENTE NA CASA ESPÍRITA – A MOCIDADE

A Mocidade Espírita é uma das mais belas conquistas do Movimento Espírita. Celeiro de ideais nestas reuniões alegres onde o coração juvenil desperta-se para os compromissos nobres com Jesus, a Casa Espírita prepara os tarefeiros do porvir. Toda atenção, todo o zelo e todo o carinho devem receber de nós a Mocidade conduzindo suas energias construtivas para os nobres ideais do bem. O Jovem encontra na Mocidade Espírita os companheiros, os amigos e o entusiasmo para se engajar no estudo e no trabalho que formarão o trabalhador espírita do futuro.

"No estudo das idéias inatas, pensemos nos jovens, que somam às tendências do passado as experiências recém-adquiridas.

Com exceção daqueles que renasceram submetidos à observação da patologia mental, todos vieram da estação infantil para o desempenho de nobre destino.

Entretanto, quantas ansiedades e quantas flagelações quase todos padecem, antes de se firmarem no porto seguro do dever a cumprir!...

Ao mapa da orientação respeitável que trazem das Esferas Superiores, a transparecer-lhes do sentimento, na forma de entusiasmos e sonhos juvenis, misturam-se as deformações da realidade terrestre que neles espera a redenção do futuro.

Muitos saem da meninice moralmente mutilados pelas mãos mercenárias a que foram confiados no berço, e outros tantos acordam no labirinto dos exemplos lamentáveis, partidos daqueles mesmos de quem contavam colher as diretrizes do aprimoramento interior. [...].

Capítulo 11

Ensina-se-lhes o verbo aprimorado em lavor acadêmico, e dá-se-lhes na intimidade a palavra degradada em baixo calão.

Ergue-se-lhes o ideal à beleza da virtude, e zomba-se deles toda vez que não se revelem por tipos acabados de animalidade inferior.

Fala-se-lhes de glorificação do caráter, e afoga-se-lhes a alma no delírio do álcool ou na frustração dos entorpecentes.

Administra-se-lhes abandono, e critica-se-lhes a conduta.

Não condenes a mocidade, sempre que a vejas dementada ou inconseqüente.

Cada menino e moço no mundo é um plano da Sabedoria Divina para serviço à Humanidade, e todo menino e moço transviado é um plano da Sabedoria Divina que a Humanidade corrompeu ou deslustrou.

Recebamos os jovens de qualquer procedência por nossos próprios filhos, estimulando neles o amor ao trabalho e a iniciativa da educação.

Diante de todos os que começam a luta, a senha será sempre - «velar e compreender» -, a fim de que saibamos semear e construir, porque, em todos os tempos, onde a juventude é desamparada, a vida perece." (Emmanuel, *Religião dos Espíritos*, 7. ed., p. 137-139).

IMPORTÂNCIA DA RELIGIÃO PARA O ADOLESCENTE

"É relevante o papel da religião na **individuação** do ser, que não permite a dissociação de valores morais, culturais e espirituais, reunindo-os em um todo harmônico que lhe proporciona a plenitude.

Na adolescência, os ideais estão em desabrochamento, abrindo campo para os postulados religiosos que, bem direcionados, norteiam com segurança os passos juvenis, poupando o iniciante nas experiências humanas a muitos dissabores e insucessos nas diferentes áreas do comportamento, incluindo aquele de natureza sexual. [...].

A religião objetiva, essencialmente, conduzir ou reencaminhar a criatura ao Criador, auxiliando-a a reconhecer a sua procedência divina, que ficou separada pela rebeldia da própria conduta, graças ao livre-arbítrio, à opção de ser feliz conforme o seu padrão imediatista, vinculado ao instinto, em detrimento da sublimação dos desejos, que permitiriam alcançar a paz de consciência.

Direcionada ao adolescente, a religião marcha com ele pelos labirintos das perquirições e deve estar aberta a discutir todas as colocações que o perturbam ou despertam, de tal forma que se lhe torne auxiliar valiosa para as decisões livres que deve assumir, de maneira a estar em paz interior." (Joanna de Ângelis, *Adolescência e vida*, 6. ed., p. 104-105).

ESPIRITISMO: DOUTRINA ESCLARECEDORA E EMPOLGANTE PARA OS ADOLESCENTES

"A religião espírita dinamiza o interesse humano pelo seu auto-aprimoramento, trabalhando-lhe o mundo íntimo, para que, consciente de si, eleve-se aos patamares superiores da existência, sem abandonar o mundo no qual se encontra em processo de renovação.

Os grandes quesitos que aturdem o pensamento são equacionados de maneira simples, através da sua filosofia otimista, impulsionando o adepto para frente, sem saudades do passado, sem tormentos pelo futuro.

Adentrando-se pelos postulados da religião espírita, o adolescente dispõe de um arsenal valioso de informações para uma crença racional, que enfrenta o materialismo na sua estrutura, usando os mesmos argumentos que a ciência pode oferecer, ciência que, por sua vez, é, também, a Doutrina Espírita." (Joanna de Ângelis, *Adolescência e vida*, 6. ed., p. 106-107).

ALERTA! É PRECISO INTEGRAR O ADOLESCENTE À CASA ESPÍRITA

"Os grupos de mocidade devem ter, sem dúvida, o papel de grande destaque nas casas espíritas, não só por propiciarem aos adolescentes a base filosófica coerente de que eles necessitam, como também porque serão a fonte de renovação para a própria instituição que não pode imobilizar-se no tempo, sob pena de ter que fechar as próprias portas, mais cedo ou mais tarde, por não ter mãos que dêem seqüência aos seus projetos doutrinários e assistenciais.

Capítulo 11

Precisamos buscar conhecimentos que nos possibilitem a dinamização das atividades dos jovens dentro do Movimento Espírita, integrando-os gradualmente nos diversos setores de trabalho, a fim de que não continuemos a ter o quadro que observamos hoje: os grupos de evangelização infantil são numerosos, mas os de mocidades se reduzem consideravelmente e, nos diversos departamentos da casa, é raro encontrar o trabalho do jovem." (Dalva Silva Souza, *Os caminhos do amor*, 2. ed., p. 121-122).

MÉTODOS DE INTEGRAÇÃO DO JOVEM NA CASA ESPÍRITA

"O Espiritismo oferece ao jovem um projeto ideal de vida, explicando-lhe o objetivo real da existência na qual se encontra mergulhado, ora vivendo no corpo e, depois, fora dele, como um todo que não pode ser dissociado somente porque se apresenta em etapas diferentes. Explica-lhe que o Espírito é imortal e a viagem orgânica constitui-lhe recurso precioso de valorização do processo iluminativo, libertador e prazenteiro.

Elucidando-o, quanto ao investimento que a todos é exigido, desperta-o para a semeadura por intermédio do estudo, do exercício da aprendizagem, do equilíbrio moral pela disciplina mental e ação correta, a fim de poder colher por longos, senão todos os anos da jornada carnal, os resultados formosos, que são decorrentes do empenho pela própria dignificação.

Os pais e os educadores são convidados, nessa fase da vida juvenil, a caminharem ao lado do educando, dialogando e compreendendo-lhe as aspirações, porém exercendo uma postura moral que infunda respeito e intimidade, ao mesmo tempo fortalecendo a coragem e ajudando nos desafios que são propostos, para que o mesmo se sinta confiante para prosseguir avançando com segurança no rumo do futuro.

São muito importantes essas condutas dos adultos, que, mesmo sem o desejarem, servem de modelos para os aprendizes que transitam na adolescência, porquanto os hábitos que se arraigarem permanecerão como definidores do comportamento para toda a existência física.

O amor, na sua abrangência total, será sempre o grande educador, que possui os melhores métodos para atender a busca do jovem, oferecendo-lhe os seguros mecanismos que facilitam o êxito nos empreendimentos encetados, assim como nos porvindouros.

Continência moral, comedimento de atitudes constituem preparativos indispensáveis para a formação da personalidade e do caráter do jovem, nesse período de claro-escuro discernimento, para o triunfo sobre si mesmo sobre as dificuldades que enfrentam todas as criaturas, durante a marcha física na Terra." (Joanna de Ângelis, *Adolescência e vida*, 6. ed., p.16-17). (GRIFO NOSSO).

MELHOR FORMA DE INTEGRAÇÃO DO JOVEM NO CENTRO ESPÍRITA

"A melhor forma de integração do jovem, na Casa Espírita, é através do trabalho. Uma das formas melhores para tanto é a evangelização infantil [...], porque, invariavelmente, o jovem está estudando, está fazendo seus currículos habituais e, como é natural, está dentro das técnicas, tendo uma visão ampla. Com a diretriz da Doutrina Espírita, que ele adquire na juventude, pode tornar-se um ótimo preparador da infância para as atividades espíritas.

Através do trabalho, no setor da vivência da caridade, conclamando-o para visitar os necessitados; para levar o atendimento fraternal; para o exercício do passe socorrista; para recepcionar as pessoas na Casa Espírita; para cuidar da Entidade. [...].

Dessa forma, ele se integra; passa a amar a casa, porque ele não é apenas um freqüentador, mas um membro ativo, conhecendo a Doutrina e tornando-se, desde já, o continuador do trabalho assim que lho passarmos, ou mesmo antes. Ele irá aperfeiçoando o serviço que hoje estamos fazendo. Fá-lo-á aprimorado, porque tem nossa experiência e a vivência da atualidade. Será igualmente uma forma de ele promover a Casa Espírita." (Divaldo P. Franco, *Diálogo com dirigentes e trabalhadores espíritas*, 3. ed., p.67-68). (GRIFO NOSSO).

ENGAJANDO O JOVEM NO CENTRO ESPÍRITA

"O jovem espírita é o nosso continuador. Engajá-lo nas atividades habituais, procurando fazer com que ele sinta a responsabilidade da Casa, que se vincule, que assuma compromissos dentro do seu nível de conhecimento e das suas possibilidades, são um grande passo.

Deveremos honrar os nossos jovens, dando-lhes responsabilidades e oportunidades de serviços, aceitando-os conosco. Convidemo-los, pois que são a nova mentalidade, para que nos ajudem a arrebentar os ranços que trazemos do passado e dêem ao nosso movimento uma dinâmica nova, perfeitamente consentânea com a era em que estamos vivendo, aproveitando os recursos do momento para divulgá-lo mais amplamente possível." (Divaldo P. Franco, *Diálogo com dirigentes e trabalhadores espíritas*, 3. ed., p.138-139). (GRIFO NOSSO).

ESBOÇO HISTÓRICO DO MOVIMENTO DE MOCIDADES ESPÍRITAS

"Os espíritas podem agora começar, como reais pensadores e filantropos, a trabalhar nas verdadeiras raízes da sociedade.

Estas palavras foram pronunciadas há 100 anos, quando o movimento de jovens espíritas foi iniciado em New York no dia 25 de janeiro de 1863. São, todavia, tão atuais como se tivessem sido pronunciadas hoje pela manhã. Com ela Andrew Jackson Davis iniciou o movimento de jovens espíritas no mundo, Davis foi um extraordinário médium americano, nascido no dia 11 de agosto de 1826, em Blooming Grove, Orange Country, Estado de New York. Desencarnou em 1910.

Propagandista espírita e sensitivo de extraordinárias faculdades, Davis foi levado, em transporte, a uma colônia espiritual que lhe disseram chamar-se Summerland. Ali deparou com uma organização social maravilhosa, destacando-se grupos de jovens em labor espiritual. Em confronto com o que viu, nas escolas dominicais das diversas religiões na Terra pareceram-lhe verdadeiras aberrações, onde as crianças encarnadas aprendiam toda uma série de idéias errôneas e perniciosas, capazes de torná-las limitadas e intolerantes, arruinando-lhes a vida. [...].

Numa palestra realizada no Dodsworth Hall, nº 806, Broadway, New York, no dia 25 de janeiro de 1863, narrou o que viu e fez comparações com o que existia na Terra. Ao conjunto de seus pensamentos foi dado o nome de Harmonial Philosophy.

No mesmo dia foi iniciado o novo movimento, abrangendo jovens de todas as idades, dando começo ao que no Brasil denominamos 'Cursos de Moral Evangélica' e Mocidades ou Juventudes Espíritas. A isto Davis denominou Children's Progressive Lyceum, flagrantemente homenageando a antiga escola ateniense onde Sócrates ministrava ensino aos seus discípulos. Assim nasceu o Movimento Liceumista no seio do Espiritismo. Daí para frente, propunha-se que a criança e o jovem deveriam aprender as verdades do mundo espiritual mediante uma compreensão racional e não mais em conformidade com as rançosas prescrições da teologia ortodoxa.

As reuniões eram dominicais e nelas faziam-se promoções em torno da verdade, do amor, da beleza, da arte, da saúde, da ciência e da filosofia. Essa instrução, entretanto, deveria ser ministrada de quatro maneiras diferentes. Fisicamente por exercícios e diversões sadias; intelectualmente, pela leitura e o estudo; moralmente, pelo estudo da mente e o encorajamento ao aprofundamento de raciocínios; e, com mais ênfase, espiritualmente, pelo exame das verdades que constituem o eixo da vida.

Um dos lemas do movimento era: *Vivemos para aprender e aprendemos para viver*. A Inglaterra foi o segundo país a acolher o movimento de jovens espíritas, levado à ilha por Jannes Burns, editor do Médium and Daybreak. O avanço na Grã-Bretanha foi feito pelas cidades de Nothinghan, em junho de 1866 e Keyghleym, no Yorkshire, onde, em 1853, com seus amigos owenistas (discípulos do líder socialista Robert Owen), David Richmond havia fundado o primeiro templo espírita da Inglaterra. Com o progresso do núcleo de Kheyghley, fundado em Julho de 1870, em outubro de 1884 fundava-se o terceiro em Sowerby Bridge.

Andrew Jackson Davis, o fundador do movimento de mocidades espíritas, foi uma espécie de João, o Batista, preparando os caminhos para a Terceira Revelação já bem antes das Irmãs Fox e Allan Kardec.

O movimento liceumista floresceu extraordinariamente, até 1930, quando entrou em declínio. Os freqüentadores se tornaram mais raros e os núcleos se foram extinguindo. E é muito curioso notar que, ao mesmo tempo, a idéia como que se transferia para o Brasil. A 22 de maio de 1932 moços espiritistas se reuniam em S. Paulo e ali, no Centro Maria de Nazareth, constituíam o primeiro núcleo de que se tem notícias em terras do Cruzeiro. Tal como sucedeu com o movimento esboçado por Davis, a idéia se propagou. O segundo núcleo brasileiro parece ter sido o de Santos, Estado de São Paulo, fundado a 14 de junho de 1934. O Andrew Jackson Davis brasileiro chamou-se Luís Gomes da Silva.

Tendo por modelo o grupo paulista, em 1936 outras entidades de jovens começaram a surgir no Rio de Janeiro." (*Anuário Espírita*, 1971, pág. 180-183 - ed. IDE).

A MOCIDADE ESPÍRITA

"A Mocidade é o sorriso da Casa Espírita." (Luiz Sérgio, *Cascata de luz*, p. 131).

A Mocidade Espírita tem capital importância pois, funciona como ponte, como elo de ligação entre o adolescente e a Casa Espírita.

O adolescente encontrará na Mocidade o apoio fraternal e o encaminhamento necessário às suas dificuldades; sejam elas: familiares, tormentos obsessivos, desequilíbrios sexuais, depressão entre outros.

Para tanto, oferece:

a) Estudo da Doutrina Espírita como apoio e consolo para os jovens;

b) Incentivo ao trabalho no bem;

c) Exercício da prece e o cultivo de bons pensamentos;

d) Apoio aos adolescentes através do diálogo fraterno;

e) Visitas aos lares dos adolescentes e realização do culto do evangelho no lar;

f) Estímulo à leitura edificante;

g) Encaminhamento ao tratamento espiritual oferecido pela Casa Espírita;

h) Encaminhamento às instituições especializadas e idôneas nos tratamentos de: tóxico, álcool, depressão, etc.;

i) Encaminhamento ao grupo de assistência e promoção social da casa espírita;

j) Realização de confraternizações planejadas, que gerem um clima de amizade e confiança entre o jovem e os instrutores.

EDUCANDO ADOLESCENTES À LUZ DO ESPIRITISMO

Educar adolescentes à luz do Espiritismo é desenvolver suas potencialidades para o Bem. Nesse sentido, a Mocidade da Casa Espírita oferece atividades que são pertinentes às necessidades dos nossos jovens. Para tanto, promove: Cursos sistematizados de Doutrina Espírita, práticas assistenciais e momentos de descontração e amizade (alegria cristã).

MOMENTO DE ALEGRIA CRISTÃ

É o momento de descontração e confraternização dos adolescentes e jovens da Casa Espírita. Ocorre no momento da recepção do jovem e nos intervalos das atividades. Consiste no desenvolvimento de dinâmicas de entrosamento e integração, arte cristã que inspirem os jovens ao cultivo das virtudes.

MOMENTO DE ESTUDO

Oportuniza ao jovem conhecimento da Doutrina Espírita com aulas enriquecedoras, buscando esclarecê-lo sobre o porquê da vida e despertá-lo para as realidades espirituais.

MOMENTO DAS PRÁTICAS ASSISTENCIAIS

Esse momento visa associar os conhecimentos adquiridos no momento de estudo ao trabalho, não só despertando a consciência juvenil para o bem, mas desenvolvendo seu poder de concentração, disciplina e o desenvolvimento de suas potencialidades.

RECURSOS DIDÁTICOS PARA OS JOVENS

Vários recursos didáticos podem ser utilizados no processo de evangelização do jovem, mas o principal recurso que adotamos é o livro espírita. Dentre eles a Editora Auta de Souza possui livros que atendem às necessidades dos adolescentes, bem como as de pais e educadores, tais como: Aprendizes do Bem, Noções Básicas de Evangelização Juvenil, Trabalhando como o Jovem e outros.

"Esse, inesquecível benfeitor do mundo é o livro edificante. Por isto, não nos esqueçamos de que todo livro consagrado ao bem é um companheiro iluminado de nossa vida, merecendo a estima e o respeito universal." (Neio Lúcio, *Alvorada cristã*, 11. ed., p. 172).

ADAPTAÇÃO DOS CONTEÚDOS AOS ADOLESCENTES

Devido à transição em que se encontra o Espírito, nesta fase da encarnação, é necessário que estejamos atentos quanto às suas necessidades, conquistas intelectuais, morais e a maturidade dos jovens nos estudos da Mocidade.

Acerca da educação dos jovens, nos esclarece Neio Lúcio:

"Noto que os instrutores não se descuidam da parte intelectual propriamente dita, preparando-nos o conhecimento das condições alusivas à vida nova em que nos encontramos.
Para isso, valem-se das realizações que já edificamos na Terra. Não nos perturbam com revelações prematuras, nem com demonstrações suscetíveis de alterar o equilíbrio de nossas emoções. Tomam, como ponto de partida, as experiências que já adquirimos e ajudam-nos a desenvolvê-las, gradualmente, sem ferir-nos os raciocínios mais agradáveis.
Tenho a impressão de que os orientadores daqui recebem-nos os conhecimentos terrestres como sementes dos conhecimentos celestiais. Em razão disso, não nos esmagam com a exposição maciça da sabedoria de que são portadores. Cercam-nos de cuidados e carinhos especiais, para que nossas faculdades superiores germinem e cresçam." (Neio Lúcio, *Mensagem do pequeno morto*, 5. ed., p. 62).

PRÁTICA PEDAGÓGICA

Para um maior êxito nas atividades de evangelização dos adolescentes é importante conhecê-los em seus aspectos físicos, psicológicos e espirituais para saber escolher as práticas pedagógicas que mais se adequem a eles. Segue abaixo, algumas considerações e sugestões na aplicação dos conteúdos espíritas visando ao atendimento destes jovens:

a) Amor: prática pedagógica por excelência

É valorosa a busca por práticas pedagógicas diferenciadas mas, é de primordial importância ter o amor como pedra fundamental na educação da juventude.

"Ainda que eu falasse as línguas dos homens e dos anjos, e não tivesse amor, seria como o metal que soa, ou como o sino que tine.

Ainda que eu tivesse o dom de profecia, e conhecesse todos os mistérios e toda a ciência, e ainda que eu tivesse toda a fé, de maneira tal que transportasse os montes, e não tivesse amor, nada seria." Paulo (I Coríntios, 13: 01-02).

b) Literatura espírita

O instrutor da mocidade deve levar para a sala de aula outras obras espíritas relativas ao conteúdo aplicado no dia para que possam ser consultadas pelos jovens. Isto servirá de estímulo à leitura e à pesquisa individuais.

"Compreendendo que nosso objetivo é auxiliar a evolução do Espírito, ninguém duvida da imensa contribuição que a boa leitura pode oferecer. O homem que tem o hábito de ler está desbravando um mundo não só de conhecimentos, mas também de sentimentos e emoções.

Na Doutrina Espírita, o livro tem sido, até então, o melhor veículo do conhecimento doutrinário e também um evangelizador em potencial, pelo grande poder de transformação que exerce no leitor." (Walter Oliveira Alves, *Educação do espírito - Introdução à pedagogia espírita*, 3. ed., p. 308).

c) Dinâmicas de grupo e técnicas de ensino

"Na escola, as técnicas pedagógicas devem alternar-se com aulas expositivas e ser aplicadas sempre que houver necessidade de fixação de algum conteúdo. [...].

As técnicas pedagógicas constituem extraordinário instrumento de motivação, uma vez que transformam o conhecimento a ser assimilado em um recurso de ludicidade e em sadia competitividade. [...].

Nessas condições, as técnicas, além de motivadoras, contribuem seguramente para a *criatividade, desinibição, coerente avaliação dos progressos, fixação dos conhecimentos* adquiridos e, principalmente, favorecimento e fortalecimento da *formação da personalidade do envolvido*, na medida que o inserem positivamente em um grupo de trabalho ou estudo."(Celso Antunes, *Manual de técnicas de dinâmica de grupo de sensibilização de ludopedagogia*, 11. ed., p. 19-20).

d) Arte

"O impulso de criar, é inato no indivíduo, acentuando-se no estágio juvenil."(Ivan de Albuquerque, Cântico da juventude, p. 87).

"Ao evangelizador cabe a tarefa de conduzir essa criatividade para os canais superiores da vida. A Arte será forte e poderoso veículo de educação do sentimento, de educação dos impulsos da alma, canalizando-os para o bem e para o belo." (Walter Oliveira Alves, *Educação do espírito*, 3. ed., p. 285-286).

e) Reforma íntima

Durante as aulas, o evangelizador deverá proporcionar ao jovem momentos de reflexão e avaliação do seu comportamento em relação às situações e pessoas do seu dia-a-dia, analisando-se de conformidade com os postulados espíritas-cristãos.

A mocidade deverá proporcionar ao adolescente e ao jovem oportunidades para reforma íntima que podem ocorrer em todos os momentos da mocidade. Exemplos: Alegria cristã, cursos, práticas assistenciais, intervalos, etc.

"Longas horas são aproveitadas no exame atencioso de interrogações como estas:
- Que pensamos acerca do Cristo?
- Como recebemos os favores da Natureza?
- Que fazemos da vida? Quais os objetivos de nosso esforço pessoal?
- Que concepção alimentamos, relativamente ao tempo e à oportunidade?
- Quais são as diretrizes dos nossos pensamentos?
- Estaremos utilizando para o bem os instrumentos e as possibilidades que o Senhor da Vida nos confiou?

Semelhantes temas, examinados inicialmente por nossos professores, em proveitosas aulas de renovação espiritual, dentro das quais nos confessamos uns aos outros através de comentários serenos e francos, fazem luz sobre nós mesmos, revelando-nos aos olhos a extensão de nossas necessidades, pelo egoísmo, pela indiferença e ociosidade em que temos vivido desde muito nos círculos terrestres." (Neio Lúcio, *Mensagem do pequeno morto*, 5. ed., p. 63-64).

f) Uso de material concreto

A experiência tem demonstrado que, de modo geral, o adolescente de 12 e 13 anos (Nível III) não tem facilidade em apreender alguns conceitos abstratos, portanto, recomenda-se o uso de recursos e situações que concretizem os ensinamentos.

Exemplos: Podemos trabalhar o tema perispírito através de um fantoche de saco de papel sobreposto a um outro saco de plástico que representará o perispírito.

"O ensino de Jesus sempre foi concreto, mesmo quando anunciava ideais e princípios. Ele não filosofava, não teorizava, nem se ocupava com coisas abstratas. O estilo dele não é lógico, ou analítico propriamente, e, sim, relacionado com assuntos correntes e descritivos, e, justamente por isso, muito impressionante. Anunciando uma nova verdade, começava com coisas que estavam à mão, e, por meio destas, ia à conclusão. É verdade que ele apresentou princípios e conceitos de caráter geral. Mas, a regra, partia sempre de exemplos e coisas conhecidas, empregando o princípio da apercepção. Noutras palavras: ia do conhecido para o desconhecido, do concreto para o abstrato, das coisas que apelam aos sentidos para aquelas que pertencem puramente à esfera mental." (J. M. Price, *A pedagogia de Jesus*, 6. ed., p. 87).

g) Estudo em grupo

"Tanto para os jovens como para os adultos o estudo em grupo é o mais eficiente até porque nós não podemos esquecer que na base do Cristianismo, o próprio Jesus desistiu de agir sozinho, procurando agir em grupo. Ele reconheceu a sua missão divina, constituiu um grupo de doze companheiros para debater os assuntos relativos à doutrina salvadora do Cristianismo, que o Espiritismo hoje restaura, procurando imprimir naquelas mentes, vamos dizer, todo o programa que ainda hoje é programa para nossa vida, depois de quase vinte séculos.

Programa de vivência que nós estamos tentando conhecer e tanto quanto possível aplicar na Doutrina Espírita, no campo de nossas lides e lutas cotidianas." (Emmanuel, *A terra e o semeador*, 6. ed., p. 80-81).

h) Associação de imagens

Devido à dificuldade do jovem em abstrair conceitos muito profundos, o instrutor da mocidade poderá utilizar a associação de imagens, ou seja, por analogia procurar uma figura ou imagem para comparar com um conceito abstrato. O próprio Kardec utilizou-se deste processo para fazer-se entender quanto a alguns assuntos de difícil compreensão. Como por exemplo:

"Envolvendo o gérmen de um fruto, há o perisperma; do mesmo modo, uma substância que, por comparação, se pode chamar *perispírito*, serve de envoltório ao Espírito propriamente dito."(Allan Kardec, *O livro dos espíritos*, 83. ed., perg. 93).

i) Pesquisas

Cabe principalmente ao instrutor a motivação do adolescente no conhecimento de novas obras espíritas. Para tanto, poderá criar momentos, em sala de aula ou em tarefas extra-classe, que possibilitem ao jovem o manuseio de obras espíritas que lhe possam aumentar o conhecimento. Exemplo: Cirandas de livros, biblioteca, recontando uma história, etc.

j) Uso de recursos audiovisuais

Os recursos didáticos podem ser definidos em três tipos principais: recursos visuais, auditivos e audiovisuais.
Os recursos visuais incluem as projeções, os cartazes e as gravuras; os auditivos, o rádio e as gravações; e os audiovisuais o cinema e a televisão.

"Aperfeiçoar os métodos de ministração do ensino doutrinário [...] buscando nesse particular os recursos didáticos suscetíveis de reafirmarem a seriedade e o critério seguro de aproveitamento na elaboração de programas." (André Luiz, *Conduta espírita*, 15. ed., p. 141).

l) Uso de histórias

"O método de histórias é de grande valor no ensino. É coisa concreta, apela à imaginação, tem estilo fácil e livre, assaz eficiente e interessante. [...]. Os que detestam fatos e argumentos, de bom grado ouvem histórias. E, não só isso: lembram-nas facilmente e são influenciados por elas. [...]. As histórias são aplicáveis e apropriadas tanto para crianças como para adultos. [...].
Há três coisas que podemos alcançar por meio de histórias de ensino. A primeira delas é em prender a atenção do aluno. [...]. A outra coisa é usar histórias para lançar luz sobre algum princípio ou verdade abstrata já enunciada. [...]. A terceira coisa é usá-las para a apresentação da lição toda. Isto caracteriza a fábula, e é o modo pelo qual freqüentemente hoje se dão lições, especialmente às crianças. Tem este processo o mérito de deixar que o aluno tire por si mesmo a conclusão." (J. M. Price, *A pedagogia de Jesus*, 6. ed., p. 125-126).

"É digno de nota e bastante significativo o Divino Instrutor e Guia da Humanidade ter empregado parábolas como processo de ensinar e instruir os seus discípulos.
De fato, o método parabólico é eminentemente pedagógico, porque, apelando para o raciocínio, força o educando a pensar e refletir, pondo, destarte, em atividade a Razão, essa luz que Deus acende em nosso espírito a fim de que, usando-a sempre, a tornemos cada vez mais intensa e brilhante." (Vinícius, *O mestre na educação*, 4. ed., p. 103).'

Capítulo 11

O adolescente e a Casa Espírita - A mocidade

Adolescência - Um desafio para pais e educadores

Capítulo XII

O adolescente e a arte espírita

O ADOLESCENTE E A ARTE ESPÍRITA

A ARTE

"Que é a arte?
- A arte pura é a mais elevada contemplação espiritual por parte das criaturas. Ela significa a mais profunda exteriorização do ideal, a divina manifestação desse 'mais além' que polariza as esperanças da alma.
O artista verdadeiro é sempre o 'médium' das belezas eternas e o seu trabalho, em todos os tempos, foi tanger as cordas mais vibráteis do sentimento humano, alçando-o da Terra para o Infinito e abrindo, em todos os caminhos, a ânsia dos corações para Deus, nas suas manifestações supremas de beleza, de sabedoria, de paz e de amor." (Emmanuel, *O consolador*, 15. ed., perg.161).

"A arte, [...] é a expressão da beleza eterna, uma manifestação da poderosa harmonia que rege o universo; é a irradiação do Alto que dissipa as brumas, as obscuridades da matéria, e faz-nos entrever os planos da vida superior. Ela é, por si mesma, rica em ensinamentos, em revelações, em luz. Ela encaminha a alma para as regiões da vida espiritual, que é sua verdadeira vida, e a que ela aspira a reencontrar um dia.
A arte bem compreendida é poderoso meio de elevação e renovação." (Léon Denis, *O Espiritismo na arte*, 2. ed., p. 21).

A ARTE ESPÍRITA

"Assim como a arte cristã sucedeu à arte pagã, transformando-a, a arte espírita será o complemento e a transformação da arte cristã. O Espiritismo, efetivamente, nos mostra o porvir sob uma luz nova e mais ao nosso alcance. Por ele, a felicidade está mais perto de nós, está ao nosso lado, nos Espíritos que nos cercam e que jamais deixaram de estar em relação conosco. A morada dos eleitos, a dos condenados já não se acham insuladas; há incessante solidariedade entre o céu e a Terra, entre todos os mundos de todos os Universos; a ventura

Capítulo 12

consiste no amor mútuo de todas as criaturas que chegam à perfeição e numa constante atividade, com o objetivo de instruir e conduzir àquela mesma perfeição os que se tornaram retardatários. O inferno está no próprio coração do culpado, que tem nos remorsos o seu castigo, não mais, todavia, eterno, e ao mau, que toma o caminho do arrependimento, se depara de novo a esperança, sublime consolação dos desgraçados.

Que inesgotáveis fontes de inspiração para a arte! Que obras-primas de todos os gêneros as novas idéias suscitarão, pela reprodução das cenas tão multiplicadas e várias da vida espírita! Em vez de representar despojos frios e inanimados, ver-se-á uma mãe tendo ao lado a filha querida em sua forma radiosa e etérea; a vítima a perdoar ao seu algoz; o criminoso a fugir em vão ao espetáculo, de contínuo renascente, de suas ações culposas! o insulamento do egoísta e do orgulhoso, em meio da multidão; a perturbação do Espírito que volve à vida espiritual, etc., etc. E, se o artista quiser elevar-se acima da esfera terrestre, aos mundos superiores, verdadeiros Edens onde os Espíritos adiantados gozam da felicidade que conquistaram, ou, se desejar reproduzir alguns aspectos dos mundos inferiores, verdadeiros infernos onde reinam soberanamente as paixões, que cenas emocionantes, que quadros palpitantes de interesse se lhe depararão!

Sem dúvida, o Espiritismo abre à arte um campo inteiramente novo, imenso e ainda inexplorado. Quando o artista houver de reproduzir com convicção o mundo espírita, haurirá nessa fonte as mais sublimes inspirações e seu nome viverá nos séculos vindouros, **porque, às preocupações de ordem material e efêmeras da vida presente, sobreporá o estado da vida futura e eterna da alma."** (Allan Kardec, *Obras póstumas*, 13. ed., p. 158-159).

OBJETIVO DA ARTE NA TERRA

"Qual a destinação da Arte no mundo e de que maneira ela evolui?

A Arte tem como meta materializar a beleza invisível de todas as coisas, despertando a sensibilidade e aprofundando o senso de contemplação, promovendo o ser humano aos páramos da Espiritualidade. Graças à sua contribuição, o bruto se acalma, o primitivo se comove, o agressivo se apazigua, o enfermo se renova, o infeliz se redescobre, e todos os outros indivíduos ascendem na direção dos Grandes Cimos. A Arte permanecerá no mundo assinalando as fases de progresso ou de tormento das criaturas, porém oferecendo sempre harmonia e trabalhando os sentimentos elevados.

Desse modo, evolui do grotesco ao transcendental, aprimorando as qualidades e tendências, que estarão sempre à frente dos comportamentos de cada época. Lentamente, e às vezes com rapidez, a Arte se desenvolve alterando os conteúdos e melhor qualificando a mensagem de que se faz portadora." (Vianna de Carvalho, *Atualidade do pensamento espírita*, perg. 144).

JUVENTUDE E ARTE

"Espírito reencarnado com responsabilidades ante seu próprio crescimento, vê-se o jovem envolvido nos múltiplos anseios de realização íntima, quando se esbarra com os tormentosos vapores das perturbações do seu passado, em outras experiências terrestres.

O impulso de criar, é inato no indivíduo, acentuando-se no estágio juvenil.

Mescladas às suas fantasias lúdicas, a criança se apresenta externalizando seu mundo interior ou sua interpretação do mundo exterior, tornando-se apreciável a tarefa de estudar-lhes os impulsos artísticos, tão naturais.

Por outro lado, no jovem, a expressão da arte assume os contornos de sua fase etária, sem contestação, mas, do mesmo modo que na infância, exprime a sua visão de mundo, coada por sua maturidade.

Aplica-te, assim, Juventude, a movimentar os teus recursos internos, a fim de recriar o mundo por meio da tua expressão artística.

Ilumina a Terra com a imponente marca da tua luz idealística.

Põe tintas sobre as motivações insípidas, fazendo-as embelezadas.

Extrai da rocha viva, ou do barro inexpressivo, as formas ricas de mensagens, de conteúdos felizes, promovendo o valor do valor sobre o mundo.

Capítulo 12

O adolescente e a arte espírita

Utiliza telas, paletas e pincéis, quanto cinzéis e buris, determinando o império da beleza estética que tuas mãos podem promover.

Exprime-te, Juventude, por intermédio dos acordes maviosos de musicalidade elegante e nobre; retira da pauta e das notas e das claves o melhor dos teus sentimentos, e louva a vida, a Natureza, o amor, a paz e a ventura. Canta a presença de Deus em tuas impulsões criativas, engrandecendo-te a pouco e pouco.

Nos caminhos da tua mocidade, pinta, esculpe, compõe. Escreve, borda, tece, projeta e constrói, em nome da arte, através da qual podes reproduzir as nuanças mais enternecedoras da vida, quanto poderás recriar as coisas várias do teu mundo, fazendo-as diferentes, lindamente diferentes.

Um pugilo de jovens, como tu mesma, Juventude, atuou nas artes, em todos os tempos.

Rafael fez-se um gênio escultor, desde muito moço.

Da Vinci, projetou-se na pintura quanto destacou-se, celebremente, em mil outros campos criativos, embora bastante jovem.

Picasso costumava, em virtude dos seus tormentos psicológicos, queimar suas telas, nos anos juvenis.

Van Gogh, inobstante aos 16 anos ter iniciado seus contatos com a excelente Galeria de Arte Francesa, na Holanda, somente ao redor dos 20 começaria a envolver-se com a pintura, tornando-se notável artista, não obstante ao desfecho trágico dos seus dias, pelas incontáveis e graves perturbações que o assediavam.

Fra Angélico, quando chegou á Florença, com 15 anos de idade, vindo de sua pequena Mugello, não imaginaria tornar-se tão celebrado pintor de motivos sacros, a ponto de merecer sensibilizante elogio do incomparável Miguel Ângelo, sobre seus quadros, que pareciam pintados pelas mãos dos Anjos.

Portinari, tendo começado na caminhada artística aos 9 anos, deixaria a velha Fazenda Santa Rosa, em Brodowsqui, no interior paulista, a fim de viver sua juventude e sua madureza a serviço da pintura que o celebrizou, remetendo suas expressões para toda parte do mundo.

Einstein, a par da cabeça rutilante de conceitos e teorias científicas, desde cedo, tornou-se sensível violinista, tangendo os sentimentos dos que deleitavam com sua interpretação.

Lloyd Wright revolucionou a Arquitetura, com sua arte, fazendo-se o mais alto profissional da área, na América do Norte, tendo-se iniciado nos tempos da Juventude.

A criação de Deus, Juventude, é Arte e Perfeição, e, como Jesus recomendou que fôssemos perfeitos, como o Pai Celestial o é, valhamos-nos da esfera da mocidade para plasmar nos sentimentos, as vibrações do Criador.

Evita, então, pornografar as expressões artísticas, a fim de acordares as estesias das almas, ao invés de açulares os sentimentos viciosos, tormentosos e deseducados dos que te dêem atenção.

A arte deve ser augusta e, quando se prostitui, deixa de ser arte, significando a catarse dos campos mais escuros do âmago do homem, transformando-se em excreção dos seus pântanos morais.

A arte deve ser mensagem de vida e não vereda da morte.

Desejosa, como é a Juventude, de fomentar os movimentos renovadores da sociedade, não deverá perder esse eminente ensejo de contribuir, também, com a sua arte." (Ivan de Albuquerque, *Cântico da juventude*, p. 87-89).

ARTE E ABUSO

"Você nos roga notícias,
Meu caro Arnaldo Gotuzzo,
Sobre arte além da morte,
Depois de tombar no abuso.

Arte, em verdade, é missão,
Que espírito e vida encerra
Construção de inteligência
Das mais nobres que há na Terra.

Os artistas, caro amigo,
Nos caminhos onde estão,
São companheiros chamados
À obra de elevação.

Cada um deles no mundo
Deve em tudo andar atento,
Para guardar a limpeza
Na força do pensamento.

Entretanto, - quantos deles!...
Escondem os dons divinos,
Nos antigos espinheiros,
De trevas e desatinos.

No esquecimento corpóreo,
Muitos que a Terra não conta,
Se a vaidade os domina
Vão seguindo, de alma tonta.

Mas na morte, eis que observam
Os fracassos de alto preço
E chovem as petições
Dos cursos de recomeço.

Ruth dançando em aplausos
Enlouqueceu muita gente...
Hoje, ela quer renascer
Carregando um pé doente.

Abusou, de baile em baile,
Nosso amigo Estanislau...
Renasceu de pernas duras,
Lembrando pernas de pau.

Nina arrasou alma e corpo,
Pintando murais e telas,
Agora quer vida nova
Para servir em panelas.

Mentia usando voz linda
Nosso Nicola Maleta...
Encontrei-o reencarnado
Cantando na picareta.

Armênio esculpia pedras,
E endoidava corações
Hoje remove calhaus
Na Fazenda Solimões.

Antonino enfeitiçava
Muita moça em bandolim,
Hoje ele toca cabritos
No morro do Gergelim.

Manequim fez muito abuso,
Maricota dos Castilhos...
Morreu mas pede outro berço
Quer ser mãe de quinze filhos.

Morreu bordando calúnias
Nosso amigo Gil da Glória,
Hoje, ele quer escrever,
Mas quase não tem memória.

Arte é recurso sublime,
Que se deve respeitar,
Quanto mais dela se abusa
Mais débitos a pagar.

Arte limpa, caro amigo,
Nos lares ou nos museus,
É sempre luz apontando
Para a grandeza de Deus."
(Cornélio Pires, *Conversa firme*, p. 54-58).

ARTE NO CAMPO DA EVANGELIZAÇÃO

"É bastante válida, no meio espírita, a preocupação com atividades artísticas.

Cada um de nós tem um potencial criativo (somos centelhas divinas) e cada espécie de atividade oferece possibilidades criativas. A criação existe em qualquer setor da vida humana e supõe uma capacidade constante de renovação. Na Arte, entretanto, criatividade humana se expressa mais espontaneamente.

Todos somos seres em evolução e, a cada novo dia, observamos, percebemos, captamos imagens e experiências, o que leva à necessidade de senti-las, avaliá-las, incorporá-las e expressá-las. Nem sempre, porém, as palavras (na linguagem verbal ou gráfica) exprimem em toda a plenitude a intensidade de uma vivência. Certas realidades subjetivas exigem que sua expressão e comunicação se façam através da Arte.

Caswel e Foshay sugerem que a criança pode usar suas faculdades criativas e artísticas, decorando a sala de aula, arrumando seu próprio quarto, cuidando do jardim da escola ou tirando uma fotografia. Estas e outras experiências criativas favorecem o desenvolvimento e o enriquecimento total da personalidade, reunindo em harmonia a atividade intelectual, a sensibilidade, a habilidade manual e integrando-as num processo criador. [...]

As várias modalidades de expressão artística devem e podem ser estimuladas ou desenvolvidas nos núcleos espíritas juvenis e infantis. Promovendo a desinibição pessoal, permitem maior entrosamento de nossas crianças e de nossos jovens, que se confraternizam, cooperando mutuamente. Contribuem também para o ajustamento social do moço e da criança espíritas, ao valorizar os recursos individuais no campo da sensibilidade. Concorrem, ainda, para a participação mais efetiva, desenvolvendo capacidade de trabalho em grupo, e também para a incrementação do espírito de serviço e do potencial construtivo. E, naturalmente, possibilitam o interesse pelo estudo do Espiritismo, em decorrência do contato com produções doutrinárias, quer no campo da Música, da Prosa ou da Poesia, etc.

Mas, em se tratando de Arte aplicada ao campo da evangelização, é preciso todo o cuidado quanto às apresentações. É imprescindível sejam elas realizadas sob *planejamento antecipado e orientação equilibrada*. Lembremos que as atividades artísticas são consideradas integrantes do processo globalizado da educação, isto é, conjugam-se à outras atividades, como as do estudo doutrinário ou do trabalho prático (assistencial, etc.). Torna-se, pois, indispensável manter o cunho espírita dos números artísticos.

Quanto a estes, convém sejam *examinados e selecionados*, porque, em seu conteúdo, não devem ferir a integridade da Doutrina Espírita; *adequados*, tendo em vista os objetivos da reunião, a ocasião e o local em que serão apresentados. Se é uma reunião comemorativa, por exemplo, organizar o programa de modo a que as apresentações estejam relacionadas com a data comemorada. Acrescentemos aqui: bom senso e critério, na determinação de tais datas, nunca são demais...

Seja qual for a finalidade da reunião espírita (comemorativa, confraternativa, etc.) ou da atividade realizada fora do ambiente físico da instituição onde criança e moço se evangelizam (por exemplo: visitas a hospitais, asilos, etc., onde, eventualmente, possam ocorrer apresentações artísticas), mister se faz a *previsão do tempo*, evitando uma extensão demasiada do programa e conseqüente sobrecarga e enfado para os assistentes. E, quanto possível, *observar os horários* de início e término.

Como dissemos, realmente se justifica o cuidado quanto à utilização das Artes no meio espírita, em vista dos seus aspectos positivos. Mas a preocupação procede, sobretudo, porque as atividades a que nos referimos são como sementes lançadas ao santificado campo da evangelização. Orientação doutrinário-evangélica à infância e juventude corpóreas é significativo ensejo para a renovação espiritual. Se, transmitindo os ensinamentos da moral cristão, pretende-se a sublimação de criaturas, recordemos André Luiz: *'A Arte deve ser o Belo criando o Bom'*." Aglaée de Carvalho (Renato Zanola, *Arte e Espiritismo - textos de Allan Kardec, André Luiz e outros autores*, p.72-75).

ARTE NA MOCIDADE ESPÍRITA

"Vivenciar, espiritualmente falando, não significa apenas participar, mas viver intensamente, com a força de sua energia espiritual capaz de se manifestar no momento.

Vivenciar é viver de forma vibrante, é sentir e querer com alegria e entusiasmo.

Neste aspecto, a arte é forte elemento de interação vertical, onde a alma interage com as energias espirituais superiores que pululam no Universo. À medida em que interage, desenvolve seu potencial anímico que se manifesta no querer, ampliando sua faixa vibratória em níveis superiores.

Existem estados vibratórios ou sentimentos que o intelecto apenas, por si só, não atinge. Energias espirituais superiores vibram em nível superior e para senti-las é preciso entrar em sua sintonia. Apenas com a razão, com o intelecto, não conseguiremos elevar nosso padrão vibratório para sentir tais vibrações sutis. A arte, contudo, nos permite atingir esses estados superiores, elevando nossa vibração.

A arte sensibiliza o Espírito e pode ser um forte estímulo ao desenvolvimento de nosso potencial superior e nobre.

A sensibilização pela arte, tal qual a energia emuladora do exemplo do evangelizador e do ambiente, oferece forte estímulo à vontade direcionada para os ideais superiores." (Walter Oliveira Alves, *Prática pedagógica na evangelização*, p. 41-42).

SUGESTÕES DE MODALIDADES ARTÍSTICAS A SEREM DESENVOLVIDAS NA MOCIDADE

Segue abaixo algumas sugestões de modalidades artísticas que podem ser desenvolvidas junto ao adolescente e o jovem na Mocidade Espírita: Música, teatro, artes plásticas, etc.

"Todos vós, que podeis produzir, dai; dai o vosso gênio, dai as vossas inspirações, dai o vosso coração, que Deus vos abençoará. Poetas, literatos, que só pela gente mundana sois lidos! ... satisfazei-lhe aos lazeres, mas consagrai o produto de algumas de vossas obras a socorros aos desgraçados. Pintores, escultores, artistas de todos os gêneros!... venha também a vossa inteligência em auxílio dos vossos irmãos; não será por isso menor a vossa glória e alguns sofrimentos haverá de menos.

Todos vós podeis dar. Qualquer que seja a classe a que pertençais, de alguma coisa dispondes que podeis dividir. Seja o que for que Deus vos haja outorgado, uma parte do que ele vos deu deveis àquele que carece do necessário, porquanto, em seu lugar, muito gostaríeis que outro dividisse convosco. Os vossos tesouros da Terra serão um pouco menores; contudo, os vossos tesouros do céu ficarão acrescidos. Lá colhereis pelo cêntuplo o que houverdes semeado em benefícios neste mundo." (Allan Kardec, *O Evangelho segundo o Espiritismo*,105. ed., p. 237).

MÚSICA

A música poderá ser usada na Mocidade como elemento de harmonização, equilíbrio, alegria e motivação. Para tanto, se faz necessário a organização do grupo de Alegria Cristã da Mocidade no preparo das músicas que deverão ser ensinadas através de hinários, cartazes ou transparências.

A música contribui com a harmonia do ambiente, criando um clima satisfatório e motivador nas aulas da mocidade, por isso cabe ao grupo de jovens espíritas atenção quanto a músicas escolhidas, conteúdos e melodias a fim de que a música plasme idéias e sentimentos elevados e seja o verdadeiro 'médium da harmonia'.

Capítulo 12

"O canto e a música em sua íntima união podem produzir a mais alta impressão. Quando ela é sustentada por nobres palavras a harmonia musical pode elevar as almas às regiões celestes. É o que se realiza com a música religiosa, [...].

O cântico produz uma dilatação salutar da alma, uma emissão fluídica que facilita a ação das forças invisíveis. Não há cerimônia religiosa verdadeiramente eficaz e completa sem o cântico. Quando a voz pura das crianças e dos jovens ressoa pela abóbada dos templos, desprende-se como que uma sensação de suavidade angélica." (Léon Denis, *O Espiritismo na arte*, 2. ed., p. 89).

"A música é vibração e pode excitar, ou estimular o Espírito, provocando sensações de nível superior, permitindo vibrarmos em sintonia com esse algo superior, despertando a essência Divina que dorme em cada um de nós. Ao vibrar, sintonizamos com vibrações sutis que pululam no Universo. Podemos sentir vibrações que, por outros meios não sentiríamos, emoções novas brotam na alma, levando o Espírito a querer evoluir. A música representa, pois, elevada interação vertical com as esferas superiores da vida universal.

Trabalhe iniciação musical e ritmo com a criança pequena. Se possível forme uma bandinha rítmica.

Com as maiores procure formar um coral.

Se houver possibilidades, explore a música instrumental: flauta, violão, teclado, piano... Procure voluntários na casa para trabalhar com as crianças.

Associe a música ao teatro e à dança. Procure também utilizar música suave, especialmente a clássica, em conjunto com as artes plásticas."(Walter Oliveira Alves, *Prática pedagógica na evangelização*, p. 42).

O TEATRO

As dramatizações e peças teatrais possuem também grande poder evangelizador, pois através delas os adolescentes e jovens se envolvem com a trama das personagens e com elas aprendem noções de Espiritismo e valores morais importantes para suas vidas. As histórias utilizadas no teatro da Mocidade devem buscar sua inspiração nos conteúdos das obras espíritas, tão ricas de emoção e espiritualidade, e deverão ser avaliadas pelo grupo de direção da Mocidade.

Como desenvolver o teatro com adolescentes

"Com os adolescentes, você poderá iniciar um trabalho com o abstrato, trabalhar as emoções, os sentimentos de maneira mais profunda e também aprofundar o aspecto filosófico da Doutrina. O grupo também deverá assistir outras apresentações teatrais, audições musicais, exposições, etc., tendo a oportunidade de se reunir depois, para que cada um coloque o que achou das apresentações.

Sugerimos algumas técnicas que auxiliam o desenvolvimento da expressão verbal, corporal e da sensibilidade, procurando também desenvolver a espontaneidade, observação, percepção, criatividade e colaboração. Procure criar as esquetes junto com o grupo, valorizando a opinião de cada um. Quando o grupo estiver preparado, comece a elaborar uma peça onde todos possam participar, desde a escolha do tema, o roteiro,cenário e todos os demais detalhes necessários." (Walter Oliveira Alves, *O teatro na educação do Espírito*, p. 64).

TÉCNICAS E ATIVIDADES LÚDICAS DE EXPRESSSÃO

1. DESENVOLVENDO A IMAGINAÇÃO, EXPRESSÃO CORPORAL E INTERPRETAÇÃO.

"CRIAÇÃO DE UM PERSONAGEM: Cada jovem deverá escolher um personagem qualquer, construindo sua personalidade considerando o tipo físico, temperamento, gostos, manias, modo de andar, voz, modo de falar, idade e profissão,etc. Estipular um tempo limite de 15 ou 20 minutos para construir a personagem e improvisar cenas curtas para demonstrar como ficou.

CRIAÇÃO DE UMA CENA: Depois que todos apresentaram, propor a formação de pequenos grupos de três ou quatro. Utilizado os personagens de cada um, cada grupo deverá criar uma cena e a partir de uma dada situação [...]." (Walter Oliveira Alves, *O teatro na educação do Espírito*, p. 65).

Por exemplo: um encontro casual, uma festa, o trabalho assistencial do Centro Espírita, um passeio em família, uma viagem, etc., de forma que os personagens possam interagir entre si.

Capítulo 12

2. DESENVOLVENDO A EXPRESSSÃO VERBAL:

"DIÁLOGO: Dividir a turma em duplas e propor que escolheram um tema para dialogar, conversando entre si. Esta técnica deve ser feita depois de um passeio pelo bairro ou comunidade, onde puderam observar as pessoas trabalhando, feirantes, crianças brincando, etc...

Uma dupla vai para o centro do círculo e inicia um diálogo, mantendo-o por dois minutos. Uma nova dupla continua o diálogo e assim sucessivamente até esgotar o tema. Outra dupla inicia novo dialogo com outro tema." (Walter Oliveira Alves, *O teatro na educação do Espírito*, p. 65).

3. EXPRESSÃO FACIAL E GESTOS

O educador proporá situações em que todos deverão demonstrar a emoção. Escolha algumas das expressões abaixo, e utilize-as com o grupo.

Alegre	Companheiro	Corajoso
Indeciso	Arrogante	Desgostoso
solidário	Amigo	Deciso
malicioso	Atemorizado	Solitário
Generoso	Humilde	Tenso
Triste	Distraído	exausto
Interessado	Disposto	Teimoso
Emburrado	Impaciente	Bravo
Concentrado	Paciente	sonolento
Mandão	Desconfiado	

4. EXPRESSÃO CORPORAL

"PANTOMIMA: Os participantes, um a um, retiram um papel com a encenação que deverão criar, comunicando a idéia ou ação sem o uso do diálogo. Sugestões: dirigir um carro, aprender a nadar, impaciente numa fila, embrulhar presentes, pintar um quadro, carregar vários volumes de bagagem, procurar uma lente de contato que caiu, correr de um cachorro bravo e subir numa árvore, etc." (Walter Oliveira Alves, *O teatro na educação do Espírito*, p. 66).

5. CRIATIVIDADE E EXPRESSÃO CORPORAL:

"MONTAGEM DE CENA APARTIR DE UMA DADA SITUAÇÃO: Propor que o grupo monte uma cena ou pequena peça a partir de uma situação imaginária." (Walter Oliveira Alves, *O teatro na educação do Espírito*, p. 66).

Por exemplo: andando pela rua, você e seu irmão são abordados por um pedinte. O grupo deverá imaginar todas as situações possíveis a partir daí e encena-las.

6. DESENVOLVENDO A EXPRESSÃO VERBAL E A POSTURA

"Em círculo: Cada um com uma mensagem ou poesia. Depois de um pequeno tempo para ler e treinar silenciosamente, cada participante lerá sua mensagem ou declamará a poesia, procurando treinar a própria voz com atenção para:

- velocidade: Normalmente, quando estamos nervosos, falamos rápido demais, truncando as palavras. Procurar falar com calma, com pausas nos lugares certos.

- intensidade: Falar alto (sem gritar), projetando a voz para a frente, para atingir a platéia do fundo.

- clareza: A má pronúncia é resultado de maus hábitos de fala, como 'comer' consoantes e não abrir a boca o suficiente para produzir os sons redondos de vogais. Treinar bastante a pronúncia com a máxima clareza possível.

- expressão: Procurar enfatizar cada frase. Como a tendência geral é falar sem muita expressão, procure exagerar, e ler com excesso de expressão. Forçar um pouco no início, para depois retirar os exageros e chegar a um estado natural e agradável de expressão verbal.

Em uma segunda etapa, os participantes deverão decorar a poesia ou texto, procurando falar (sem ler) levando em conta os itens anteriores.

As técnicas de expressão verbal poderão estar presentes em todas as oficinas. A poesia, melhor que um texto comum, poderá ser utilizada em todos os dias de atividades. Declamar uma poesia é uma arte em si mesmo, que exige ritmo, boa dicção, pronúncia correta e sentimento." (Walter Oliveira Alves, *O teatro na educação do Espírito*, p. 67-68).

Obs.: Use poesias dos grandes autores espirituais: Auta de Souza, Maria Dolores, Cornélio Pires, entre outros.

7. CRIATIVIDADE E EXPRESSSÃO CORPORAL:

Planejar uma situação. Por exemplo: dois amigos caminhando por uma praça, esbarrando num terceiro personagem que vinha correndo e deixa cair uma pasta cheia de dinheiro. A um sinal do educador, entra um terceiro personagem que deve interferir na cena como quiser. Pode ser um policial que desconfia que aquele homem é um ladrão fugindo. A outro sinal entra um quarto personagem, depois mais um e assim por diante. Cada um acrescentará algo novo na cena, que poderá ter um final totalmente imprevisto.

8. IMAGINAÇÃO, CRIATIVIDADE E EXPRESSÃO CORPORAL:

"VIAGEM IMAGINÁRIA: Iniciar com um relaxamento e propor uma viagem imaginária, onde os participantes deverão imaginar representar com ações, enquanto ouvem a voz do educador. Podem interagir entre si ou reagir individualmente.

Exemplo: Todos deitam-se e procuram relaxar. Peça que soltem as pernas e os braços, relaxem os pés, as pernas, as mãos, a cabeça bem solta, as pálpebras fechando... e imaginem que estamos num bosque maravilhoso, deitados na grama, o Sol nos aquecendo, ouvindo o murmúrio de uma cascata, pássaros voando. Devagarinho, vamos nos levantar e caminhar pelo bosque... [...]." (Walter Oliveira Alves, *O teatro na educação do Espírito*, p. 68-69).

9. CRIATIVIDADE, EXPRESSÃO CORPORAL E EXPRESSÃO VERBAL

"MONTAGEM DE CENA A PARTIR DE UM TEXTO: Escolher cuidadosamente um texto. Distribuir uma cópia a todos para uma primeira leitura silenciosa. A partir da leitura, o grupo deverá preparar uma cena sobre o mesmo. Se o grupo for muito grande, dividir em subgrupos. Atenção especial para a expressão corporal e verbal, procurando sentir cada cena.

MONTAGEM DO TEXTO E DA CENA: O próprio grupo monta o texto simples, trocando idéias entre si. A seguir prepara a encenação. Embora a dificuldade maior seja na captação das idéias para o texto, deve-se fixar um tempo para cada atividade. Por exemplo: 30 ou 40 minutos para o texto e outros 20 ou 30 minutos para as cenas." (Walter Oliveira Alves, *O teatro na educação do Espírito*, p. 69).

10. MONTANDO UMA PEÇA

"SENSIBILIZAÇÃO: As atividades de sensibilização visam despertar o interesse, o entusiasmo e a vontade de agir dentro dos mesmos objetivos. Sugerimos passeios, visitas, assistir peças teatrais, audições de músicas, visitas a exposições artísticas, leitura de livros, etc. A visita a outro grupo teatral dará ótimos resultados. Procure manter o entusiasmo, a vontade de realizar em todo o grupo. Para isso, você terá que manter o entusiasmo em si mesmo.

TRAÇAR OBJETIVOS: Definir objetivos que desejam alcançar e conscientizar a todos da importância da peça. Procure trabalhar o ideal em cada coração.

A ESCOLHA DA PEÇA: Uma das tarefas mais difíceis, talvez seja a de escrever a peça, tarefa atribuída, nas companhias de teatro permanente, a um profissional, o dramaturgo.

Mas você pode utilizar as obras espíritas existentes. Para facilitar sua pesquisa, citamos no próximo item um número considerável de livros, onde você poderá encontrar farto material para trabalhar, desde pequenas esquetes para as oficinas, como peças bem elaboradas. Ao escolher um livro, proponha a leitura do mesmo por todos os participantes e colaboradores. A seguir, estude em grupo os aspectos principais para a elaboração do roteiro.

ELABORAR ROTEIRO: O roteiro deverá conter, da forma mais simples possível, o enredo e a seqüência do desenvolvimento das atividades: personagens, cenas, espaço cênico, som, iluminação, tempo limite de cada cena e da apresentação final. Prever também o número de ensaios e as tarefas de cada um.

Capriche em cada detalhe e procure sempre valorizar o trabalho de cada um." (Walter Oliveira Alves, *O teatro na educação do Espírito*, p. 70-71).

SUGESTÕES DE OBRAS ESPÍRITAS

a) Infantis

Maricota serelepe; Timbolão; O fujão; O grilo perneta; A tartaruguinha verde; Castelo de açúcar; O caminho oculto; A vida fala I, II e III; Os filhos do grande rei; Tintino, o espetáculo continua...; História de Catarina; Seara infantil; Histórias que Jesus contou; Escuta, meu filho...; O Evangelho da meninada.

b) Infanto Juvenis

Alvorada cristã; Mensagem do pequeno morto; E, para o resto da vida; A vida ensinou; Bem-aventurados os simples.

c) Juvenis

Violetas na janela, O mundo que eu encontrei, Na esperança de uma nova vida, O vôo mais alto, Mãos estendidas, Lírios colhidos, Deixe-me viver, Lindos casos da Campanha de Fraternidade Auta de Souza...

d) Diversos

Contos e crônicas de Humberto de Campos: Contos e apólogos, Estante da vida, Cartas e crônicas, Crônicas do além-túmulo, entre outras.

Obras de André Luiz, Romances dos espíritos: Emmanuel, Bezerra de Menezes, Victor Hugo, Manoel P. de Miranda, entre outros.

ARTES PLÁSTICAS

Modalidades artísticas, tais como: a pintura, o desenho, a modelagem também podem ser utilizados na Mocidade, exercendo as seguintes finalidades:

- Atividade de laborterapia;
- Decoração da Casa Espírita para eventos;
- Ligação da mente com os bons Espíritos.

"As artes traduzem fator de grande incentivo às crianças e aos jovens. Muitos despertarão, pois são Espíritos reencarnados e podem trazer grande bagagem artística que deverão extrapolar de si mesmos.

Pinturas e criações deverão ser estimuladas sem interesse de julgamento, mas dando oportunidade de apreciar os valores naturais.

Tanto as artes plásticas como os trabalhos manuais podem ser utilizados de acordo com o conteúdo da aula, numa forma de concretizar o ensino, facilitando a compreensão.

O desenho, a pintura, a modelagem são atividades criadoras, que poderão conduzir as energias do Espírito para canais criativos superiores.

Iniciar as atividades artísticas com uma prece e uma musica suave a envolver o ambiente forma o clima ideal. Mesmo as atividades individuais, devem ser executadas num clima de afeto e respeito mútuo, num ambiente de cooperação. A energia anímica e criadora da criança seguirá os canais superiores da vida, ampliando suas fronteiras vibratórias superiores." (Walter Oliveira Alves, *Educação do Espírito*, 3. ed., p. 296).

CONDUTA PERANTE A ARTE

"Colaborar na cristianização da arte, sempre que se lhe apresentar ocasião.

A arte deve ser o Belo criando o Bom.

Repelir, sem crítica azeda, as expressões artísticas torturadas que exaltem a animalidade ou a extravagância.

O trabalho artístico que trai a Natureza nega a si próprio.

Burilar incansavelmente as obras artísticas de qualquer gênero.

Melhoria buscada, perfeição entrevista.

Preferir as composições artísticas de feitura espírita integral, preservando-se a pureza doutrinária.

A arte enobrecida estende o poder do amor.

Examinar com antecedência as apresentações artísticas para as reuniões festivas nos arraiais espíritas, dosando-as e localizando-as segundo as condições das assembléias a que se destinem.

A apresentação artística é como o ensinamento: deve observar condições e lugar." (André Luiz, *Conduta Espírita*, 15. ed., p. 45-46).

CASO

CASO 1: MELODIA SUBLIME

Livro
Os mensageiros, 31, 32, 18. ed.

Personagens
Instrutor Aniceto, André Luiz, Alfredo, Ismália, Cecília

A MELODIA DE ISMÁLIA

"Num gesto nobre, Aniceto pediu a Ismália que executasse algum motivo musical de sua elevada esfera.

A esposa de Alfredo não se fez rogada. Com extrema bondade, sentou-se ao órgão, falando, gentil:

- Ofereço a melodia ao nosso caro Aniceto.

E, ante nossa admiração comovida, começou a tocar maravilhosamente. Logo às primeiras notas, alguma coisa me arrebatava ao sublime. Estávamos extasiados, silenciosos. A melodia, tecida em misteriosa beleza, inundava-nos o espírito em torrentes de harmonia divina. Penetrava-me o coração um campo de vibrações suavíssimas, quando fui surpreendido por percepções absolutamente inesperadas. Com assombro indefinível, reparei que a esposa de Alfredo não cantava, mas no seio caricioso da música havia uma prece que atingia o sublime - oração que eu *não escutava com os ouvidos*, mas recebia em cheio na alma, através de vibrações sutis, como se o melodioso som estivesse impregnado do verbo silencioso e criador. As notas de louvor alcançavam-me o âmago do espírito, arrancando-me lágrimas de intraduzível emotividade:

'Ó Senhor Supremo de Todos os Mundos
E de Todos os Seres,
Recebe, Senhor,
O nosso agradecimento
De filhos devedores do teu amor!

Dá-nos tua benção,
Ampara-nos a esperança,
Ajuda-nos o ideal
Na estrada imensa da vida...

Seja para o teu coração,
Cada dia,
Nosso primeiro pensamento de amor!

Seja para tua bondade
Nossa alegria de viver!...

Pai de amor infinito
Dá-nos tua mão generosa e santa.

Longo é o caminho.
Grande o nosso débito,
Mas inesgotável é a nossa esperança.

Pai Amado,
Somos as tuas criaturas,
Raios divinos
De tua Divina inteligência.

Ensina-nos a descobrir
Os tesouros imensos
Que guardaste
Nas profundezas de nossa vida.
Auxilia-nos a acender
A lâmpada sublime
Da Sublime Procura!

Capítulo 12

Senhor,
Caminhamos contigo
Na eternidade!...
Em ti nos movemos para sempre.
Abençoa-nos a senda,
Indica-nos a Sagrada Realização.
E que a glória eterna
Seja em teu eterno trono!...

Resplandeça contigo a Infinita Luz,
Mane em teu coração misericordioso
A soberana Fonte do Amor,
Cante em tua Criação Infinita
O sopro divino da eternidade.

Seja a tua benção
Claridade aos nossos olhos,
Harmonia ao nosso ouvido,
Movimento às nossas mãos,
Impulso aos nossos pés.

No amor sublime da Terra e dos Céus!...
Na beleza de todas as vidas,
Na progressão de todas as coisas,
Na voz de todos os seres,
Glorificado sejas para sempre,
Senhor'." (p. 169-171).

EFEITOS DA MÚSICA

"Que a melodia era aquela que se ouvia através de sons inarticulados? Não pude conter as lágrimas abundantes. Cecília comovera-nos a sensibilidade, lembrando as harmonias térreas e os afetos humanos. Ismália, no entanto, arrebatava-nos o Espírito, elevando-nos ao Supremo Pai. Nunca ouvira oração de louvor como aquela! Além disso, a esposa de Alfredo glorificava o Senhor de maneira diferente, inexprimível na linguagem humana. A prece tocara-me as recônditas fibras do coração e reconhecia que nunca meditara na grandeza divina, como naquele instante em que uma alma santificada falava de Deus, com a maravilha de suas riquezas espirituais.

E não era só eu a chorar como criança. Aniceto enxugava os olhos, de maneira discreta, e algumas senhoras levavam o lenço ao rosto.

Compreendi que a oração terminara, porque a música mudou de expressão. O caráter heróico cedeu lugar ao lirismo encantador. Experimentando a profunda serenidade ambiente, vi que luzes prodigiosas jorravam do Alto sobre a fronte de Ismália, envolvendo-a num arco irisado de efeito magnético e, com admiração e enlevo, observei que belas flores azuis partiam do coração da musicista, espalhando-se sobre nós. Desfaziam-se como se feitas de cariciosa bruma anilada, ao tocar-nos, de leve, enchendo-nos de profunda alegria. A maior parte caía sobre Aniceto, fazendo-nos recordar as palavras amigas da dedicatória. Impressionavam-me profundamente aquelas corolas fluídicas, de sublime azul-celeste, multiplicando-se, sem cessar, no ambiente, e penetrando-nos o coração como pétalas constituídas apenas de colorido perfume. Sentia-me tão alegre, experimentava tamanho bom ânimo que não conseguiria traduzir as emoções do momento.

Mais alguns minutos e Ismália terminou a magistral melodia.

A esposa do administrador desceu até nós, coroada de intensa luz.

Alfredo avançou, beijando-a no rosto, ao mesmo tempo que Aniceto lhe estendia a destra, agradecido.

- Há muito tempo não ouvia músicas tão sublimes como as desta noite - exclamou nosso orientador, sorrindo. Cecília falou-nos do sublime amor terrestre, Ismália arrebatou-nos ao divino amor celestial. Idéia feliz a de permanecermos no Posto! Fomos igualmente socorridos pela luz da amizade, que nos revigorou o bom ânimo!

Aproximaram-se os Bacelares, eminentemente comovidos.

- Que maravilhosas flores nos deste, querida amiga! - disse a mãezinha de Cecília, abraçando a esposa de Alfredo.

- Voltaremos ao trabalho, repletos de energia nova! - acrescentou o senhor Bacelar, sorridente.

A extensa sala estava cheia de notas de reconhecimento e júbilo sincero. A melodia de Ismália constituíra singular presente do Céu. A alegria e o bom ânimo transpiravam em todos os rostos." (p. 171-173).

Adolescência - Um desafio para pais e educadores

Capítulo XIII

O adolescente e a litetatura espírita

O ADOLESCENTE E A LITERATURA ESPÍRITA

IMPORTÂNCIA DA LITERATURA ESPÍRITA PARA A ADOLESCÊNCIA

"Dirijo-me de preferência aos moços - a essa liberal juventude, franca e sequiosa de progresso, cujo caráter bem traduz a prolixidade dos ideais que lhe fervilham nas profundidades do coração.

Muito esperam da juventude destes últimos decênios de século os prepostos do Mestre Divino - aqueles cultivadores da sua Vinha Sagrada porque zeladores da sua Doutrina de Eleição, cujo esplendor vinte séculos de incompreensão e hostilidades não lograram arrefecer. Será indispensável, mesmo urgente, porém, lecionar a essa juventude tão rica de generosos pendores, tão enamoradas de ardentes ideais quanto desordenada e inconseqüente em suas diretrizes, e a quem escasseiam exemplos edificantes, lições enaltecedoras capazes de impulsioná-la, para a padronização do Bem, porque as escolas do século XX não falam aos sentimentos do coração como não revigoram as lídimas aspirações da alma juvenil, enquanto que as futilidades destrutivas conluiadas com o comodismo criminoso do século, aboletadas no seio dos próprios lares, arredaram para muito longe o antigo dulçor dos conselhos maternos como a respeitabilidade dos exemplos paternos, os quais muito raramente, agora, se impõem, indiferentes aos dever de burilar corações dirigindo a educação dos filhos para as verdadeiras, legítimas finalidades da existência. Livros nocivos proliferam em estantes de onde os exemplos moralizadores ou educativos desertaram, corridos pela intromissão comercialista de uma literatura deprimente, criminosa na facilidade com que se expande, viciando ou pervertendo os corações em flor de jovens a quem mães descuidosas não apresentaram leituras adequadas; enquanto revistas levianas, deseducativas, destilando o vírus da inconveniência generalizada, seguem com os moços cujas mentes, muitas vezes dotadas de ardores generosos, se abastardam e estiolam vencidas por irrupções letais, qual plantazinha mimosa à falta do ar e da luz portadores da Vida! Preocupa-se, por isso mesmo, o Mundo Invisível, de onde os olhares amoráveis dos paladinos do Zelador Incomparável contemplam tão melancólicos panoramas, visto que a hora que passa é das mais graves para a Humanidade que há milênios transita pela Terra através de fluxos e refluxos reencarnatórios. É que o crepúsculo de uma civilização materialista prenuncia a alvorada de um renascimento de valores morais-espirituais em que o Ideal Cristão infiltrará novas seivas nos corações sedentos de luz e justiça. Será imprescindível, portanto, que os obreiros espirituais do Grande Educador de Nazaré acorram solícitos, aqui e além, desdobrando-se em vigilâncias incansáveis em todos os setores em que se movimenta a Humanidade - nos pertinentes à literatura também, cuidadosos dos primórdios da grande renovação que já se vislumbra nos horizontes do porvir.

Então, colaboram eles com os homens, ansiosos por ajudá-los a se adestrarem para o sublime evento ... Surgem médiuns pelos quatro cantos do planeta, dispostos aos rigores inerentes aos mandatos especiais que lhes couberam... E os ditados de Além-túmulo se avolumam na sociedade terrena, apresentando ao homem - à juventude - o passa-tempo literário que lhes convém, em contraposição às más leituras a que se habituaram... assim realizando, de um modo ou de outro, o que as escolas e os lares se descuraram prevenir: - o ensino da Moral, o culto sincero e respeitoso a Deus, à Honra e a Família!" (Adolfo Bezerra de Menezes, *Tragédia de Santa Maria*, 11. ed., p. 07-09).

IMPORTÂNCIA DO LIVRO ESPÍRITA

"O livro representa vigoroso imã de força atrativa, plasmando as emoções e concepções de que nascem os grandes movimentos da Humanidade, em todos os setores da religião e da ciência, da opinião e da técnica, do pensamento e do trabalho. Por esse dínamo de energia criadora, encontramos os mais adiantados serviços de telementação, porquanto, a imensas distâncias, no espaço e no tempo, incorporamos as idéias dos espíritos superiores que passaram por nós, há séculos." (Emmanuel, *Pensamento e vida*, 10. ed., p. 25).

DIFICULDADES DO ADOLESCENTE EM LER

"Merece considerarmos que, em alguns casos, o amolentamento, a falta de discernimento e a não fixação do conteúdo da leitura procedem da falta do hábito salutar e da convivência com os bons livros. A mente viciosa, indisciplinada, acostumada ao trivial, ao burlesco e ao insensato, se recusa atenção e interesse no esforço novo." (Manoel P. de Miranda, *Tramas do destino*, 6. ed., p. 94).

BENEFÍCIOS DE LEITURA EDIFICANTE PARA O ADOLESCENTE

"[...] é através da leitura evangélica que o espírito se irriga de esperança e se renova, abrindo verdadeiras clareiras e brechas na psicosfera densa que elabora e de que se nutre, a fim de que penetrem outras energias benéficas que o predisporão para o bem, de intervalo a intervalo, até que logrem modificar a paisagem interior, animando-se a investimentos maiores." (Manoel P. de Miranda, *Tramas do destino*, 6. ed., p. 94).

COMO UTILIZAR A LEITURA EDIFICANTE COM OS ADOLESCENTES

"Conveniente, desse modo, insistência e perseverança.
Leiam-se pequenos textos e façam-se acompanhar as leituras de subseqüente reflexão da parte examinada; tente-se a memorização, a anotação como exercício gráfico, através do que se não conceda, porém, à mente, a ociosidade nem a escusa de nada conseguir nesse capitulo." (Manoel P. de Miranda, *Tramas do destino*, 6. ed., p. 94).

CONDUTA PERANTE O LIVRO ESPÍRITA

"Consagrar diariamente alguns minutos à leitura de obras edificantes, esquecendo os livros de natureza inferior, e preferindo, acima de tudo, os que por alimento da própria alma, versem temas fundamentais da Doutrina Espírita.

Capítulo 13

Luz ausente, treva presente.

Digerir primeiramente as obras fundamentais do Espiritismo, para entrar em seguida nos setores práticos, em particular no que diga respeito à mediunidade.

Teoria meditada, ação segura.

Dentro do templo de que disponha, conhecer as obras reunidas na biblioteca do tempo ou núcleo doutrinário a que pertença.

Livro lido, idéia renovada.

Apreciar com indulgência as obras de combate ao Espiritismo, compreendendo-lhes a significação, calando defesas precipitadas ou apaixonadas, para recolher, com elas, advertências e avisos destinados ao aperfeiçoamento da obra que lhe compete.

Vale-se o bem do mal, para fazer-se maior.

Oferecer obras doutrinárias aos amigos, inclusive as que jazem mofando sem maior aplicação dentro de casa, escolhendo o gênero e o tipo de literatura que lhes possa oferecer instrução e consolo.

Livro nobre, caminho para a ascensão.

Disciplinar-se na leitura, no que concerne a horários e anotações, melhorando por si mesmo o próprio aproveitamento, não se cansando de repetir estudos para fixar o aprendizado.

Aprende mais, quem estuda melhor.

Sem exclusão de autor ou de tema versado, analisar minuciosamente as obras que venham a ler, para não sedimentar no próprio íntimo os tóxicos intelectuais de falsos conceitos, tanto quanto as absurdidades literárias em torno das quais giram as conversações enfermiças ou sem proveito.

Os bons e os maus pensamentos podem nascer de composições do mesmo alfabeto.

Divulgar, por todos os meios lícitos, os livros que esclareçam os postulados espíritas, prestigiando as obras santificantes que objetivam o ingresso da Humanidade no roteiro da redenção com Jesus.

A biblioteca espírita é viveiro de luz." (André Luiz, *Conduta espírita*, 15. ed., p. 137-139).

IMPORTÂNCIA DO ROMANCE MEDIÚNICO PARA A ADOLESCÊNCIA COMO RELATOS DA VIDA REAL

"Muitos dos nossos leitores, ou quase que em geral os espíritas, supõem sejam os romances mediúnicos meros arranjos literários, ficções habilidosas para exposições doutrinárias. Alguns confessam mesmo não se darem ao trabalho de ler tal literatura, visto não se interessarem por obras fictícias. Não sentem nem mesmo a curiosidade, muito razoável, demonstrando zelo pela causa esposada, de observar a arte com que os romancistas espirituais tecem os seus enredos para apresentar a magnificência do Bem, que tais livros tanto exaltam, alheios, como se deixam estar, à relação dos fatos reais da vida de cada dia, que os mesmos livros expõem paralelamente com o ensinamento revelado pela Doutrina dos Espíritos." (Yvonne A. Pereira, *Recordações da mediunidade*, 5. ed., p. 97-98).

ROMANCES ESPÍRITAS - FATOS DA VIDA REAL

"O Espírito Adolfo Bezerra de Menezes, em certa obra mediúnica a nós concedida (Dramas da Obsessão), classifica os romances espíritas de similares das parábolas messiânicas, visto serem eles serem extraídos da vida real do homem, enquanto as parábolas igualmente foram inspiradas ao Divino Mestre pela vida cotidiana dos galileus, judeus e de suas azáfamas diárias.

Engana-se, pois, quem julgar os referidos romances histórias ilusórias, simples composição artístico-literárias para fins de propaganda doutrinária. Estamos autorizada a declarar, dada a nossa longa convivência com os mentores espirituais, que, na grande maioria, pelo menos, se não na totalidade, nos romances mediúnicos existem a verdade de vidas humanas como fundamento, senão relatórios ligeiramente alterados afim de não identificar completamente as personagens. No XXXV capítulo de sua bela obra «Depois da Morte», referindo-se às realizações concretas do Além-Túmulo, o grande Léon Denis usa dessa significativa descrição: «...Construções aéreas de cores brilhantes, de zimbórios resplandecentes: circos imensos onde se reúnem em conselho os delegados do Universo; templos de vastas proporções, donde se elevam acordes de uma harmonia divina; quadros variados, luminosos; *reproduções de vidas humanas, vidas de fé e de sacrifícios, apostolados dolorosos, dramas do Infinito»*. E nós mesma, e também o leitor somos testemunhas de que as «reproduções de vidas humanas» acima citadas já foram ditadas aos médiuns através de visões e da psicografia e os romances da vida real aí estão, na bibliografia espírita, prestando serviços à obra de esclarecimento quanto a conduta que devemos ter, na vida social ou intima, em face das leis de Deus." (Yvonne A. Pereira, *Recordações da mediunidade*, 5. ed., p. 98).

INSPIRAÇÃO PARA OS ROMANCES

"Comumente, pois, os fatos narrados nos romances mediúnicos são extraídos das próprias vidas planetárias, remotas ou recentes, dos autores espirituais, como sabemos acontecido com as obras «Há dois mil anos...» e «Cinqüenta anos depois», concedida pela entidade instrutora Emmanuel ao médium Francisco Cândido Xavier, além de outras da mesma entidade, que ventilam existências de personagens por ela conhecidas no Além. De outras vezes os fatos são extraídos da existência dos pupilos ou amigos espirituais dos autores da obra, como o sucedido ao romance «Amor e Ódio», ditado pelo Espírito Charles; e «Dramas da Obsessão», onde a entidade Dr. Adolfo Bezerra de Menezes descreve as dramáticas peripécias de uma pequena falange de protegidos seus, encarnados e desencarnados, durante trabalhos que, como orientador espiritual de Centros Espíritas, realizou, ao passo que no volume «Nas Voragens do Pecado», a nós também concedido mediunicamente, vemos a vida do seu autor espiritual, Charles (o Carlos Felipe II, da mesma obra), e de criaturas por ele muito amadas na época, ou seja, pelo século XVI. E todos sabemos que o mesmo se deu com o Espírito Conde Rochester, que em vários dos seus livros confiados à médium russa Condessa Krijanovsky, participa o leitor não só das suas próprias atividades de Espírito em marcha de evolução, mas também da ligação milenar existente entre o seu próprio Espírito e o da médium que o serviu também a entidade Padre Germano confia episódios de sua vida terrena à médium espanhola Amália Domingo Soler, confidências que resultaram num dos mais belos e encantadores livros que enriquecem a bibliografia espírita: «Memórias de Padre Germano».

Todos esses luminares do mundo invisível, assim como outras individualidades esclarecidas e igualmente iluminadas são unânimes em repisar que o mundo espiritual é fértil em temas para estudos e análises e que dramas intensos ali são surpreendidos entre as recordações dos seus habitantes, os quais muitas vezes concordam em narrar ao vivo, ou seja, criando cena sobre o poder da mente, suas passadas peripécias planetárias. Sabemos também que os escritores do plano invisível, que concedem obras literárias aos encarnados, se estas são românticas, costumam reunir trechos de uma existência e trechos de outra para uma lição mais completa e lógica, figurando-os como se tratassem de uma única fase planetária; substituem nomes, deslocam datas e localidades, quase sempre com a finalidade de não identificarem as personagens; ampliam a moral da história, adaptando-a aos ensinamentos evangélico-espíritas, no intuito de dotarem a obra de finalidade educativa; enxertam, freqüentemente, noticiário espírita autêntico da época, para fins de propaganda, tal como vemos no conto «O Paralítico de Kiew», à nossa faculdade concedido pelo Espírito Léon Tolstoi, sem, contudo, alterar a essência do caso, na sua construtura veraz, e enfeitam personagens e ambientes transportando-os, algumas vezes, para a aristocracia, concedendo-lhes títulos nobiliárquicos, por não ignorarem que tais detalhes possuem a magia de melhor atrair a atenção do leitor, encantando-o com uma arte toda especial, muito embora algumas personagens fossem realmente antigas figuras da nobreza. Vale aqui relembrar certas confidências do nosso grande amigo espiritual Camilo Castelo Branco, que, referindo-se à sua obra mediúnica «O tesouro do Castelo», a nós ditada, afirmava que o Espaço se achava repleto de entidades da categoria moral do «Barão André Januário», personagem central da dita obra, e que ele, Camilo não tinha necessidade de criar ficções para ditar obras mediúnicas, porque, tanto no Além como na Terra, havia temas verídicos excelentes, à sua disposição. O que lhe faltava médiuns que se submetessem às disciplinas necessárias ao certame. Para um literato, portanto, mas principalmente para o literato desencarnado, um ponto de referência, pequeno acontecimento da vida real do cidadão terreno ou da entidade espiritual, bem estudado e analisado, poderá transformar-se em formosa obra educativa espírita, e é o que vemos acontecer com os nossos escritores do Além, que não têm necessidade de inventar os romances que dão aos seus médiuns, porque, vasculhando a sociedade terrena e o mundo invisível, encontrarão acontecimentos dignos de serem imortalizados num livro. As Belas Letras possuem recursos expressivos para, sem se afastar da verdade, apresentar literatura romântica atraente, que poderá ser considerada como biografias de personagens que realmente existiram sobre a Terra. O Espiritismo, cuja missão é influir para renovar, melhorando todos os setores da sociedade, criou uma literatura nova, modelar, e a sua atual bibliografia mostra dignamente o que poderá ele ainda realizar futuramente nesse delicado setor." (Yvonne A. Pereira, *Recordações da mediunidade*, 5. ed., p. 99-101).

COMO ADQUIRIR OS LIVROS

É de suma importância que a Mocidade do Centro Espírita se organize no sentido de oferecer a seus jovens este "pão da vida": o livro espírita.

Destacaremos algumas sugestões para a aquisição do livro espírita para os adolescentes:

- Campanhas de incentivo à doação de livros espíritas pelos evangelizadores, pais e demais trabalhadores da Instituição.
- Promoções beneficentes em prol da arrecadação dos livros.
- Solicitação da doação dos livros junto as distribuidoras de livros.
- Compra de livros.
- Clube do livro Espírita.

COMO INCENTIVAR A LEITURA

O adolescente deve sentir-se entusiasmado pelas leituras edificantes. Cabe à Mocidade Espírita promover ações em torno da divulgação e contato do adolescente com os livros espíritas.

Seguem algumas sugestões:

- Propaganda do livro e do autor espiritual;
- Mural (contando trecho ou parte do ensino);
- Biblioteca da Casa Espírita ou da Mocidade;
- Ciranda de livros (troca de livros entre os próprios adolescentes);
- Livro do mês. Sugerir aos jovens um livro escolhido para ser estudado naquele mês e posteriormente, (numa data fixa do calendário da Mocidade) avaliá-lo com os jovens;
- Teatros - escolher um trecho de um livro e encená-lo através de um pequeno teatro provocando nos jovens o interesse por saber o final da história.

COMO DINAMIZAR A LEITURA NA MOCIDADE

A leitura fortalece o sentimento porque edificante, insufla o bom, o belo e o justo. Presentes nos livros espíritas a filosofia e a moral vão gradativamente se instalando na consciência juvenil, que ávida de esclarecimentos se faz portadora dos nobres ideais.

O hábito da leitura cultivado na juventude instaura uma nova visão acerca do mundo e dá ao jovem o prazer sadio da imaginação.

Os pais e os educadores devem estimular a leitura por meio da oferta de livros e por práticas que respeitem as aptidões e tendências dos jovens. Os temas devem aproximar-se dos interesses juvenis bem como é necessário que a estrutura seja adequada ao nível de compreensão.

SUGESTÃO DE ALGUMAS OBRAS ESPÍRITA PARA JOVENS

- Obras básicas do Espiritismo;
- Obras do Espírito Emmanuel;
- Obras do Espírito André Luiz;
- Obras do Espírito Victor Hugo;
- Obras do Espírito Manoel P. de Miranda;
- Obras do Espírito Humberto de Campos (Irmão X);
- Obras do Espírito Amélia Rodrigues;
- Obras do Espírito Luiz Sérgio;
- Obras do Espírito Patrícia;
- Obras da médium Yvonne A. Pereira;
- Romances mediúnicos de: Bezerra de Menezes, Amália Domingo Soler, Fernando do Ó, Camille Flamarion,
- Obras diversas: Jesus no lar, Cântico da juventude, Correio fraterno, Canções do alvorecer, Alvorada cristã, Aprendizes do bem, Mensagem do pequeno morto.

LEITURA ESPÍRITA

"Conquanto o Espiritismo - ou Doutrina dos Espíritos, - tenha surgido da palavra dos próprios Espíritos, luminares da evolução e do aprimoramento da Humanidade, não será licito esquecer o trabalho paciente e valioso daqueles espíritos outros, denodados pioneiros do progresso e da felicidade dos homens, reencarnados na Terra, para a elevada missão de fixar-lhes os ensinamentos.

Compreende-se que a mente popular se ,empenhe à procura do verbo revelador que flui da espiritualidade pelos canais medianímicos, acostumada que se acha a encontrar por esse processo, há mais de um século, instruções e lições seguras, desde que 'O livro dos Espíritos' apareceu por

Capítulo 13

monumento básico da Verdade, em que o homem interroga e os espíritos respondem sobre as mais transcendentes questões da Vida e da Natureza.

Forçoso, no entanto, reconhecer o mérito dos agentes humanos que dignificam os princípios espíritas, a comentá-los, desenvolvê-los, interpretá-los e iluminá-los.

Sem Allan Kardec, não teríamos a autoridade terrestre, reunindo fatos e deduções na formação da Doutrina e, depois do Codificador, tivemos no mundo toda uma plêiade de missionários corporificados na forma física, organizando empreendimentos e realizações que honram todos os setores do Espiritismo, erguido à condição de Cristianismo redivivo.

A eles devemos construções doutrinárias inesquecíveis, quais sejam:

As interpretações científicas dos fenômenos.
As experiências inatacáveis.
As análises filosóficas.
As ilações religiosas.
Os relatórios seguros.
A organização do intercâmbio espiritual.
A literatura da Nova Revelação.
A escola e o ensino Kardequianos.
As observações precisas.
A história do Espiritismo.
A imprensa renovadora.
Os boletins informativos.
Os simpósios permanentes de estudo.
Os conclaves de orientação.
As teses santificantes.
Os apelos à sublimação da alma.
Os planos das obras espíritas.

Indubitavelmente é imperioso creditar a eles - devotados seareiros da luz, precioso e inestimável trabalho na sementeira e difusão das verdades que abraçamos, razão por que, tributar-lhes consideração e estímulos, lendo-lhes as páginas edificantes e louvando-lhes o serviço benemérito é para todos nós inalienável dever.

Companheiros!

Honremos os livros dos espíritos, nas letras mediúnicas que desdobram os primores da Codificação, à luz do Evangelho, mas reverenciemos também os livros dos espíritas valorosos e sinceros que são na Terra, abnegados apóstolos do Senhor!" (André Luiz, *Sol nas almas*, 9. ed., p. 166-168).

Adolescência - Um desafio para pais e educadores

Capítulo XIV

O adolescente e o trabalho assistencial

O ADOLESCENTE E O TRABALHO ASSISTENCIAL

JUVENTUDE E TRABALHO

"Mocidade que alegre se levanta
Com o sentido do bem na alma sincera,
Volve os olhos prá dor que deblatera,
Aprendendo a Lição que nos encanta.

Mocidade, que o Cristo a condicione
Aos serviços do amor, a qualquer hora...
Arrostando, do mundo, o mal, embora,
Que a assistência ao irmão a emocione.

Mocidade, sua pauta de trabalho
Será, sempre, o estudo e a aplicação
Dos ensinos do Mestre à própria ação,
Renovando o caminho dantes falho.

Nunca tema as pedradas, que só ferem
O exterior, sem dano à profundidade...
Seja, pois, a pregoeira da bondade
Na Seara dos que ao Bom Jesus aderem.

É feliz quem se encontra com a Verdade,
Porfiando, na prece e no labor,
Ensinando e aprendendo com amor,
Sem fronteiras, no afã da Caridade.

Ante as armas covardes que aniquilam
A esperança nas almas juvenis,
Enredando-as em pérfidos ardis,
Falta ação positiva, onde vacilam...

Tenha, então, abençoada Juventude,
Como senha de luz em sua vida,
Mãos à obra, na luta decidida,
Caminhando na busca da Virtude.

Adolescência - Um desafio para pais e educadores

Capítulo 14

Ponha amor no serviço e nas pesquisas,
Maturando emoções e sentimentos,
Abre aos Céus o seu mundo de tormentos
Tendo o Cristo e Kardec por balizas..." (Ivan de Albuquerque, *Cântico da juventude*, p. 107-108).

CARIDADE E AMOR AO PRÓXIMO

"Qual o verdadeiro sentido da palavra caridade, como a entendia Jesus?

Benevolência para com todos, indulgência para as imperfeições dos outros, perdão das ofensas.

O amor e a caridade são o complemento da lei de justiça, pois amar o próximo é fazer-lhe todo o bem que nos seja possível e que desejáramos nos fosse feito. Tal o sentido dessas palavras de Jesus: *Amai-vos uns aos outros como irmãos.*

A caridade, segundo Jesus, não se restringe à esmola, abrange todas as relações em que nos achamos com os nossos semelhantes, sejam eles nossos inferiores, nossos iguais, ou nossos superiores. Ela nos prescreve a indulgência, porque de indulgência precisamos nós mesmos, e nos proíbe que humilhemos os desafortunados, contrariamente ao que se costuma fazer. Apresente-se uma pessoa rica e todas as atenções e deferências lhe são dispensadas. Se for pobre, toda gente como que entende que não precisa preocupar-se com ela. No entanto, quanto mais lastimosa seja sua posição, tanto maior cuidado devemos pôr em lhe não aumentarmos o infortúnio pela humilhação. O homem verdadeiramente bom procura elevar, aos seus próprios olhos, aquele que lhe é inferior, diminuindo a distância que os separa." (Allan Kardec, *O Livro dos Espíritos*, 83. ed., perg. 886).

"Sem a caridade, tudo, na Terra que povoamos, seria o caos do princípio.

A ciência ateará sempre a chama da palavra nos lábios humanos, erguendo pedestais à inteligência; mas, sem a caridade de Jesus, que alimenta o corpo e sustenta a vida, debalde se levantarão púlpitos e monumentos.

Todos os patrimônios que enriquecem o homem foram acumulados pela graça do Senhor, considerando o progresso em seus alicerces profundos.

A caridade divina é tangível em toda a parte.

Caridade é o ar que respiramos, a luz que nos aclara os caminhos, o grão que nos supre de forças, o pano que nos envolve, a afeição que nos acalenta, o trabalho que nos aperfeiçoa e a experiência que nos aprimora.

O mundo inteiro é uma instituição de amor divino, a que nos acolhemos para amealhar a riqueza do futuro. A caridade é a coluna central que o mantém. Sem ela, os santos mofariam no paraíso e os pecadores clamariam, desesperados, no inferno; os fortes não se inclinariam para os fracos, nem os fracos vicejariam ao contacto dos fortes; os sábios apodreceriam na estagnação, por ausência de exercício, e os ignorantes gemeriam, condenados indefinidamente às próprias trevas.

Mas a bendita sentinela de Deus é o Anjo Guardião do Universo, e nunca relega as criaturas ao desamparo, ensinando que a vitória do bem, com ascensão para a luz, é sempre obra de cooperação, interdependência e fraternidade.

A estátua não desfrutaria o louvor da praça pública sem a caridade do material inferior que lhe assegura o equilíbrio na base; a luz não nos livraria das sombras se a candeia acesa no velador não lhe dirigisse os raios para o chão.

O solo aceita as exigências do rio que o desgasta, incessantemente, e, com isto, a escola terrestre permanece viva e fértil; a semente conforma-se com o negrume e a soledade na cova e, assim, a mesa tem pão.

Sem obediência às normas da caridade, que exalta o sacrifício de cada um para a bem-aventurança de todos, qualquer ensaio de felicidade é impraticável.

Somos todos filhos da Graça Divina e herdeiros dela, e, para santificarmos a vanguarda do progresso, é imprescindível dar de nós mesmos, em oferta permanente ao bem universal.

Todo egoísmo está condenado de início.

A água, sem proveito, putrefaz-se.

O arado inativo é carcomido pela ferrugem.

A flor estéril torna ao adubo.

O espírito permanentemente circunscrito ao estreito círculo de si mesmo é castigado com a desilusão.

Recebendo as bênçãos do Céu, através de mil vias, a cada instante da experiência no corpo, o homem que não aprendeu a dar, em auxílio espontâneo aos semelhantes, é louco e infeliz.

Multipliquem-se palácios para a administração e para a cultura do cérebro; mas, enquanto a porta do coração não se descerrar ao toque do amor fraterno, a guerra será o vulcão espiritual do mundo, devorando a Paz e a Vida. Descubram-se preciosos segredos da matéria e entoem-se cânticos de triunfo no seio das nações gloriosas da Terra; mas, enquanto o homem não ouvir o apelo suave da caridade, para fazer-se verdadeiro irmão do próximo, o solo do Planeta permanecerá empestado de vermes e encharcado de sangue dos mártires, que continuarão tombando a serviço da divina virtude em intérmina caudal." (Fabiano de Cristo, *Falando à terra*, 5. ed., p. 17-19).

CONVITE À CARIDADE

"Enquanto a saúde enfloresce as tuas possibilidades de bem-estar, reserva um dia por mês, ao menos, para visitar os irmãos enfermos, que ressarcem pesados tributos pretéritos, muitas vezes em dolorosa soledade, com o espírito tomado de apreensões e angústias.

Companheiros tuberculosos que expungem em leitos de asfixiante espera, em duros intervalos de hemoptises rudes.

Amigos leprosos em isolamento compulsório, acompanhando a dissolução dos tecidos que se desfazem em purulência desagradável.

Irmãos cancerosos sem esperança de recuperação orgânica entre dores e ásperas ansiedades.

Homens e mulheres em delírios de loucura ou presos por cruéis obsessões coercitivas, longe da lucidez, à margem do equilíbrio, em desoladora situação.

Crianças surpreendidas por enfermidades que as ferreteiam impiedosamente, roubando-lhes o frescor juvenil e macerando-as vigorosamente.

Anêmicos e penfigosos, operados em situação irreversível e distônicos vários que enxameiam nos leitos dos hospitais públicos e particulares, nos Nosocômios de Convênio governamental ou em Clínicas diversas sob azorrague incessante.

Seja teu sorriso de cordialidade franca, através da lembrança de uma palavra fraterna, de uma flor delicada, de uma pergunta gentil em que esteja expresso o interesse pela sua recuperação, de uma prece discreta ao lado de seu leito, de uma vibração refazente com que o podes diminuir os males que inquietam esses seres em necessário resgate.

Lembra-te, porém, que acima do bem que lhes possa fazer, a ti fará muito bem verificar o de que dispões e pouco consideras, bem precioso e de alto valor com que o Senhor te concede a honra de crescer: a saúde!

Vai desde hoje trabalhar na vinha do Senhor.

Caridade para com os que sofrem, em última análise é caridade para contigo mesmo." (Joanna de Ângelis, *Convites da vida*, 5. ed., p. 27-28).

O ASSISTIDO

"Diante daqueles a quem socorres, não admitas que a caridade seja prerrogativa unicamente de tua parte.

Enumera os bens que recolhes daqueles a quem amparas.

Habitualmente doamos aos companheiros necessitados algo do que nos sobra, deles recebendo muito do que nos falta.

É preciso não esquecer que da pessoa a quem assistimos obtemos benefícios substanciais, como sejam:

a verificação de nossas próprias vantagens;

o conhecimento das responsabilidades que nos competem, à frente dos outros;

o aviso salutar, com relação aos deveres que nos cabem, na preservação dos bens da vida;

a paciência com os nossos obstáculos a males menores;

o ensinamento da provação com que somos defrontados;

a aquisição de experiência;

as vibrações de simpatia;

o auxílio que recebemos para sustentar mais amplo auxílio aos outros;

o consolo nos sofrimentos que, porventura, nos fustiguem;

o crédito moral que se registra, a nosso favor, na memória dos espíritos encarnados e desencarnados que amparam a criatura em crises e empeços maiores que os nossos.

Serve a benefício dos semelhantes, tanto quanto possas e como possas, em bases da consciência tranqüila, sempre que encontres o próximo baldo de equilíbrio, espoliado de esperança, sedento de paz ou cansado de angústia, nas trilhas do cotidiano, porque a caridade é sempre maior nos dividendos para aquele que dá. Por isso mesmo, temos no Evangelho do Senhor a advertência inesquecível: 'mais vale dar que receber'." (Emmanuel, *Caridade*, 10. ed., p. 83-85).

EDUCAÇÃO DO ADOLESCENTE PARA O TRABALHO

"Sem embargo, a afirmativa do Espírito da Verdade de que toda ocupação útil é trabalho [...], reflete a beleza e a oportunidade de te fazeres importante servidor, laborando em todos os sentidos, sob todos os aspectos, a fim de que sejas feliz, trabalhando. [...].
    Chegará o tempo em que, devidamente educado para a realização do bem, onde quer que se encontre, cada indivíduo produzirá para ser útil, ganhando muito ou pouco, para a vitória da honestidade entre as criaturas e para glória do amor pelos caminhos da evolução humana.
'Vós sois deuses', afirmou Jesus aos filhos de Deus, e, como Deus trabalha sempre, como o Filho, igualmente, faze-te sensibilizado com esse entendimento e aplica-te, educadamente, para que avances, rutilante e de consciência pacificada para os dias futuros, agradecido aos Céus pelos labores que pudeste desempenhar na Terra, em benefício do teu próximo, bem como de ti mesmo. [...]" (Camilo, *Educação e vivências*, 2. ed., p. 37, 39-40).

"Hoje estamos aqui para orientá-los sobre o valor da evangelização infanto-juvenil. Alguém deseja perguntar algo?
Acendi minha cadeira e perguntei:
- Como podemos atuar nas Casas Espíritas, pois muitas não aceitam mudanças, chegando a dizer que nem artesanato devem fazer.
- Irmãos, a idéia do trabalho de artesão não é nossa, desde a época do Cristo os apóstolos já o faziam para não se tornarem um peso para a sociedade. Eles não recebiam esmolas, trabalhavam. O apóstolo Paulo foi um excelente artesão e vivia disso. Agora, por que nós, os espíritas de hoje, achamos que o artesanato desinteressa aos estudos doutrinários? Ao contrário, eles se completam. A criança ou jovem adorarão ver suas obras ganhando vida graças à sua habilidade. Anália Franco foi combatida por criar grupos de trabalho. Mas hoje, se a Casa Espírita não se empenhar em

criar esses grupos, terá de lançar mão de rifas e jogos para poder se manter. Não é melhor darmos às crianças e aos jovens, enfim, a todos os freqüentadores de uma Casa a oportunidade do trabalho? Ele age como terapia, lixando nossas arestas. O homem que trabalha para o próximo vai pouco a pouco tornando-se melhor.

— O irmão pode nos ensinar como realizar um trabalho com crianças e jovens? Inquiriu Luanda.

— Na época do Cristo, na pequena Nazaré, havia um ditado popular que dizia: 'aquele que não ensina um ofício ao seu filho prepara-o para ser salteador de estrada.' Paulo de Tarso era tecelão, Nicodemos, barbeiro, Judas, oleiro, José, carpinteiro, e Jesus trabalhou também como carpinteiro para sustentar Maria. Desconhecer os trabalhos sociais é ignorar a Doutrina do Cristo. Ele, o Governador do Planeta, trabalhou a madeira, dando-nos o grande exemplo da labuta diária. A irmã Luanda pergunta-nos como levar até a criança e o jovem o artesanato, sem negligênciar a Doutrina. Primeiro a Casa tem de conscientizar a sua diretoria de que não existe velhice entre os trabalhadores do Cristo; que todos têm de se unir em prol do crescimento doutrinário, porque, se na Casa Espírita só trabalharem os jovens e as crianças, eles irão perguntar: por que só nós temos de angariar dinheiro para o Centro? Diretoria 'aposentada', trabalho estacionário. Se buscarmos os grandes exemplos, lembraremos de irmã Dulce batalhando junto aos desvalidos; Teresa de Calcutá ativa ao lado dos sofredores; Chico Xavier lutando junto àqueles que precisam. Agora, porque os anos maltrataram nosso corpo, nem por isso temos o direito de parar.

— O irmão acha, então, que o que prende uma criança ou um jovem a uma Casa religiosa é ele se sentir útil? — perguntou Arlete.

— Sim. Só a teoria não muda o interior das criaturas, como apenas as aulas práticas também não. As crianças e os jovens têm de orar e trabalhar.

— E as campanhas Auta de Souza?

— Muito bonitas, dignas do nosso respeito e da nossa colaboração. Enquanto alguns presidentes de Centro batem à porta do próximo em busca de alimento, presenciamos muitos indo contra este trabalho criado pela Espiritualidade Maior. Digo ainda mais: se os espíritas não se unirem urgentemente, logo estaremos distantes da sociedade, porque o fanatismo de uma religião que está crescendo assustadoramente no Brasil fará tudo

Capítulo 14

para nos desmoralizar. Eles estão envolvendo crianças e jovens, atacando Casas Espíritas memoráveis através da televisão e do rádio. Enquanto isso, alguns espíritas, trancafiados em uma diretoria, espionam colegas de fé; e muitos tentando tomar-lhes os lugares de destaque, alegando que o presidente não tem capacidade espiritual. [...]". (Luiz Sérgio, *Cascata de luz*, p. 153-155).

IMPORTÂNCIA DA PRÁTICA DO BEM

"Se nos propomos retratar mentalmente a luz dos Planos Superiores, é indispensável que a nossa vontade abrace espontaneamente o trabalho por alimento de cada dia." (Emmanuel, *Pensamento e vida*, 10. ed., p. 35).

"Entendemos, no ensino da codificação e na palavra de Emmanuel, que, em resumo, caridade é prática do bem, a favor de nós e dos outros, preservando-nos, assim, de todos os males que nos possam prejudicar a marcha ascensional.

Caridade é Amor.

Tudo o quanto se possa identificar com os ensinos de Jesus deve ser considerado caridade.

Os benefícios da caridade, como sinônimo de prática do amor, tem para os espíritas um sentido diferente, eis que transcendem os limites normais das interpretações humanas.

A caridade, em função da Lei de Causa e Efeito, abrange todas as etapas do aperfeiçoamento espiritual: passado, presente, erraticidade (período entre uma desencarnação e a próxima encarnação) e futuras reencarnações.

O bem que fizermos hoje - assim no-lo ensinam os Instrutores Espirituais - será nosso advogado amanhã, em qualquer parte.

Analisemos, pois, os benefícios do Amor, no seu mais amplo sentido.

Nenhum de nós está no mundo pela primeira vez.

Todos os seres encarnados, na Terra, viveram outras existências.

Lutaram e sofreram.

Erraram e acertaram.

Distribuíram benefícios e prejuízos, em existências mais ou menos remotas.

Ninguém reencarnou perfeito. Todos nós palmilhamos os caminhos mais escusos da evolução.

Criados 'simples e ignorantes', penetramos, pelo uso do livre-arbítrio, no cipoal dos mais sombrios equívocos do coração.

Sem embargo das claridades que se fazem, já, em nosso roteiro, mercê da luz do Evangelho e da sublimidade da Doutrina dos Espíritos, somos, ainda, almas em processo de redenção e aperfeiçoamento, no trabalho em favor de nossos semelhantes.

Viemos de passado nada recomendável, em vidas que se foram, em que a tônica de nosso comportamento foram infrações, continuadas, à lei do amor, com as quais criamos adversários, surgindo, com eles, animosidades e rancores que, naturalmente, transpuseram as linhas da normalidade, convertendo-se em ódios.

Se viemos, pois, de pretérito delituoso, por certo contraímos débitos, na semeadura do mal.

Os compromissos e vinculações do passado vigiam-nos, assim, de perto, estejamos ou não no aparelhamento físico, por via da Imanente Justiça.

A prática do bem, no presente, traz em si mesma os mais sadios efeitos para nós.

Interrupção de hostilidades, geradoras de novos débitos.

Ressarcimento de dívidas, com o bem praticado a adversários de ontem, ou, mesmo, a não-adversários.

Reconciliação com verdugos ou vítimas.

Não há quem não se comova ante o 'homem bom'.

Quem se confie ao apostolado do bem, substituindo os sentimentos malévolos pelo mais puro amor ao próximo, sensibilizará adversários ferrenhos, que o espreitam do plano invisível, podendo transformá-los, mais tarde, em amigos valiosos.

Experimente, descrendo da máxima:'o amor cobre a multidão de pecados', aquele que duvidar...

Conclui-se, assim, com vistas ao reajuste de enganos cometidos no passado, quão salutar é a prática do bem, no dia que passa.

E com vistas ao presente? Evidentes são os benefícios da prática do bem, eis o que deduzimos em boa doutrina.

Em primeiro lugar, falaremos da paz de consciência.

Em segundo, do que representa o amor, como recurso autopsicoterápico.

Capítulo 14

Só tem paz de consciência, um dos mais transcendentes tesouros que o ser humano pode conquistar, quem vive para o bem, quem não pratica o mal.

Além da paz consciencial, construiremos, ainda, preciosas amizades espirituais, com encarnados e desencarnados.

Quem ama o próximo, defende-se contra o assédio dos desencarnados menos felizes, nos quais pode, inclusive, despertar simpatias edificantes.

O bem é, por conseguinte, valioso recurso autopsicoterápico, que merece experimentado pelos encarnados.

Muitas criaturas, possivelmente a grande maioria, são recebidas no mundo espiritual, após o transe da desencarnação, justamente por entidades que transitaram pela Terra no anonimato e que foram alvo de ação caridosa do recém-desencarnado.

As repercussões da prática da caridade - 'benevolência para com todos, indulgência para as imperfeições dos outros, perdão das afensas' - alcançam, sem dúvida, as futuras reencarnações.

Além de assegurar-se, na fase da erraticidade, uma vida liberada de sintonia com entidades inferiores, o Espírito terá oportunidade, quando se revestir de novo corpo, de *construir*, ao invés de, simplesmente, *reconstruir*.

Embora reconheçamos que *reconstruir* enganos e desastres do passado constitui meritório esforço do homem, muito mais importante é possa ele *construir*, com o bem, os fundamentos da sua e da felicidade de todos.

Terá reencarnações isentas de compromissos dolorosos aquele que, ao invés do ódio, cultive o amor. É da lei: quem planta, colhe, o que significa confirmar a sentença de Jesus de que 'cada um receberá de acordo com as próprias obras.'

Assim sendo, em conclusão, podemos esquematizar o assunto nas seguintes fórmulas:

a) - Débitos de ontem + omissão do bem, hoje = repetição da experiência, 'amanhã'.
b) Débitos de ontem + débitos de hoje = 'amanhã comprometido e torturado.
c) Débitos de ontem + prática do bem, hoje = vida equilibrada, 'amanhã'
d) Créditos de ontem, pela prática do bem + créditos de hoje, pela exemplificação do amor = 'amanha' iluminado, futuro redimido.

Este capítulo, de real interesse para todos nós, deve ser fechado com chave de ouro do ensinamento de Jesus:

'Reconcilia-te com o adversário, enquanto estás a caminho', o que, em Doutrina Espírita, significa: 'aproveita a presente encarnação, para corrigires os desacertos espirituais de ontem e, mesmo, de hoje...'." (Martins Peralva, *O pensamento de Emmanuel*, 5. ed.,   p. 203-206).

DÁ DE TI MESMO

"Declaraste não possuir dinheiro para auxiliar.

Acreditas que um pouco de papel ou um tanto de níquel te substituem o coração?

Esquece-te, meu filho, de que podes sorrir para o doente e estender a mão ao necessitado?

A flor não traz consigo uma bolsa de ouro e, entretanto espalha perfume no firmamento.

O céu não exibe chuvas de moedas, mas enche o mundo de luz.

Quanto pagas pelo ar fresco, que bafejos amigos, te visita o quarto pela manhã?

O oxigênio cobra-te imposto?

Quanto te custa a ternura materna?

As aves cantam gratuitamente.

A fonte que te oferece o banho reconfortador não exige mensalidade.

A árvore abre-te os braços acolhedores, repletos de flor e fruto, sem pedir vintém.

A benção divina, cada noite, conduz o teu pensamento a bendito repouso no sono e não fazes retribuição de espécie alguma. Habitualmente sonhas, colhendo rosas em formoso jardim, junto de companheiros felizes; no entanto, jamais te lembraste de agradecer aos gênios espirituais que te proporcionam venturoso descanso.

A estrela brilha sem pagamento.

O Sol não espera salário.

Por que não aprendes com a Natureza em torno?

Por que não te fazeres mais alegre, mais comunicativo, mais doce?

Tens fisionomia seca e ensombrada por faltar-te dinheiro excessivo e reclamas recursos materiais para ser bom, quando a bondade não nasce dos cofres fortes.

Sê irmão de teu irmão, companheiro de teu companheiro, amigo de teu amigo.

Na ciência de amar, resplandece a sabedoria de dar.
Mostra um semblante sereno e otimista, aonde fores.
Estende os braços, alonga o coração, comunica-te com o próximo, através dos fios brilhantes da amizade fiel.
Que importa se alguém te não entende o gesto de amor?
Que seria de nós, meu filho, se a mão do senhor se recolhesse a distância, por temer-nos a rudeza e a maldade?
Dá de ti mesmo, em toda parte.
Muito acima de dinheiro, pairam as tuas mãos amigas e fraternais." (Neio Lúcio, *Alvorada cristã*, 11. ed., p. 129-131).

PARÁBOLA DO BOM SAMARITANO

"Então, levantando-se, disse-lhes um doutor da lei, para o tentar: Mestre, que preciso fazer para possuir vida eterna? - Respondeu-lhe Jesus: Que é o que está escrito na lei? Que lês nela? - Ele respondeu: Amarás o Senhor teu Deus de todo coração, de toda a tua alma, com todas as suas forças e de todo teu espírito, e a teu próximo como a ti mesmo. - Disse-lhe Jesus: Respondeste muito bem; faze isso e viverás.
Mas, o homem, querendo parecer que era um justo, diz a Jesus: Quem é o meu próximo? - Jesus, tomando a palavra lhe diz:
Um homem que descia de Jerusalém para Jericó, caiu em poder dos ladrões, que o despojaram, cobriram de ferimentos e se foram, deixando-o semimorto. - aconteceu em seguida um sacerdote. Descendo pelo mesmo caminho, o viu e passou adiante. - Um levita, também veio aquele lugar, tendo-o observado, passou igualmente adiante. - Mas, um samaritano que viajava, chegando ao lugar onde jazia aquele homem e tendo-o visto, foi tocado de compaixão. - Aproximou-se dele, deitou-lhe óleo e vinho nas feridas e as pensou; depois pondo-o em seu cavalo levou-o a uma hospedaria e cuidou dele. - No dia seguinte tirou dois denários e os deu ao hospedeiro, dizendo: Trata muito bem deste homem e tudo o que despenderes a mais eu te pagarei quando regressar.
Qual desses três te parece ter sido o próximo daquele que caíra em poder dos ladrões? - O doutor respondeu: Aquele que usou de misericórdia para com ele. - Então, vai, diz Jesus, e faze o mesmo."[...]. (Allan Kardec, *O Evangelho segundo o Espiritismo*, 105. ed., p. 256-257).

ORIENTAÇÃO AOS PAIS, E EDUCADORES.

"Se desde cedo, no lar, a criança fosse levada a realizar pequenas tarefas, criando hábitos sadios de cooperativismo; se os pais cobrassem dos filhos a realização das atividades escolares, fixando um horário para o estudo; se incutissem na mente da criança o respeito pelos alheios, muitos dissabores seriam evitados, pois nada mais desagradável que, tarde da noite, um pai ser chamado a delegacia, porque o filho foi pego em flagrante fazendo algo errado; ir a um hospital porque ele não se deu bem num pega ou ainda ir num necrotério reconhecer o corpo do filho, desencarnado por imprudência.

Por outro lado é necessário que se ofereçam oportunidades para as crianças, adolescentes e jovens desenvolverem suas potencialidades no trabalho físico ou mental.

Existem pais que ao darem uma tarefa aos filhos pela primeira vez e vendo que não foi o resultado esperado, afastam-nos com rispidez, alegando que eles não são uns desajeitados; outros dizem que não há necessidade dos filhos trabalharem no lar porque existem empregadas e fora dele porque não há necessidade financeira. Esquecem-se das palavras do Cristo: 'O pai trabalha até hoje e eu trabalho também.'

A priori, não devam os pais fazer barganhas nem estipular pagamentos para que os filhos realizem tarefas no lar, mostrando-lhes que no recinto familiar todos devem cooperar e 'onde todos trabalham, todos trabalham menos.' Dentro deste raciocínio a criança ia entender que trabalho não é somente o remunerado e que existem tarefas no lar e fora dele que devem ser realizadas para dignificar o homem.

A respeito do assunto, comenta a Mentora Espiritual Joana de Ângelis no livro 'Estudos Espíritas': ' Mediante ao trabalho remunerado o homem modifica o meio, transforma o habitat, cria condições de conforto.

Através do trabalho-abnegação, do qual não decorre troca nem permuta de remuneração, ele se modifica a si mesmo, crescendo no sentido moral e espiritual." (Lydienio Barreto de Menezes, *A educação à luz do Espiritismo*, 2. ed., p. 92-93).

A TERAPIA DA CARIDADE

"Pois tive fome, e me destes de comer; tive sede e me destes de beber; era forasteiro e me hospedastes; estava nu, e me vestistes; estive enfermo, e me visitastes; preso e fostes ver-me. [...].

Ao que lhes responderá o Rei: Em verdade vos digo que, quando o fizestes a um destes meus pequeninos irmãos, a mim o fizestes." Jesus (Mateus, 25: 35-36, 40).

"Todos necessitamos nos engajar nos serviços do amor ao próximo.

Há tantas dores na Terra. Dores que surgem ao nosso redor, que crescem e se avolumam e que dominam os seres humanos.

Há tanta dor caminhando pelas ruas do mundo, gritando no silêncio por socorro, clamando ajuda, cujos gritos somente serão captados pelos corações sensíveis, dispostos ao amor, à caridade.

Há tanta dor ao nosso lado e, muitas vezes, fechados, encastelado sem egoística preocupação com os nossos problemas íntimos, não a vemos, embora seja ela imensamente mais intensa que a nossa própria dor.

A Benfeitora Espiritual Joanna de Ângelis nos alerta: 'Ameniza tuas provações ajudando outros sob a dolorosa cruz de provações sem nome. Há fome de amor perto do teu leito de queixas.'

E nós, que já recebemos a bênção do consolador, que já estamos consolados pelo entendimento que ele nos faculta, temos o dever impostergável de procurar amenizar as dores cruciantes daqueles que sofrem duplamente, pois aliam ao próprio sofrimento os sentimentos e revolta, impaciência, nervosismo, que são, em última análise, falta de fé." (Suely Caldas Schubert, *Obsessão e desobsessão*, 6. ed., p. 106-107).

NECESSIDADE DO TRABALHO

"A necessidade do trabalho é lei da natureza

O trabalho é lei da Natureza, por isso mesmo que constitui uma necessidade, e a civilização obriga o homem a trabalhar mais, porque lhe aumenta as necessidades e os gozos.

Por trabalho só se devem entender as ocupações materiais?

Não; o Espírito trabalha, assim como o corpo. Toda ocupação útil é trabalho.

Por que o trabalho se impõe ao homem?
Por ser uma conseqüência da sua natureza corpórea. É expiação e, ao mesmo tempo, meio de aperfeiçoamento da sua inteligência. Sem o trabalho, o homem permaneceria sempre na infância, quanto à inteligência. Por isso é que seu alimento, sua segurança e seu bem-estar dependem do seu trabalho e da sua atividade. Ao extremamente fraco de corpo outorgou Deus a inteligência, em compensação. Mas é sempre um trabalho.

Por que provê a Natureza, por si mesma, a todas as necessidades dos animais?
Tudo em a Natureza trabalha. Como tu, trabalham os animais, mas o trabalho deles, de acordo com a inteligência de que dispõem, se limita a cuidarem da própria conservação. Daí vem que do trabalho não lhes resulta progresso, ao passo que o do homem visa duplo fim: a conservação do corpo e o desenvolvimento da faculdade de pensar, o que também é uma necessidade e o eleva acima de si mesmo. Quando digo que o trabalho dos animais se cifra no cuidarem da própria conservação, refiro-me ao objetivo com que trabalham. Entretanto, provendo às suas necessidades materiais, eles se constituem, inconscientemente, executores dos desígnios do Criador e, assim, o trabalho que executam também concorre para a realização do objetivo final da Natureza, se bem quase nunca lhe descubrais o resultado imediato.

Em os mundos mais aperfeiçoados, os homens se acham submetidos à mesma necessidade de trabalhar?
A natureza do trabalho está em relação com a natureza das necessidades. Quanto menos materiais são estas, menos material é o trabalho. Mas, não deduzais daí que o homem se conserve inativo e inútil. A ociosidade seria um suplício, em vez de ser um benefício.

Achar-se-á isento da lei do trabalho o homem que possua bens suficientes para lhe assegurarem a existência?
Do trabalho material, talvez; não, porém, da obrigação de torna-se útil, conforme aos meios de que disponha, nem de aperfeiçoar a sua inteligência ou a dos outros, o que também é trabalho. Aquele a quem Deus facultou a posse de bens suficientes a lhe garantirem a existência não está, é certo, constrangido a alimentar-se com o suor do seu rosto, mas tanto maior lhe é a obrigação de ser útil aos seus semelhantes,

quanto mais ocasiões de praticar o bem lhe proporciona o adiantamento que lhe foi feito." (Allan Kardec, *O Livro dos Espíritos*, 83. ed., perg. 674-679).

"Allan Kardec, recomendando a necessidade imperiosa do estudo e do esclarecimento, inspirado pelos Mensageiros do Mundo Transcendente, foi dirigido por Jesus ao preceituar que o homem 'nasce, vive, morre, renasce ainda e progride sempre', no entanto, embora essa jornada evolutiva, só através da conjugação da caridade no esforço incessante se liberta e salva.

É por essa razão que o lema 'Fora da Caridade não há salvação' é roteiro para todo homem em todo lugar, sempre e incessantemente, como corolário de qualquer normativa religiosa.

Acentuemos e experimentemos, assim, a prática da caridade sempre; no entanto, caridade antes." (Joanna de Ângelis, *Dimensões da verdade*, 4. ed., p. 75)

"Lúcidos têm sido os programas elaborados para a educação dos jovens e da infância, nas terras brasileiras.

Livros em páginas coloridas, fábulas e estórias, pequeninos dramas, comédias, teatro infantil, todo um desenrolar de orientações, com vistas ao crescimento moral da criança e a formação adequada ao jovem.

Dentro dos postulados espiritistas, o cuidado e o desvelo têm formado proporções gigantescas e, de norte ao sul do País, surgem instituições evangélicas, onde os espíritos reencarnados recordam as lições recebidas no Além, firmando os pontos básicos da edificação do caráter.

No entanto, dada talvez a multiplicidade de ocupações ou falta de recursos, o ensino da Doutrina às crianças e aos jovens limita-se geralmente a algumas horas semanais de estudo sistemáticos, algumas leituras em livros nobres e adequados, mas sem a prática desenvolvida no campo do trabalho e da observação.

Há que atender ao desenvolvimento dos jovens e das crianças, levando-os ao trabalho prático, nos hospitais, nas oficinas, à doação de um pão, à visita aos enfermos, aos carentes de orientação em asilos e penitenciárias.

O jovem, principalmente, precisa viver a dor de seus semelhantes, comungar a prova rude das rudes existências compreendendo pelo próprio coração a Justiça Divina que reabilita o espírito caído, conduzindo-o a experimentações acérrimas, é bem verdade, mas que lhe conferirão forças e nobrezas ao caráter.

Todos temos uma parcela de responsabilidade face à educação da criança e do jovem. Todos temos sob nossos olhos almas que crescem e que convém que se agigantem, a luz grandiosa dos ensinos crísticos. É nosso dever, pois, colocarmos o coração e a mente em sintonia com o entendimento superior, e colaborarmos eficientemente na educação das crianças e dos jovens, a fim de que a geração de amanhã seja habilitada para a Luz Suprema.

Trabalhemos em benefício dos espíritos que hoje buscam as lides no mundo, através dos corpos físicos na matéria densa. Eduquemos crianças e jovens, levando-os à prática do amor fraterno, ao lado dos estudos grandiosos da Doutrina Espírita. Com o Mestre como catedrático de luz radiosa, estaremos aptos a desenvolver um estudo rápido e formoso, na prática e na alegria de servir, reunindo os corações em flor em torno do sublime Amigo, mostrando-lhes que a vida é mais válida e abençoada quando voltamos nossos olhos para o Divino Amor do Cristo de Deus.

Para a frente e para o Alto; o Mestre é o nosso Mestre e Amigo, Guia e Companheiro a projetar sua luz sobre quantos desejam em verdade servir e amar.

Que o Senhor nos abençoe." Bezerra (Pelos Espíritos Bezerra de Menezes e outros , *Garimpeiros do além*, 2. ed., p. 76-77).

CARAVANA DE CULTOS

"Cristo, porém, quando se adentra pelo portal do lar, modifica a paisagem espiritual do recinto.

As cargas de vibrações deletérias, os miasmas da intolerância, os tóxicos nauseantes da ira, as palavras azedas vão rareando, ao suave-doce contágio do Seu amor, se modificam as expressões de desarmonia e do desconforto, produzindo natural condição de entendimento, de alegria, de refazimento.

Cristo no lar significa comunhão da esperança com o amor.

A Sua presença produz sinais evidentes de paz, e aqueles que antes experimentavam repulsa pelo ajuntamento doméstico descobrem sintomas de identificação, necessidade de auxílio mútuo.

Com Jesus em casa acendem-se as claridades para o futuro, a iluminar as sombras que campeiam desde agora.

Quando Cristo penetra a alma do discípulo, refá-la; quando visita a família em prece, sustenta-a.

Faze do teu lar um santuário onde possa aspirar o aroma da felicidade e fruir o néctar da paz." (Joanna de Ângelis, *S.O.S. família*, 14. ed., p. 70-71).

VISITAS FRATERNAS

"Visita é ato de fraternidade, do qual não convém abusar com furto de tempo ou comentário inconveniente.

Sempre que possível, a visita será marcada com antecedência, afim de que não se sacrifique aqueles que a recebem.

A pessoa que visita outra, pelo prazer da amizade ou cortesia, não necessitará, para isso, de tempo acima de quinze a vinte minutos, competindo aos anfitriões prolongar esse tempo, insistindo para que o visitante ou visitantes não se retirem.

Entre os que se reencontram, haverá espontaneamente bastante consideração para que não surjam lembranças desagradáveis, de parte a parte.

Nunca abusar do amigo que visita, solicitando-lhe serviço profissional fora de lugar ou de tempo, como quem organiza emboscada afetiva.

Não aproveitar dos minutos de gentileza, no trato social, para formular conselhos que não foram pedidos.

Calar impressões de viagens ou dados autobiográficos, sempre que não sejam solicitados pelos circunstantes.

Evitar críticas, quaisquer que sejam.

Silenciar perguntas capazes de constranger anfitriões.

Nunca deitar olhadelas para os lados, à maneira de quem procura motivos para censura ou maledicência." (André Luiz, *Sinal verde*, 30. ed., p. 110-111).

CASO

CASO: JOVEM MARCOS - EM TAREFAS TERAPÊUTICAS

Livro
A grande espera, cap. 20, 5. ed.

Personagens
Marcos, Alexandre

Local
Povoado Essênio

O POVOADO

"Três anos decorreram plenos de interesse e de alegria para Marcos.

Certa manhã, o jovem encaminhava-se para a pequena farmácia, localizada numa dependência do mercado central, que abastecia todo o povoado." (p. 131).

NOVAS FUNÇÕES DE MARCOS

"As novas funções de Marcos prendiam-se às tarefas terapêuticas ao lado de Alexandre, encarregado geral da assistência aos enfermos que buscavam socorro no povoado.

Havia duas semanas que o jovem fora convidado a transferir sua residência para outra habitação, por injunções dos princípios disciplinares da seita.

Os olhos do adolescente eram por demais expressivos para lhe esconderem a íntima tormenta, naquela manhã. Alexandre, que o acompanhava, percebeu logo a tristeza do companheiro e apressou-se a intervir com carinho:

- Vamos, rapaz! As coisas não estão muito bem hoje... que houve?

Marcos desabafa-se, com sinceridade:

- Estou aflito por papai. Alguma coisa deve estar acontecendo em Roma...

E já com lágrimas nos belos olhos claros, o jovem acentuou:

- É o coração que m'o diz!

Alexandre diminuíra a marcha, demorando os passos, intimamente tocado pela dor do querido discípulo e hóspede. Nenhuma idéia lhe ocorrera para minorar o sofrimento do companheirinho. Sentira que o silêncio seria o melhor colaborador de suas intenções de solidariedade." (p. 131-132).

Capítulo 14

AUXÍLIO AOS ENFERMOS

"Chegaram à farmácia, onde numeroso grupo já aguardava o terapeuta.

Alexandre saudou o gentio humilde com sorriso encorajador, estacando-se diante de cada pessoa a fim de anotar-lhe os recados, coadjuvado por Marcos.

A tarefa era muito agradável ao jovem, que se impressionava com a miséria daquela gente sofredora. Compreendia a necessidade do auxílio aos enfermos, não apenas com o medicamento para o corpo, mas com o amparo àquelas almas enfraquecidas no tumultuar constante das aflições.

Por outro lado, urgia adicionar socorros imediatos aos que não podiam trabalhar, através do fornecimento de víveres e roupas.

Marcos amava aquele serviço de amparo aos pobrezinhos e bendizia ao Criador a Misericórdia ensejadora daquelas horas com Alexandre.

A manhã estava ensombrada por névoa seca, provinda do mar.

Considerável número de mendigos afluíra à Praça, em busca de socorros. O trabalho estendera-se horas a fio e o jovem absorvera-se na tarefa querida, embora a lembrança do genitor continuasse a pungir-lhe o coração.

Todavia, a dor das primeiras horas arrefecera-se, como por obra de magia. Sentia-se predisposto à compreensão das tormentas, que a vida proporciona às criaturas.

Entre aqueles sofredores encontrava-se variados matizes de sofrimento terreno. Homens de rostos macerados pelas enfermidades crônicas; mulheres jovens, envelhecidas prematuramente pela dureza das misérias; crianças, que mal despontara para a vida, já traziam a marca das dores na magreza da carne mal nutrida..." (p. 132-133).

REFLEXÕES SOBRE O SOFRIMENTO

"Tudo aquilo era muito digno de meditação e Marcos sentia que Deus assinalava o caminho de seus filhos com ferretes diferentes, mas objetivando o mesmo fim - conduzir todos ao roteiro comum da Dor. Por quê? Não sabia explicar. Mas o Pai sabe o que faz e tudo quanto realiza é para o bem de Suas criaturas.

Adolescência - Um desafio para pais e educadores

Alexandre encontrava-se no interior da pequena farmácia a manipular medicamentos para a multidão, que se concentrava do lado de fora, quando Marcos veio ter com ele.

O terapeuta anotou, em silêncio, o novo brilho que iluminava o olhar do jovem, que se acercara, solícito.

- Conversei com todos. Pobrezinhos! Cada um deles tem problema diferente do outro... Se a gente pudesse solucionar todos, de molde a proporcionar permanente tranqüilidade a essas pobres criaturas, é que seria magnífico! Nada pude oferecer-lhes senão um copo d'água...

Alexandre interveio, sorrindo:

- Não podemos desviar totalmente o curso dos rios. Seria o mesmo que interferir indebitamente na Vontade Onisciente que tudo dispõe com sabedoria e bondade. É verdade que, muitas vezes, não compreendemos a justiça do Pai, quando observamos filhos Seus, arcando peso de duras provações.

Todavia, não será por isso que devemos desrespeitar a justiça Eterna com a insubmissão às Leis...

Alexandre falava compassadamente, evidenciando serena profundidade nas convicções. Doce serenidade íntima dos que amam verdadeiramente ao Ser Supremo, mesmo sem Lhe entender os atributos e a essência. [...]." (p. 133-134).

TRABALHO E SILÊNCIO

"Naquela hora de grande atividade, bem que Alexandre desejava dizer algumas palavras ao amado irmãozinho, mas a responsabilidade da tarefa exigia o máximo de atenção e o silêncio se impunha, como medida prudente.

Marcos nem por sombra pensava em quebrar o sagrado recolhimento daquele instante.

Calar-se nos momentos oportunos era a grande ciência disciplinar essênia, base de toda ordem, fundamento de todo progresso da seita.

O silêncio entre os iniciados era cultivado com boa vontade e entusiasmo.

O trabalho aliava-se ao silêncio, formando a conjugação preciosa da harmonia e da fraternidade.

Numerosos peregrinos haviam sido atendidos e grande parte deles esperava, ainda, pacientes, na sua hora.

De quando em quando, Marcos chegava até eles a ver se conseguia minorar-lhes a angústia da espera.

Difícil era calcular-se as horas, sob bruma. O Sol escondera-se, por largo tempo, atrás das nuvens espessas. Mas, adivinhava-se que o crepúsculo não tardaria. E aqueles rostos machucados por constantes maltratos, das enfermidades e, às vezes, da fome, começavam a dar mostras de inquietações." (p. 134-135).

ATENDIMENTO FRATERNO

"Sentado à borda de um canteiro de relvas nativas, achava-se maduro senhor, de olhos encovados e fisionomia abatida. Amparava-se ao bordão rústico, a que se apoiava com ambas as mãos.

Marcos aproximara-se do visitante enfermo, trazendo no semblante meigo a carícia do entendimento. Pousara-lhe nos ombros encurvados as mãos algo machucadas pelas experiências manuais de cerâmica.

Aquele gesto carinhoso tocou beneficamente a alma do enfermo, que lhe voltara o olhar agradecido.

- De onde vindes, meu caro irmão? - Perguntou Marcos, carinhoso.

O homem respirou fundo, como a tomar alento, e respondeu com voz pausada, algo carregada:

- Encontro-me alojado a pequena distância desta abençoada povoação. Mas, venho de longe em busca de alívio para meus males...

- Então vieste buscar o benefício da cura? Como soubeste da existência deste povoado?

As perguntas enfileiravam-se na boca do jovem, como se ali se achassem também de pouco e precisa-se recolher pormenores.

É que Marcos mantinha a secreta convicção de que conduziria o infeliz enfermo a despreocupar-se das aflições.

Após ligeira pausa, o desconhecido esclareceu:

- Há três anos que venho deambulando de Jerusalém à Zabulon, em busca de recursos para minha saúde. Encontrei-me, na estrada, com um rapaz de rosto queimado de sol. A roupa branca dele tinha refulgência ao impacto da hora quarta, sob que nos deparamos. Divisando-o ao longe, o coração apontou-me a certeza de que o céu se abrira para mim.

Assim foi. O moço apeou de sua alimária e se pôs a conversar comigo, para em seguida, informar-me, bondoso:

Adolescência - Um desafio para pais e educadores

— Homem, sofres porque não procurastes ainda o povoado essênio de Hebron. Vá até lá e entrega-te aos cuidados dos irmãos magnânimos que lá residem e vivem entregues, inteiramente, à prática do bem..."

— E depois? - indagou Marcos interrompendo.

— Depois recebi do moço instruções e indicações, que me valeram a chegada aqui sem incidentes, após vários dias de viagem.

— E o moço de branco, para onde foi? - Perguntou o jovem interessado.

— Não sei, despediu-se com leve aceno da cabeça descoberta, um sorriso e esta exclamação:

— Sigamos, amigo! Enquanto desces aos sul em busca dos bens da saúde, subirei ao norte à procura do Grande Bem da Vida! Que Deus nos proteja e anime na Grande Pesquisa!

A alta figura de Alexandre posta-se diante dos dois. Trazia o frasco para o enfermo, que se retirara com os olhos marejados de gratidão e esperanças novas.

Marcos suspirou fundamente, revendo na tela mental o vulto de Josafá, que o mendigo havia evocado.

O jovem sorriu, feliz, e continuou a distribuir água fresca, em pequenos vasos de cerâmica, para reconforto das gargantas ressequidas." (p. 135-137).

Capítulo 14

O adolescente e o trabalho assistencial

Adolescência - Um desafio para pais e educadores

Capítulo XV

Manual de aplicação

MANUAL DE APLICAÇÃO

O presente capítulo é dedicado àqueles que pretendem aplicar o conteúdo deste livro como curso para dirigentes e instrutores de Mocidade. Está baseado na proposta metodológica que a Editora Auta de Souza lançou em suas obras:"Centro Espírita Escola da Alma - uma proposta para formação de trabalhadores" e "Noções Básicas de Evangelização Juvenil".

INSTITUTO DO JOVEM

DEFINIÇÃO

O Instituto do Jovem é um departamento da Casa Espírita que visa atender, educar e acompanhar o jovem, a partir de 12 anos, à luz do Espiritismo no intuito de fortalecê-lo junto à Seara Cristã, bem como especializar trabalhadores que atuarão na Evangelização Juvenil.

"A Evangelização Espírita Infanto-Juvenil, assim, vem concitar a todos para um trabalho árduo e promissor, no campo da implantação das idéias libertadoras, a que fomos chamados a servir, pela vitória do conhecimento superior e pela conquista da Vida Maior." Bezerra (A evangelização espírita da infância e da juventude na opinião dos espíritos. Separata do Reformador, 3. ed., p.10-11).

OBJETIVOS ESPECÍFICOS DO INSTITUTO DO JOVEM

1. Sustentar estudos sistemáticos destinados a clarear o pensamento religioso e traçar diretrizes à vida espiritual.

2. Propiciar estudos objetivando a sustentação e discernimento do jovem.

3. Favorecer a formação moral do jovem embasada nos ensinamentos do espiritismo e do evangelho.

4. Acompanhar o desenvolvimento do jovem, despertando seu interesse para a prática do bem.

5. Favorecer ao jovem um melhor posicionamento diante da vida.

6. Formar e especializar trabalhadores para as atividades de evangelização juvenil.

7. Favorecer condições para que o Instituto do Jovem seja uma oficina de renovação.

ESCOLA PARA FORMAÇÃO DE INSTRUTORES DE MOCIDADE

DEFINIÇÃO

A Escola para Formação do Instrutor de Jovens, atendendo ao objetivo de especialização de trabalhadores na Casa Espírita, visa oferecer cursos e atividades práticas para a formação e aperfeiçoamento dos trabalhadores que irão atuar na Mocidade e nos outros Núcleos de Trabalho.

OBJETIVOS

1. Oportunizar ao evangelizador e dirigente de atividades do Instituto do Jovem condições de preparo e desenvolvimento para o desempenho da tarefa de evangelização juvenil.

2. Atender a necessidade constante de estudo daqueles que estão trabalhando direta ou indiretamente na evangelização do jovem.

3. Propiciar a permuta de experiências através do trabalho em equipe.

4. Através das atividades de estudo e prática da doutrina espírita, fornecer meios ao evangelizador para que ele possa trabalhar as tendências dos jovens, beneficiando-os.

ESTRUTURA PEDAGÓGICA

ESCOLA PARA FORMAÇÃO DE INSTRUTORES DE MOCIDADE

"Uma Escola, porém, [...], que não apenas instrui, mas também educa, criando hábitos consentâneos com as próprias diretrizes da Codificação." (Divaldo P. Franco, *Diálogo com dirigentes e trabalhadores espíritas*, 3. ed., p.23).

"[...] os Centros e demais entidades espíritas [...] são escolas de formação espiritual e moral [...]." (*O Espiritismo de A a Z*, p. 73).

GRAUS

Os cursos sistemáticos, ministrados na Escola para formação do Instituto, possuem encadeamento de idéias dentro de uma gradação de conhecimentos doutrinários e práticos. São aplicados semestralmente, divididos em três graus: BÁSICO, MÉDIO E SUPERIOR, embasados nos mesmos princípios e normas.

CURRÍCULO

O currículo das Escolas para Formação de Trabalhadores é vivenciado, semestralmente, por dois cursos que são ministrados concomitantemente, sendo um aplicado no Núcleo Comum e outro na Parte Diversificada.

a) NÚCLEO COMUM

Visa à fundamentação doutrinária do trabalhador, à luz os princípios e conceitos básicos da Doutrina Espírita, necessária a todos aqueles que buscam o estudo e o conhecimento do Consolador Prometido, bem como à aplicação deste conteúdo ao gênero da tarefa a que se dedica o trabalhador.

b) PARTE DIVERSIFICADA

Objetiva propiciar conhecimentos teórico-práticos, didáticos e vivências que auxiliem o trabalhador a especializar-se na sua área de atuação na Casa Espírita.

ORGANOGRAMA GERAL DOS CURSOS DO GRAU BÁSICO

NÚCLEO COMUM

| O livro dos Espíritos I | O livro dos Espíritos II | Jesus | O Evangelho segundo o Espiritismo I | O Evangelho segundo o Espiritismo II |

PARTE DIVERSIFICADA

| Noções Básicas de Evangelização Juvenil | Trabalhando com o Jovem | Reforma Íntima | Adolescência - um desafio para pais e Educadores | Práticas assistenciais na Mocidade |

NORMAS DA ESCOLA PARA FORMAÇÃO DE INSTRUTORES DE JOVENS

CRITÉRIOS DE APROVAÇÃO E PROMOÇÃO

Serão aprovados e promovidos para o curso subseqüente os alunos que alcançarem freqüência regular nas 19 aulas teórico-práticas, com o máximo de 3 faltas.

PLANEJAMENTO SEMANAL

Prevê as providências a serem tomadas durante a semana, visando o bom desempenho das atividades no dia de funcionamento da Escola para Formação de Trabalhadores. Obedece ao planejamento semestral, como por exemplo: plano de aula, reunião de instrutores, confecção de material didático, etc.,

METODOLOGIA E FUNCIONAMENTO

CURSOS TEÓRICO E PRÁTICO

Os alunos da Escola para Formação obrigatoriamente terão que participar de uma das atividades da mocidade.

DURAÇÃO DOS CURSOS

Os cursos são constituídos de 19 aulas curriculares, assim organizadas:

. 14 aulas teóricas;
. 03 aulas especiais;
. 01 aula inaugural;
. 01 aula de avaliação e encerramento.

EQUIPES DE INSTRUTORES

Para cada curso será designado um primeiro instrutor e, se possível, um segundo.

Visando ao bom desempenho dos cursos, faz-se necessária a realização de reuniões de planejamento, treinamento e avaliação, programadas pela coordenação da Escola para Formação de Trabalhadores.

MATERIAIS DIDÁTICOS

Os materiais didáticos dos cursos do grau básico constituem-se de livros, com o conteúdo das 14 aulas teóricas, acompanhados dos respectivos cadernos de exercícios. As exceções são os cursos "O livro dos espíritos I e II" e "O Evangelho segundo o espiritismo I e II", cujos conteúdos são extraídos das próprias obras de Kardec, possuindo apenas, o caderno de exercícios de cada curso semestral.

Capítulo 15

PRÁTICA SEMANAL

São aquelas consagradas ao exercício da caridade, realizadas semanalmente, em caráter essencial, com dia e horário diferenciados das aulas curriculares. Cabe ao Instituto o encaminhamento dos alunos-trabalhadores para as atividades práticas que constituem seus núcleos de trabalho (Exemplo: Mocidade).

ADOLESCÊNCIA – UM DESAFIO PARA PAIS E EDUCADORES

- Identificar na adolescência um período da fase humana propício ao engrandecimento moral, ao estabelecimento de laços afetivos e de construção intelectual;
- Entender que o adolescente é um ser espiritual, portador de várias experiências, tendo na encarnação presente o momento oportuno para os resgastes de dividas passadas;
- Compreender, que apenas através do amor e da educação, será possível afastar o mal que se agrava e se irradia em contágio pernicioso sobre os jovens;
- Orientar e fortalecer pais e educadores no trabalho de evangelização da alma que estagia na fase da juventude corpórea, pois Deus pedirá contas dos filhos confiados à sua guarda;
- Estudar casos sobre os diversos problemas que afetam a juventude.

PROGRAMA GERAL

UNIDADE	SUB-UNIDADE	Nº DE AULAS
Adolescência promissora	01- O adolescente e o milênio da regeneração	01
O adolescente e a família	02- Convivência entre pais e filhos na adolescência	02
	03- Relacionamento entre pais, filhos e as drogas	
O adolescente e o mundo	04- Alcoolismo e tabagismo na adolescência	05
	05- O Adolescente e a vida social	
	06- O adolescente, o amor, a sensualidade e o namoro	
	07- A adolescência e a homossexualidade	
	08- O adolescente e a mídia	
Tormentos na adolescência	09- O adolescente e os tormentos obsessivos	02
	10- O adolescente, a depressão e o suicídio	
O adolescente no Bem	11- O adolescente na Casa Espírita – A Mocidade	04
	12- O adolescente e a arte espírita	
	13- O adolescente e a literatura espírita	
	14- O adolescente e o trabalho assistencial	

Adolescência - Um desafio para pais e educadores

SUGESTÕES DE EXERCÍCIOS

O adolescente e o milênio da regeneração

1 - É notório a importância de se dar aos Jovens exemplos fundamentados de moral evangélica de maneira que sintam a segurança e a tranqüilidade necessária para sua caminhada nas transformações naturais de sua idade.Você como educador tem buscado praticar as virtudes de um homem de bem, como nos orienta o Evangelho?

2 - As aulas que você está preparando para sua mocidade tem despertado os jovens acerca do mundo de regeneração? E o que você tem feito para se livrar de suas imperfeições morais?

Convivência entre pais e filhos na adolescência

1 - Como devemos mostrar para o jovem, sem agredir seus ideais a importância do lar para a formação de uma adolescência saudável?

2 - Reflita sobre sua função como pai, mãe ou educador(a) e analise qual seria sua reação se O Senhor lhe perguntasse: "O que fizestes dos filhos que lhe confiei a guarda?".

Relacionamento entre pais, filhos e as drogas

1 - Joanna de Ângelis comenta que, "É indispensável oferecer ao jovem valores que resistam aos desafios do cotidiano." Na sua opinião, como oferecer esse valores a um jovem que tem grandes tendências ao vício das drogas?

2 - Muitas são as razões que podem levar alguém a usar drogas. Se você percebe que um jovem muito próximo a ti está usando drogas, como você deve reagir com este jovem?

O adolescente e a vida social

Reflita sobre as questões:

1 - Como integrar o jovem na vida social saudável, diante de tantas apelações que a sociedade oferece? Como mostrar o caminho correto?

Capítulo 15

2 - Como motivar o jovem à sociedade, levando em consideração o comportamento instável de alguns, ao passo em que o mesmo procura sua identidade?

O adolescente, o amor, a sensualidade e o namoro

1 - Qual o verdadeiro sentido do amor? Como ensinar ao Jovem a relação entre amor e namoro?

O adolescente e a homossexualidade

1 - Se temos a certeza de que a abstinência sexual é a receita básica que dispomos nos casos de homossexualismo, como podemos canalizar as energias sexuais do ser humano em energias criadoras para o bem?

2 - Qual o proceder, segundo a espiritualidade superior, que devem ter pais e educadores no que diz respeito a vida com jovens que apresentam dificuldades no campo da homossexualidade?

O adolescente e a mídia

1 - Como despertar no jovem os valores éticos se a todo instante a mídia o incentiva aos prazeres e à vida desequilibrada, fazendo-o perder sua própria identidade?

O adolescente e os tormentos obsessivos

- Seu vizinho te procura pedindo auxílio para dar assistência a um jovem em crise, que não sabe o que diz, não consegue abrir os olhos, e não faz qualquer movimento por menor que seja.

• Será problema físico?
• Será problema obsessivo?
• Como auxiliar o jovem?
• Como orientar a família?

- Reflita:
"Sendo a adolescência uma etapa importante na determinação dos caminhos do indivíduo, porque é quando ele define sua profissão e escolhe seu parceiro ou parceira de vida afetiva,

nunca será demais lembrar o cuidado que se deve ter em observar com atenção ao adolescente, seus companheiros visíveis e invisíveis, se pretendemos apóia-lo em seu desenvolvimento nesta encarnação, não só para que seja um bom cidadão, mas principalmente para que possa cumprir a tarefa que o trouxe de novo à vida." (Dalva Silva Souza, Os caminhos do amor, 2. ed., p. 127)

O adolescente na Casa Espírita – A Mocidade

1 - O que o instrutor pode fazer para tornar a Mocidade Espírita mais atrativa e empolgante para o jovem, sem ferir os princípios cristãos. Você está fazendo a sua parte?

O adolescente e a arte Espírita

1 - Como incentivar os jovens a mostrarem o melhor dos seus sentimentos através da arte, uma vez que o mundo oferece tantas expressões artísticas que exaltam sentimentos inferiores e extravagantes?

2 - Cite algumas maneiras de vincularmos arte e assistência.

O adolescente e a literatura Espírita

1 - Tendo como base a advertência do Espírito Bezerra de Menezes onde ele afirma "Livros nocivos proliferam em estantes de onde os exemplos moralizadores ou educativos desertaram, corridos pela intromissão comercialista de uma literatura deprimente, criminosa na facilidade com que se explode, viciando ou pervertendo os corações em flor de jovens a quem mães descuidadas não apresentam leituras adequadas enquanto revistas levianas, deseducativas, destilando o vírus da inconveniência generalizada." [...], qual é o papel que cabe aos pais e educadores na apresentação de opções literárias que venham saciar a sede de conhecimentos pela qual passam os jovens?

2 - Que livros devemos recomendar aos adolescentes? Cite alguns.

REFERÊNCIAS BIBLIOGRÁFICAS

ALVES, Walter Oliveira. **Educação do espírito : introdução à pedagogia espírita.** 3. ed. Araras : IDE, 1997.

_____. **O teatro na educação do Espírito.** Araras : IDE, 1999.

_____. **Prática pedagógica na evangelização.** Araras : IDE, 1998.

AMAR e servir. Psicografia de Hernani T. Sant'anna. 2. ed. Rio de Janeiro : FEB, 1995.

AMÉLIA RODRIGUES (Espírito). **Quando voltar a primavera.** Psicografia de Divaldo P. Franco. 4. ed. Salvador : LEAL, 1994.

ANDRÉ LUIZ (Espírito). **Conduta Espírita.** Psicografia de Waldo Vieira. 15. ed. Rio de Janeiro : FEB, 1991.

_____. **Missionários da Luz.** Psicografia de Francisco Cândido Xavier. 14. ed. Rio de Janeiro : FEB, 1981.

_____. **No mundo maior.** Psicografia de Francisco Cândido Xavier. 20. ed. Rio de Janeiro : FEB, 1995.

_____. **Nos domínios da mediunidade.** Psicografia de Francisco Cândido Xavier. 17. ed. Rio de Janeiro : FEB, 1988.

_____. **Os mensageiros.** Psicografia de Francisco Cândido Xavier. 18. ed. Rio de Janeiro : FEB, 1985.

_____. **Sinal verde.** Psicografia de Francisco Cândido Xavier. 30. ed. Uberaba : CEC, 1991.

_____. **Sol nas almas.** Psicografia de Waldo Vieira. 9. ed. Uberaba : CEC, 1992.

ANDRÉA, Jorge. **Forças sexuais da alma.** 8. ed. Rio de Janeiro : FEB, 1998.

ANTUNES, Celso. **Manual de técnicas de dinâmica de grupo de sensibilizção de ludopedagogia.** 11. ed. Petrópolis : Vozes, 1997.

ANUÁRIO espírita, Araras : IDE, 1971.

ÁUREO (Espírito). **Universo e Vida.** Psicografia de Hernani T. Sant'anna. 5. ed. Rio de Janeiro : FEB, 1998.

AUTORES DIVERSOS. **Família e Espiritismo.** 4. ed. São Paulo : USE, 1994.

BARCELOS, Walter. **Sexo e Evolução.** 3. ed. Rio de Janeiro : FEB, 1995.

BARSANULFO, Eurípedes. (Espírito). **A grande espera.** 5 .ed. Araras: IDE, 1996.

BÍBLIA. Português. **Bíblia sagrada popular.** Trad. João Ferreira de Almeida. 8. ed. São Paulo: VIDA, 2001.

CAMILO (Espírito). **Desafios da educação.** Psicografia de J. Raul Teixeira. 2. ed. Niterói: FRÁTER, 1995.

_____. **Educação e vivências.** Psicografia de J. Raul Teixeira. 2. ed. Niterói : FRÁTER, 1994.

CARVALHO, Vianna de (Espírito). **Atualidade do pensamento espírita.** Psicografia de Divaldo P. Franco. Salvador : LEAL, 1998.

CASIMIRO DE ABREU, CASTRO ALVES e GUERREIRA JUNQUEIRO (Espírito). **Sexo e verdade.** Psicografia de Jorge Rizzini. 2. ed. Editora Espírita Correio Fraterno do ABC : São Paulo, 1981.

CLARO, Izaías. **Depressão, causas conseqüências e tratamento.** 10. ed. Matão : CLARIM, 2001.

CORNÉLIO PIRES (Espírito). **Conversa firme.** Psicografia de Francisco Cândido Xavier. Araras : IDE, 1994.

DENIS, Léon. **O Espiritismo na arte.** 2. ed. Niterói : Lachâtre, 1994.

_____. **O grande enigma.** 8. ed. Rio de Janeiro : FEB, 1988.

_____. **O problema do ser, do destino e da dor.** 18. ed. Rio de Janeiro : FEB, 1995.

DIVERSOS ESPÍRITOS. **Correio Fraterno.** Psicografia de Francisco Cândido Xavier. 2. ed. Rio de Janeiro : FEB, 1978.

_____. **Sementes da vida eterna.** Psicografia de Francisco Cândido Xavier. Salvador : LEAL, 1978.

_____. **Vozes do grande além.** Psicografia de Francisco Cândido Xavier. 4. ed. Rio de Janeiro : FEB, 1990.

EMMANUEL (Espírito). **A terra e o semeador.** Psicografia de Francisco Cândido Xavier. 6. ed. Araras : IDE, 1987.

_____. **Caridade.** Psicografia de Francisco Cândido Xavier. 10. ed. Araras : IDE, 1996.

_____. **O consolador.** Psicografia de Francisco Cândido Xavier. 10. ed. Rio de Janeiro : FEB, 1984.

_____. **Paulo e Estevão.** Psicografia de Francisco Cândido Xavier. 35. ed. Rio de Janeiro : FEB, 2001.

_____. **Pensamento e vida.** Psicografia de Francisco Cândido Xavier. 10. ed. Rio de Janeiro : FEB, 1998.

_____. **Religião dos espíritos.** Psicografia de Francisco Cândido Xavier. 7. ed. Rio de Janeiro : FEB, 1988.

_____. **Vida e sexo.** Psicografia de Francisco Cândido Xavier. 15. ed. Rio de Janeiro : FEB, 1994.

FRANCO, Divaldo Pereira. **Diálogo com dirigentes e trabalhadores espíritas.** 3. ed. São Paulo : USE, 1993.

IVAN DE ALBUQUERQUE (Espírito). **Cântico da juventude.** Psicografia de J. Raul Teixeira. Niterói : FRÁTER, 1990.

JOANA DE ANGELIS (Espírito). **Adolescência e Vida.** Psicografia de Divaldo P. Franco. 6. ed. Salvador : LEAL, 2000.

_____. **Após a tempestade.** Psicografia de Divaldo P. Franco. 6. ed. Salvador : LEAL, 1997.

_____. **Conflitos existenciais.** Psicografia de Divaldo P. Franco. Salvador : LEAL, 2005.

_____. **Convites da vida.** Psicografia de Divaldo P. Franco. 5. ed. Salvador : LEAL, 1991.

_____. **Dimensões da verdade.** Psicografia de Divaldo P. Franco. 4. ed. Salvador : LEAL, 1993.

_____. **Joanna de Angelis responde.** Psicografia de Divaldo P. Franco. Salvador : LEAL, 1999.

_____. **No limiar do infinito.** Psicografia de Divaldo P. Franco. 3. ed. Salvador : LEAL, 1991.

_____. **S.O.S. Família.** 14. ed. Psicografia de Divaldo P. Franco. Salvador : LEAL, 2004.

KARDEC, Allan. **O Evangelho segundo o Espiritismo.** 105. ed. Rio de Janeiro : FEB, 1991.

_____. **A gênese.** 37. ed. Rio de Janeiro : FEB, 1996.

_____. **O livro dos Espíritos.** 83. ed. Rio de Janeiro : FEB, 2002.

_____. **O livro dos médiuns.** 33. ed. Rio de Janeiro : FEB, 1975.

_____. **Obras póstumas.** 13. ed. Rio de Janeiro : FEB, 1973.

KÜHL, Eurípedes. **Tóxicos - duas viagens.** Belo Horizonte : FONTE VIVA.

LOBO, Ney. **A escola que educa.** Brasília: AUTA DE SOUZA, 2003 .

LOBO, Ney. **Educação e Espiritismo.** Vitória : FESPE, 1995.

LUIZ SÉRGIO (Espírito). **Cascata de Luz.** Psicografia de Irene Pacheco Machado. Brasília : Recanto, 1995.

_____. **Consciência.** Psicografia de Irene Pacheco Machado. 6. ed. Brasília : Recanto, 1993.

_____. **Driblando a dor.** Psicografia de Irene Pacheco Machado. Brasília : Recanto, 1991.

_____. **Mãos estendidas.** Psicografia de Irene Pacheco Machado. 4. ed. Brasília : Recanto, 1990.

_____. **Ninguém está sozinho.** Psicografia de Irene Pacheco Machado. 4. ed. Brasília : Recanto, 1986.

_____. **Universo de amor.** Psicografia de Irene Pacheco Machado. Brasília : Recanto,1998.

MENEZES, Lydienio Barreto de. **A educação à luz do Espiritismo.** 2.ed. Rio de Janeiro : CELD, 1990.

MENEZES, Adolfo Bezerra de (Espírito). **Tragédia de Santa Maria.** 11. ed. Rio de Janeiro : FEB, 1992.

MENEZES, Bezerra de et al. (Espírito). **Garimpeiros do além.** Psicografia de Maria Cecília Paiva. 2. ed. Juiz de Fora : Instituto Maria, 1991.

MIRAMEZ. (Espírito). **Francisco de Assis.** Psicografia de João Nunes Maias. 14. ed. Belo Horizonte: FONTE VIVA, 2000.
MIRANDA, Manoel P. de (Espírito). **Grilhões partidos.** Psicografia de Divaldo P. Franco. 9. ed. Salvador : LEAL, 1993.

_____. **Loucura e obsessão.** Psicografia de Divaldo P. Franco. 4. ed. Salvador : LEAL, 1991.

_____. **Nas fronteiras da loucura.** Psicografia de Divaldo P. Franco. 5. ed. Salvador : LEAL, 1991.

_____. **Sexo e obsessão.** Psicografia de Divaldo P. Franco. Salvador : LEAL, 2002.

_____. **Tormentos da Obsessão.** Psicografia de Divaldo P. Franco. 2. ed. Salvador : LEAL, 2001.

_____. **Tramas do destino.** Psicografia de Divaldo P. Franco. 6. ed. Salvador : LEAL, 1995.

NEIO LÚCIO (Espírito). **Alvorada Cristã.** Psicografia de Francisco Cândido Xavier. 11. ed. Rio de Janeiro : FEB, 1996.

_____. **Mensagem do pequeno morto.** Psicografia de Francisco Cândido Xavier. 5. ed. Rio de Janeiro : FEB, 1991.

PATRÍCIA (Espírito). **Vivendo no mundo dos Espíritos.** Psicografia de Vera Lúcia Marinzeck. São Paulo : PETIT, 1994.

PERALVA, Martins. **O pensamento de Emmanuel.** 5. ed. Rio de Janeiro : FEB, 1994.

PEREIRA, Yvonne A. **À luz do consolador.** 3. ed. Rio de Janeiro : FEB, 1998.

_____. **Recordações da mediunidade.** 5. ed. Rio de Janeiro : FEB, 1987.

PERES, Ney Prieto. **Manual prático do espírita.** 13. ed. São Paulo : Pensamento, 1997.

PERILLO; ISSY, Luiz A. e Jamil. **Drogas: causas, efeitos e prevenção.** Goiânia : NACIONAL, 1997.

PRICE, J. M. **A pedagogia de Jesus. O Mestre por excelência.** 6. ed. Rio de Janeiro : JUERP, 1988.

SANT'ANNA, Hernani T. **Canções do alvorecer.** 2. ed. Rio de Janeiro : FEB, 1983.

SCHEILLA (Espírito). **Chão de Rosas.** Psicografia de João Nunes Maia. 3. ed. Belo Horizonte : FONTE VIVA, 1998.

SCHUBERT, Suely Caldas. **Obsessão e Desobsessão.** 6. ed. Rio de Janeiro : FEB, 1987.

SOUZA, Dalva Silva. **Os caminhos do amor.** 2. ed. Rio de Janeiro : FEB, 1997.

SOUZA, Juvanir Borges de. **Tempo de transição.** Rio de Janeiro : FEB, 1998.

VÁRIOS ESPÍRITOS, Mensagens mediúnicas de. **Falando à terra.** Psicografia de Francisco Cândido Xavier. 5. ed. Rio de Janeiro : FEB, 1991.

VINÍCIUS [Pedro de Camargo]. **O Mestre na educação.** 4. ed. Rio de Janeiro : FEB, 1998.

ZANOLA, Renato. [coordenação]. **Arte e Espiritismo - textos de Allan Kardec, André Luiz e outros autores.** Rio de Janeiro: CELD, 1996.

Gráfica e Editora Auta de Souza
Fone/Fax: (61) 3352 3018
editora@editoraautadesouza.com.br
www.editoraautadesouza.com.br
Setor D Sul Área Especial n. 17, Taguatinga - Distrito Federal